当代西方学术新视野译丛

本译著获得西安外国语大学英文学院学科建设经费资助出版

Translation and Multimodality

翻译与多模态

主编
[英]莫妮卡·博里亚、安赫莱斯·卡雷拉斯
[英]玛丽亚·诺列加-桑切斯
[英]马库斯·托马林

Monica Boria, Ángeles Carreres,
María Noriega-Sánchez,
Marcus Tomalin

王汐 / 译

陕西新华出版传媒集团 陕西人民出版社

致 谢

本书源自剑桥翻译对话（CCiT）小组于2015—2018年间组织的多次研讨会与小组讨论。剑桥翻译对话小组由剑桥大学艺术、社会科学与人文学科研究中心（CRASSH）创立。该研究中心历任主席西蒙·戈德希尔（Simon Goldhill）和史蒂夫·康纳（Steve Conner），历任副主席蒂姆·乐文思（Tim Lewens）和简－梅利莎·施拉姆（Jan-Melissa Schramm），教师顾问蒂姆·克兰（Tim Crane）、鲁思·戴维斯（Ruth Davis）、罗宾·柯克帕特里克（Robin Kirkpatrick）、詹姆斯·蒙哥马利（James Montgomery）和罗文·威廉姆斯（Rowan Williams），以及外审专家邓肯·拉奇（Duncan Large）和迈克尔·施密特（Michael Schmidt）都给予了本书极大的支持与鼓励，我们对此十分感激。埃斯特·兰姆（Esther Lamb）、格伦·乔布森（Glenn Jobson）、伊姆克·范希尔登（Imke van Heerden）和尤娜·杨（UnaYeung）提供了周到的后勤服务及技术支持，这对确保剑桥翻译对话活动的顺利进行至关重要。我们也要感谢参与研讨的诸多学者：阿德里安娜·雅各布斯（Adriana X. Jacobs）、西奥多·敦克尔格林（Theodor Dunkelgrün）、西莫内·科特瓦（Simone Kotva）、托尼·施特雷特（Tony Street）、尼古拉斯·金（Nicholas King）、戴维·查尔斯顿（David Charlston）、丹妮尔·桑兹（Danielle Sands）、邓肯·拉奇（Duncan Large）、乔治娜·科林斯（Georgina Collins）、赫夫齐芭·伊斯拉埃尔（Hephzibah Israel）、保罗·罗素（Paul Russell）、安赫尔·古丽亚-金塔纳（Ángel Gurría-Quintana）、奥里·托马森（Orri Tomasson）、罗莎·范汉斯伯格（Rosa Van Hensbergen）、曼努埃拉·佩特盖拉（Manuela Perteghella）、汉娜·康韦（Hannah Conway）、玛丽亚·门西亚（María Mencía）、彼得·罗宾逊（Peter Robinson）、奥利维亚·麦坎农（Olivia McCannon）、维维亚娜·卡瓦略·达·安尼加索（Viviane Carvalho da Annunciação）、詹妮弗·哈里斯（Jennifer Harris）、杰里米·芒迪（Jeremy Munday）、迪莉娅·基亚罗（Delia Chiaro）、保罗·霍华德（Paul Howard）、卡罗琳·萨默斯（Caroline Summers）、保利娜·亨利·蒂尔尼（Pauline Henry-Tierney）、珍·卡勒雅（Jen Calleja）、奥尔加·卡斯特罗（Olga Castro）、丹尼尔·哈恩（Daniel Hahn）、吉莉恩·莱西（Gillian Lathey）、玛丽亚·尼古拉杰娃（Maria Nikolajeva）、安西娅·贝尔（Anthea Bell）、露西尔·德斯布雷奇（Lucile Desblache）、安德鲁·琼斯（Andrew Jones）、朱迪·帕尔默（Judi Palmer）、瑞秋·戈迪尔（Rachel Godsill）、海伦·朱莉娅·麦那兹（Helen Julia Minors）、露西·泰勒（Lucy Taylor）、格雷姆·里奇（Graeme Ritchie）、卡罗尔·奥沙利文（Carol O'Sullivan）、凯瑟琳·博伊尔（Catherine Boyle）、克里斯蒂娜·马里内蒂（Cristina Marinetti）、卡罗尔-安妮·厄普顿（Carole-Anne Upton）、阿尔弗雷多·摩德内西（Alfredo Modenessi）、阿德里·德吉斯珀特（Adrià de Gispert）、安德鲁·罗斯韦尔（Andrew Rothwell）、弗兰切斯卡·比利亚尼（Francesca Billiani）、费德里科·费德里奇（Federico Federici）、罗里·芬宁（Rory Finnin）、沙迪·希克马特·纳赛尔（Shady Hekmat Nasser）、优素福·塔哈（Youssef Taha）、曼努埃尔·波特拉（Manuel Portela）、阿诺·勒尼奥（Arnaud Regnauld）和加布里埃尔·特朗布莱-高德特（Gabriel Tremblay-Gaudette）。在活动期间及之后进行的

诸多对话使我们对许多问题的思考更加完善，而这些问题在本书中得到了更详尽地论述。

本书所收录的章节是于2018年7月5日至6日，在由剑桥翻译对话小组组织的会议上首次汇报的。我们非常感谢剑桥大学艺术、社会科学与人文学科研究中心、现代语言研究基地（IMLR），以及跨语言动态：重塑社区（CLDRC）开放世界研究倡议项目（跨语言分支）为本活动提供的资金支持。剑桥大学艺术、社会科学与人文学科研究中心的行政专家奥利弗·赖特（Oliver Wright）也给予了我们极大的帮助。会议之后，作者们根据讨论结果对本书的各个章节进行了修改。感谢他们为修改这些章节所做出的努力。我们也要感谢劳特里奇出版社从一开始就以坚定的信念支持这项工作。路易莎·塞姆林（Louisa Semlyen），以及我们的助理编辑汉娜·罗韦（Hannah Rowe）和埃莱尼·斯特克（Eleni Steck）在整个过程中为我们提供了有效的指导；几位匿名审稿人给出的修改意见对本书的出版来说是无价的。我们还要感谢艺术家古尔普兰·劳（Gurpran Rau）慷慨地允许我们使用其作品作为本书封面的图像。

编辑及出版社还要感谢以下版权所有者的许可：

拉乌尔·杜菲（Raoul Dufy，1877—1953）和纪尧姆·阿波利奈尔（Guillaume Apollinaire，1880—1918）合作出版的《动物寓言集或俄耳甫斯的随从队列》（*Le Bestiaire ou Cortège d'Orphée*）（巴黎：德普朗什，法国美术学院，1911）中的《单峰驼》（Le Dromadaire）；荷兰佐南（Zonen）布纹纸上的木版画；图片：205毫米×195毫米（8 1/16×7 11/16英寸）；纸张：325毫米×250毫米（12 13/16×9 13/16英寸）；旧金山美术博物馆，雷瓦（Reva）和戴维·洛根（David Logan）基金会的礼物，1998.40.38.10；图片由旧金山美术博物馆提供。

朱塞培·翁加雷蒂（Giuseppe Ungaretti）创作的《快乐》

尽管我们已尽最大努力发现并纠正本书中的笔误或错误，但难免还会有一两处纰漏。如果仍有错误，敬请原谅。

在本书筹备的最后阶段，冈瑟·克雷斯不幸离世。我们衷心感谢他自始至终对该项目给予的鼓励和支持，希望他为本书所撰写的章节能够作为一个适时的纪念。

莫妮卡·博里亚

安赫莱斯·卡雷拉斯

玛丽亚·诺列加－桑切斯

马库斯·托马林

目录
Contents

绪论

莫妮卡 · 博里亚和马库斯 · 托马林

绪论

莫妮卡 · 博里亚和马库斯 · 托马林

1. 多模态世界中的翻译

目前，“翻译”这一词条在维基百科中的定义明确而简洁：“翻译是通过等效目标语文本对源语文本意义的传达。”[1] 这听起来非常简单，但这种简单却掩盖了许多潜在的复杂性。定义中的“意义”指什么？“文本”又指什么？什么情况下某一文本与另一文本“等效”？的确，我们越思考就越容易发现翻译作为一种实践的困难性和不确定性，特别是当源文本包含形式与意义的细微差别及复杂性时。以下是弗朗索瓦·维庸（François Villon）[1]《大遗言集》（*Le Testament*，1461）中著名的一首诗《古美人谣》（Ballade des dames du temps jadis）的第一节：

---

[1] 弗朗索瓦·维庸（1431—1474），法国中世纪最杰出的抒情诗人。他继承了13世纪市民文学的现实主义传统，一扫贵族骑士抒情诗的典雅趣味，是市民抒情诗的主要代表。（本书脚注均为译者注）

Dictes moy ou, n'en quel paÿs,（告诉我在哪里，在哪个国家，）
Est Flora, la belle Romaine,（可寻罗马丽人弗洛拉，）
Archipiadés, ne Thaÿs,（阿基比达，）
Qui fut sa cousine germaine,（和其姊妹泰依丝，）
Echo parlant quand bruyt on maine（回音宛转，人声飘荡，）
Dessus riviere ou sur estan,（越过河流与池塘，）
Qui beaulté ot trop plus qu'umaine.（人间何处觅此绝色佳人？）
Mais ou sont les neiges d'anten？（然旧岁之雪在何方？）

（Villon，1994［1461］：74）

如果将上述中世纪法语诗作为源语文本，则可将其翻译为目标语文本，例如以下维多利亚诗人、艺术家但丁·加布里埃尔·罗塞蒂（Dante Gabriel Rossetti）[1]的英译本：

Tell me now in what hidden way is（告诉我现在她以何种隐秘的方式存在）
Lady Flora the lovely Roman？（弗洛拉这可爱的罗马女神？）
2 Where's Hipparchia, and where is Thais,（希巴尔琪娅在哪里，泰依丝又在哪里）
Neither of them the fairer woman？（她们都不是更美丽的女子？）
Where is Echo, beheld of no man,（回音女神在哪里，无人曾见。）
Only heard on river and mere—（只在河流与池塘听闻——）
She whose beauty was more than human？（她的美远非人间所有？）
But where are the snows of yester-year？（然旧岁之雪在何方？）

（Rossetti，1870：177）

[1]但丁·加布里埃尔·罗塞蒂（1828—1882），19世纪英国拉斐尔前派重要代表画家、诗人和翻译家。

显然，“意义”（至少在语义内容的基本含义上）并不是这里要考虑的唯一因素。例如，罗塞蒂的译文就显示了其对源文本格律的关注。他遵循维庸叙事诗的特定形式，使“way is”与“Thais”押韵，“Roman”与“woman”押韵，“no man”与“human”押韵，“mere”与复合词“yester-year”的最后一个音节押韵。我们是该把这些结构特征看作原文“意义”的一部分，还是可以毫无顾忌地将形式与内容分开？如果源文本与目标文本之间的语义对等是翻译的主要目标，那么试图保留格律很可能会破坏这一目标[如“way”（方式）很难说是“paÿs”（国家）的意思，而“the fairer woman”（美丽的女子）与“sa cousine germaine”（她的姊妹）几乎没有关系]。因此也许散文体翻译（至少在某种意义上）会更准确？那从更广泛的诗节的文化背景看又如何呢？把这些诗行译成英语，使之读起来像源自英语文化，而非法语，这种做法可取吗？还是应该否定这种方式，将其视为文化霸权、同化，甚至可能是附属？也许翻译应该设法更明显地传达其源文本的异国情调？毕竟，法国历史与神话人物典故的独特文化共鸣在用英语表达时并未保留下来。

此外，还有大量形形色色、具体而复杂，却相互关联的社会文化视角，如性别相关问题。维庸关于著名女性形象的诗节特别提到弗洛拉（Flora，罗马名妓）、泰依丝（Thaÿs，希腊名妓），以及阿基比达（Archipiadéa），阿基比达很可能是公元前 5 世纪雅典的男性将军亚西比德（Alcibiades）。在中世纪著作中他有时被误认为是女性，因为博伊修斯（Boethius）在其《慰藉哲学》（*De Consolatione Philosophiae*）中曾赞扬他的美丽（Boethius，2001[524]：66）。所有这些典故随后由 19 世纪后期的男性译者罗塞蒂翻译，而当时作为社会政治范畴的传统性别观念正开始被重新评估（如 1867 年成立全国妇女参政协会）。那么，译者应如：何应对源文本中固有的性别表述呢？值得注意的是，罗塞蒂已然用“希巴尔基娅”（Hipparchia）代替了维庸的“阿基比达”。作为克拉特斯（Crates of Thebes）的妻
3 子，希巴尔基娅无疑是女性，因此她并未模糊二元性别界限，也没有产生歧义，也并未使故事内容复杂化。罗塞蒂对此的处理方式是应该被看作纠正了源文本中令人遗憾的错误而值得肯定，还是应该被视为掩饰了引人入胜的复杂性而遭到否定？这里简述的问题只是任何一位译者都会面临的众多可能出现的评价和解释中的一小部分而已。[2] 实际上，1987 年，艾略特 · 温伯格（Eliot Weinberger）[1] 和奥克塔维奥 · 帕斯（Octavio Paz）[2] 就通过公元 8 世纪中国诗人王维的四行诗，展示了翻译超乎寻常的多样性，他们提供了 19 个不同的译本，其中大部分为英语译本（从直译到更为意译的版本），还有一些是法语译本、西班牙语译本、德语译本和现代汉语译本（Weinberger & Paz，2016，[1987]）。

众多理论和实践因素交织在一起，兼之（时不时地）冲突，也就充分证明了没有哪一个目标文本可以令所有人都满意，这也正是为什么彼得 · 鲁宾孙（Peter Robinson）将翻译定义为“不可能的艺术”（2010，标题页）。对这种不可能的艺术的迷恋，有助于解释为什么在过去几十年里，比如前面总结的，以及更多不胜枚举的话题，在翻译研究中得到了广泛关注。然而近年来，人们对传统上划分的翻译界

[1] 艾略特 · 温伯格（1949— ），美国诗人、作家、翻译家。

[2] 奥克塔维奥 · 帕斯（1914—1998），墨西哥诗人、散文家。帕斯的创作融合了拉美本土文化及西班牙语系的文学传统，继承了欧洲现代主义的形而上追索以及用语言创造自由境界的信念。1990 年获得诺贝尔文学奖。

限越来越感到不安。例如，瓦斯拉夫·尼金斯基（Vaslav Nijinsky）[1]于1912年为谢尔盖·佳吉列夫（Sergei Diaghilev）[2]的俄罗斯芭蕾舞团编舞《牧神的午后》（*L'Après-midi d' un faune*）时，其灵感既源于斯特芳·马拉美（Stéphane Mallarmé）[3]1876年的同名诗，也源于克劳德·德彪西（Claude Debussy）[4]1894年首演的交响乐作品《牧神的午后序曲》（*Prélude à l' après-midi d' un faune*）。这一系列相关的艺术创作引发了令人不安的问题——我们可以将德彪西对马拉美诗歌的音乐再现称为"翻译"吗？即使已经发生了从文字到音乐的转变，它是否仍传达了其源文本的"意义"？我们能否接受将音乐称为"文本"？如果能，那么"文本"是否包括该乐曲的演奏、录音，还是仅包括书面乐谱？或是包括所有？鉴于尼金斯基的芭蕾舞剧涉及意义从文字和音乐再到舞蹈的进一步转换，它又该如何划分？对于何种意义的（再）交际可以被合理地归类为翻译实例，目前还未达成共识，尤其不确定的是，在交际形式明确为多模态的情况下（如不仅仅涉及文字），应如何回答这些问题。3

对1912年的这部芭蕾舞剧的讨论可能遇到了上述的理论困境，但在现代社会中，由于涉及语言、图像、动作、姿态、音乐等形式的交际越来越频繁，对多模态语境下的翻译进行集中探讨的需求也日益

---

[1]瓦斯拉夫·尼金斯基（1889—1950），波兰血统的俄国芭蕾舞演员和编导。在20世纪的芭蕾史上，素有"最伟大的男演员"之誉。

[2]谢尔盖·佳吉列夫（1872—1929），20世纪初期俄国芭蕾舞界的杰出组织者、领导者和革新家。被后人称为"有史以来最伟大的巡回演出组织者"。

[3]斯特芳·马拉美（1842—1898），法国象征主义诗人和散文家。1876年发表的作品《牧神的午后》在法国诗坛引起轰动。

[4]克劳德·德彪西（1862—1918），法国人，19世纪末20世纪初欧洲音乐界颇具影响的作曲家、革新家，同时也是近代印象主义音乐的鼻祖，对欧美各国的音乐产生了深远的影响。

迫切。21 世纪初的几十年里，相互联系的社会、经济、文化和技术变革以前所未有的速度扩散，并已开始明显改变人类交际的性质。这些发展与全球化和技术创新的共同进程密切相关。商品、人口、观念和
4 资金的跨国流动已经深刻改变了广泛流行的社会和符号环境构成。例如，企业越来越意识到有必要根据当地市场的文化特点调整其产品、品牌和广告 / 营销策略。因此，全球化动态与本地化实践交织在一起，通过语言和非语言资源，针对不同地区受众 / 消费者——我们每天都会遇到这些策略，因为我们随时与网站、包装、广告牌、电脑游戏、互动广告等打交道。此外，随着无处不在的互联网、社交媒体、手机和其他数字技术的迅速发展，已经产生了一个文字、图像和声音有机融合传递复杂信息的文化时刻。表情符号（emojis）、网络模因（internet meme）[1]、在线直播节目的自动字幕（captioning），以及网络文学（e-literature）都是这一大趋势的例证。

正如对尼金斯基芭蕾舞剧的讨论所表明的，尽管多模态交际的发生率无疑在增加，但就其本质而言，这种形式并不新鲜。几乎在任何历史时期的任何文化中，多模态对象都很容易识别，无论是公元前 7 世纪的中文语标符号（Chinese logograms），还是 12 世纪的泥金装饰手抄本（illuminated manuscripts）或儿童绘本，如刘易斯 · 卡罗尔（Lewis Carroll）[2] 的《爱丽丝梦游仙境》（*Alice' s Adventures in Wonderland*，1865）。的确，早期的某些文化对象有意识地提醒人们，当在一种模态下有意义的交际必须在另一种模态下重新表达时所出现

[1] 网络模因，又称"网络爆红"，指某个理念或信息迅速在互联网用户间传播的现象。其内容可以是一个笑话、一句引语、传言或某个事实、图像、一段视频，甚至可以是某个网站，通常以超链接的形式通过电邮、博客、社交网站还有即时信息等途径自发传播。

[2] 刘易斯 · 卡罗尔（1832—1898），英国数学家、逻辑学家、童话作家、牧师、摄影师。

的困难。劳伦斯·斯特恩（Laurence Sterne）[1]的名著《项狄传》（*The Life and Opinions of Tristram Shandy, Gentleman*，1759—1768）中，托比叔叔（Uncle Toby）和他忠实的男仆特灵下士（Corporal Trim）进行了一场关于单身生活和独身主义的长谈。其中有一瞬，特灵说“虽然一个人是自由的——”，同时“这样挥舞着手杖——”：

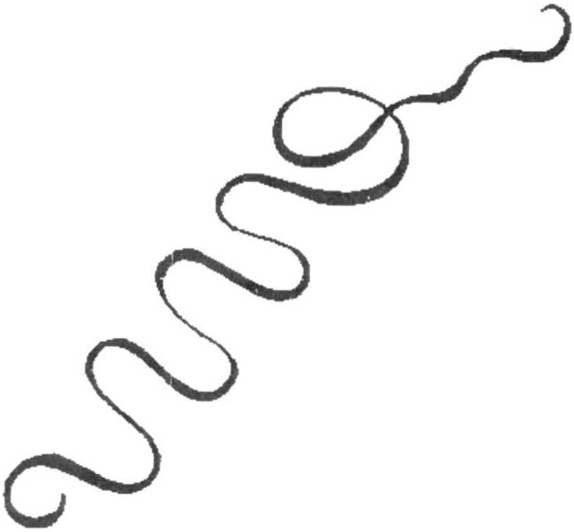

图 1　手杖挥舞的不规则曲线

正如作者旁白所言，“我父亲众多精妙的三段论都是关于独身主 5
义的”，这里的交流戏谑地暗指了对话的多模态性质。手杖在空中的有形挥舞是一种有意义的姿态，当这种意义必须以非姿态模态（即文字）表达时，交流就会出现困难。斯特恩风趣地展现了小说家试图详细记录现实对话时所遇到的一些困难，因为面对面的交流从来都不是只有一连串的文字。特灵下士用其手杖做出的姿态在小说语境中具有

[1] 劳伦斯·斯特恩（1713—1768），18 世纪英国最伟大的小说家之一，代表作有《项狄传》（九卷）、《感伤旅行》（两卷）。由于染病身亡，两部小说都未完成。

深刻意义，但想要解释这种意义就必须看到它；而图中接近挥舞动作的曲线，不过是对实际姿态的粗略翻译罢了。这就是诺伍德在本书（第八章）中所考虑的一种交流方式，文中她对“绘画式”写作的过程进行了反思。

诸如此类的多模态文学实例仅仅反映了现实生活中这类互动的共性，而新兴的多模态研究领域则试图提供有助于研究此类现象的分析框架，尤其是冈瑟·克雷斯（Gunther Kress）、杰夫·贝泽默（Jeff Bezemer）、凯里·朱伊特（Carey Jewitt）、西奥·范勒文（Theo van Leeuwen）等人的著作提出了一种社会符号学方法，以理解不同模态（如口语、文字、姿态、图像和声音）如何作为符号资源促进意义的表达和交流。近年来，多模态在心理学、广告、社交媒体、故事讲述、话语分析、文学批评和游戏等领域得到了广泛研究（此处仅举几例，参见 Jewitt，2014）。然而奇怪的是，尽管多模态交际越来越普遍，但迄今为止，人们却很少关注它对翻译理论与实践的影响。其中一个例外是视听翻译（Audiovisual Translation，AVT），自 20 世纪 90 年代末以来，这一领域得到了广泛讨论，尤其是在媒体和娱乐领域的应用方面（如电影字幕，参见 Pérez-González，2014a）。事实上，一些翻译理论家或学者有时会给人留下这样的印象，即多模态仅指视听现象。

然而，正如上述讨论所强调的，视听翻译只不过是广泛的文化转换中的一种表现形式而已。在这种形式下，非语言模态所起到的作用远不止次要的语境化。但遗憾的是，人们却忽视了与翻译相关的其他多模态环境。某种程度上，由于这些交际和意义建构形式更加流行，并已经开始动摇某些由来已久的传统翻译理论范式，进而使得之前的定义和假设显得陈旧且不足。例如，“翻译”一词目前被用来表示不同模态间以及同一模态内的意义转换。一些有影响力的学者，如克雷斯，认为这些独特的转换应该由更为细致的分析性词汇来表达。比如，转导（transduction）[1]可表示意义从一种模态转换到另一种模态（如依据诗而创作的画），而转化（transformation）[2]可表示在同一模态内意义的转换（如法语诗歌的英译本）（Kress，2010：124-131）。 6
然而，目前在此类术语细节上人们尚未达成共识。缺乏具有稳定性和普遍性的批判性词汇通常不利于来自不同学科背景的多模态理论家展开讨论。这种与行话相关的担忧通常不会出现在传统翻译范式中，因为传统范式（如我们所见）基本只涉及将源文本（通常是文学文本）转换为目标文本。翻译理论家可能会仔细研究，如罗塞蒂如何将维庸的诗翻译成英语——如前所述，这种分析可能侧重于归化/异化、幽默与文字游戏带来的问题、格律与韵律系统之间的关系、文化语境的重要性等等。自 20 世纪 80 年代以来，人们越来越注重翻译的文化与社会视角，权力、意识形态、文化、种族和性别等问题得到了广泛关注，如劳伦斯·韦努蒂（Lawrence Venuti）的《译者的隐身：一部翻译史》（*The Translator's Invisibility，A History of Translation*，1995）、吉迪恩·图里（Gideon Toury）的《描述翻译学及其他》（*Descriptive Translation Studies and Beyond*，1995）、路易丝·冯·弗洛托（Luise von Flotow）的《翻译与性别：女性主义时代的翻译》（*Translation and Gender: Translating in the 'Era of Feminism'*，1997），苏珊·巴斯内特

[1]转导原本是生物遗传学术语，指由噬菌体将一个细胞的基因传递给另一细胞的过程。它是细菌之间传递遗传物质的方式之一。其具体含义是指一个细胞的 DNA 或 RNA 通过病毒载体的感染转移到另一个细胞中。

[2]转化原本是生物遗传学术语，指某一基因型的细胞从周围介质中吸收来自另一基因型的细胞的 DNA 而使它的基因型和表现型发生相应变化的现象。该现象首先发现于细菌，也是细菌间遗传物质转移的多种形式中最早发现的一种，它不同于通过噬菌体感染传递遗传物质的转导以及通过细菌细胞的接触而转移 DNA 的细菌接合。

（Susan Bassnett）和安德烈·勒菲弗尔（André Lefevere）的《文化构建：文学翻译论集》（*Constructing Cultures*：*Essays on Literary Translation*，1998）等，此处仅列举一些关键性著作。

最近，马丁·厄塞（Martin Heusser）、威拉德·博恩（Willard Bohn）、玛尔塔·阿纳尔迪（Marta Arnaldi）、海伦·朱莉娅·麦那兹（Helen Julia Minors）和露西尔·德斯布拉什（Lucile Desblache）等开创性学者已经开始探索不同类型的意义转换实例，如从文本到音乐、从文本到舞蹈、从文本到图像、从音乐到文本、从舞蹈到文本和从图像到文本（Bohn，2001；Heusser et al.，2005；Minors，2013；Arnaldi，2016）。尽管其中一些分析借鉴了几个世纪前就已确立的符象化（ekphrasis）和图像学（iconology）传统，如中世纪的泥金手稿，或更近一些，杰勒德·热奈特（Gerard Genette）的视觉副文本（visual paratexts）概念，但另一些研究则以全新的方式探讨了我们可能希望将其归类为"翻译"的局限性。尽管这仍是一个新兴的跨学科领域，但它已经开始激发开创性的分析方法，值得更多探索性研究。例如，玛丽·斯内尔·霍恩比（Mary Snell Hornby）识别了四种不同语类（genre）的多模态文本，回答了很多问题，同时也提出了不少问题（Snell Hornby，2009：44）。另一方面，最近许多研究运用认知理论来描述插图文本翻译过程与"单模态"文本翻译过程的差异性（如 Ketola，2016）。然而，这类研究的结果只能证明没有定论，反而显示了我们迫切需要更为深入的研究。本书直面这些问题，使之成为贯穿整个讨论的中心焦点。

为了给本书主要章节提供一些学科背景，总结翻译研究和多模态研究的主导趋势是极为重要的，因为如果这两个领域在未来想以更有效的方式进行互动，那么相互理解和熟悉是非常有必要的。本书将首先概述翻译研究的发展，特别关注近期趋势，并对作为一门学科出现的多模态进行总结。

2. 翻译研究的趋势 7

翻译研究兴起于 20 世纪 70 年代的欧洲，随后该领域的研究在国际范围内呈指数性增长，其作为独立学科的发展也被多次记述（如 Baker，2001；Munday，2010；Lambert，2013；Bassnett，2014）。因此，本书仅对其历史做简要概述，让不熟悉翻译研究的读者了解这一领域的发展历程，为进一步阅读不同流派和方法的相关文献提供重要参考，并激发那些希望对此进行深入研究的学者的兴趣。本书将重点聚焦于一些主要争议，以及极具影响力的研究传统上，这些传统为当代多模态研究方法奠定了基础。

翻译的理论化有着悠久而辉煌的历史。在西方，通常可追溯到西塞罗（Cicero）[1] 和贺拉斯（Horace）时期 [2]（前 1 世纪）。圣・杰罗姆（St Jerome）（4 世纪）和马丁・路德（Martin，Luther）[3]（16 世纪）被认为是该领域的关键性人物。德国浪漫主义者，特别是施莱尔马赫（Schleiermacher）[4]，后来产生了巨大影响（Munday，2010：421-423）。然而，翻译研究被确立为一门正式的学科却是在 20 世纪。其

[1] 马库斯・图留斯・西塞罗（前 106—前 43），古罗马著名政治家、演说家、雄辩家、法学家和哲学家。

[2] 昆图斯・贺拉斯・弗拉库斯（前 65—前 8），罗马帝国奥古斯都统治时期著名的诗人、批评家、翻译家，代表作有《诗艺》等。他是古罗马文学“黄金时代”的代表人物之一，与维吉尔、奥维德并称古罗马三大诗人。

[3] 马丁・路德（1483—1546），16 世纪欧洲宗教改革倡导者，基督教新教路德宗创始人。

[4] 弗里德里希・丹尼尔・恩斯特・施莱尔马赫（1768—1834），德国哲学家、新教神学家。

发展由几个因素推动，包括重大历史事件（如纽伦堡审判[1]对翻译的依赖）、冷战时期计算机技术的发展（如机器翻译），以及作为新兴学术研究“科学”领域的语言学（linguistics）的出现。为了映射语言转换，人们最初把重点放在书面语言及源文本与目标文本之间的对等（equivalence）概念上。罗曼·雅各布森（Roman Jakobson）早期将翻译分为语内（intralingual）、语际（interlingual）和符际（intersemiotic）翻译（1959），这一分类影响深远（参见克雷斯和凯因德尔在本书章节中的进一步探讨）。法国的乔治·穆南（George Mounin）和美国的尤金·奈达（Eugene Nida），也是这一领域的先驱。穆南被广泛认为是翻译学（traductologie）——即致力于翻译研究的学科——的创始人。他的老师是法国结构主义语言学家安德烈·马丁内（André Martinet），马丁内的著作《不忠的美人》（*Les belles infidèles*，1955）被广泛认为是该学科的奠基之作。奈达则借鉴乔姆斯基（Chomsky）的生成语法理论，提出了翻译中“形式”对等和“动态”对等的区别。前者指优先考虑源文本的形式和语言结构的翻译，而后者则试图产出对目标受众等效的目标文本（Nida，1964）。这些例子表明，语言学作为新兴学科的重要形成力是不容低估的。事实上，直到 20 世纪 60 年代末，翻译研究一直被普遍认为是“应用语言学的一个分支”（Baker，2001：279），尽管多年来人们已清楚地认识到，语言对等的概念（狭义上）并不适用于涉及语言之外的活动。

因此，翻译研究在 20 世纪 70 年代建立起来，其学术范围向文

[1] 纽伦堡审判，1945 年 11 月 21 日至 1946 年 10 月 1 日间，二战后战胜国对纳粹德国进行的军事审判，主要在德国纽伦堡进行。对德国来说，纽伦堡审判是黑暗历史的结束，也是同纳粹过往划清界限的开始。德意志民族从此开始了对历史的反省。

学理论、比较文学等领域开放。所谓的“鲁汶（Leuven）国际学者小组”认为，翻译应该被视作一个独立学科。这些学者们在兴奋于世界 8
范围内日益增长的翻译实用性的同时，也对其在学术界的边缘化感到沮丧。詹姆斯·霍姆斯（James Holmes）于 1972 年引入了“翻译研究”这个术语，并在 1976 年于鲁汶会议上草拟了一份声明，宣布这一新领域的研究范围。用另一位与会者的话来说，就是“关注翻译的产生和描述所引发的问题”（Lefevere，1978：234）。该新兴学科旨在研究翻译（包括过程及作品）的所有形式，了解其潜在“规范”，并尝试建立一些基本原则以指导实际应用，如翻译培训、翻译批评等（Holmes，1988[1972]）。[4] 翻译被认为是一个包容性领域，具有跨学科的自然倾向，不仅包括专业的翻译工作者，也包括不同学科背景的学者。人们希望能够促成一种研究文化，在这种文化中，理论与实践可以相互促进，也可以与外界交流。

接下来的 20 多年里，这门新兴学科的成功在很大程度上是由于从语言学概念的“对等”和“转换”，或对源文本的“忠实”观念转变为对产出翻译的社会历史背景的分析，包括影响翻译的政治、伦理问题，以及译者的作用和地位（Berman & Porter，2014：3）。几位关键性学者对翻译研究的发展做出了贡献，他们从理论角度和实际措施两方面在学术界内外建立了这一领域。苏珊·巴斯内特的《翻译研究》（*Translation Studies*）一书出版于 1980 年（现已是第四版），该书引人入胜、通俗易懂地综述了翻译在西方文学和文化史上的重要作用（Bassnett，2002）。在概述指导实践的各种理论时，巴斯内特出色地证明了该学科作为一个自主研究领域的应有地位。此后，她一直强烈主张理论与实践需要保持对话，并从狭隘的基于语言的方法转向更广泛的基于文化的翻译策略。正如巴斯内特和勒菲弗尔所指出的，“翻译，像所有（再）作品一样，从来都不是凭空产生的。总有一个翻译发生的语境，总有一段从文本产生到文本转换的历史过程”（Bassnett & Lefevere：1990，11）。20 世纪 80 年代，翻译研究中所谓的“文化转向”的重要贡献来自操纵学派（Manipulation Group），其代表人物有伊塔马尔·埃文－佐哈尔（Itamar Even-Zohar）、吉迪恩·图里（Gideon Toury）、若泽·朗贝尔（José Lambert）和西奥·赫尔曼斯（Theo Hermans）。这些学者拥有截然不同的语言和学术背景，其理论将翻译研究内嵌于社会文化语境中，把翻译作为一种影响其所进入的文学系统的现象。赫尔曼斯简要总结了其学派的一些中心思想：

> 认为文学是一个复杂的动态系统；坚信理论模型与实际个案研究应持续互动；描写性、目标语导向性、功能性、系统性的文学翻
> 9 译方法；研究兴趣包括管理翻译产生和接受的规范与制约、翻译与其他类型文本处理之间的关系、翻译在特定文学作品及文学互动中的地位与作用。
>
> （Hermans，1985：10－11）

出于类似的兴趣，玛丽·斯内尔－霍恩比（Mary Snell-Hornby）提出了一种涉及语言学和文学研究的综合理论，摒弃了虚幻、错误的对等概念，提倡译者在注重语言技能的同时也应认识到文化能力的重要性（Snell-Hornby，1988）。

这表明，翻译研究在一定程度上是 20 世纪 60 年代末以来席卷欧洲和北美大学的变革之风的产物，这也从某种程度上解释了为什么翻译研究如此频繁地试图“挑战正统”（Bassnett，2014：25）。在多年的抗议之后，高等教育的调整无疑为新学科的出现提供了机遇，特

别是在人文学科和新建立的社会科学领域。当然，这一过程在不同国家也不尽相同。不谈翻译研究的国际构成与使命，仅就后结构主义、女性主义、人类学、后殖民主义视角的文学和符号学研究来说，其对不同国家所施加的影响程度就大为不同。与现代语言一样，传统上翻译在英美语境中处于从属地位，这一事实使翻译研究面临学术边缘化。它必须与根深蒂固的偏见做斗争，以维护自己的地位，这也为该学科增添了一种反体制的基调，并使其有别于其他欧洲国家的现状（Munday，2010；Bassnett，2014：26）。劳伦斯·韦努蒂（Venuti，1995：17）是最早直言不讳地揭露英美民族中心主义及其对翻译的保守态度的学者和翻译家之一。在讨论“归化”实践时，他认为归化策略可读性强，但模糊了文本的内在他异性（alterity），削弱了译者的作用。韦努蒂还揭露了美国保守的帝国主义文化，指出（截至目前）其译作只占所有出版物的5%。在英国，情况也大致相同，译作总量仅略超出3%，尽管近期的统计数据显示，这一比例正开始有所上升（Anderson，2019）。外国文学译本通常与英语文学分隔开来，被置于书店的不同书架上，不像在其他国家（如法国或意大利），巴尔扎克（Balzac）、卡尔维诺（Calvino）和狄更斯（Dickens）通常可在同一区域找到。毫不意外的是，在法国每九本书中就有一本是译作，而在意大利，这一比例甚至更高，尤其是儿童文学，其译作比例占青少年读物的40%以上（ISTAT，2018；Armitstead，2019）。无论是出版行业还是整个社会，欧洲（和加拿大的双语）文化在传统上都对翻译持更开放的态度，在翻译培训和研究方面有着悠久的机构投资传统（Lambert，2013：9）。

由于翻译研究具有应用型和思辨型学科的混合性质，并与其他学科、思想流派相互关联，因此它能够比众多其他学科更有效地应对全 10

球化带来的挑战和机遇，至今仍然是一个至关重要的学术领域。大量期刊、国内外研讨会、协会、联合会，如翻译研究中心（CETRA）、国际翻译与跨文化研究协会（IATIS）、欧洲翻译研究学会（EST）、美国口笔译研究协会（ATISA）、研究中心、硕博项目等从极其广阔的理论视角探索翻译主题，这都证明了这一交叉学科的成功（Snell-Hornby，2006）。从后殖民语境到社会性别与性研究，翻译活动与翻译作品已被广泛地探讨，以揭示影响文化与语言表征的权力不平衡、经济与政治不平等、性别秩序与异性恋主流价值观存在偏见。随着翻译研究从寻求理想的语言对等到普遍关注差异，文学创作与翻译日益陷入权力不对称的复杂纠葛之中。从基于语言的差异（全球 / 地方；国家 / 地区）到与文化有关的差异（主导 / 边缘；东方 / 西方），包括性别政治问题，作者与译者在意义与身份建构中的作用受到了学界的广泛关注。举两个典型例子来说，加拿大学者、翻译家路易丝·冯·弗洛托（Luise von Flotow）和谢里·西蒙（Sherry Simon）开创了女性主义翻译理论的先河（von Flotow，1991，1997；Simon，1996），而后殖民翻译策略研究则为特贾斯维莉·尼南贾纳（Tejaswini Niranjana）、哈里什·特里维迪（Harish Trivedi）和苏珊·巴斯内特提供了研究焦点（Niranjana，1992；Trivedi & Bassnett，1999）。诸如此类的研究梳理了霸权话语对文学创作与流通的影响，并扩大了讨论范围，以涵盖更广阔的语言学语境和其他学科视角。

20 世纪 90 年代末以来，媒体和文化研究的扩展为翻译研究提供了前所未有的机遇。如前所述，视听翻译已成为多模态翻译研究的主要焦点（Díaz Cintas，2009：3）。这一领域吸引了越来越多来自不同学术背景和国家的研究人员（Dror Abend-David，2014）。这也对如何使用特定学科的术语和研究方法提出了挑战，更不用说不同的学术传统了，而这种复杂性通常是真正的跨学科性的标志。视听翻译作为概念和美学框架的重要性日益提高，最近的创新性研究也证明了这一点，例如卡罗尔·奥沙利文（Carol O'Sullivan）和让－弗朗索瓦·科尔尼（Jean-François Cornu）的《电影翻译，1900—1950》（*The Translation of Films, 1900–1950*），他们认为翻译不仅影响电影发行，而且影响电影艺术的发展。奥沙利文和科尔尼通过探索国际发行编辑的复杂性、插卡字幕（intertitle）[1]和屏底字幕（subtitle）[2]的美学考虑、审查问题及其他诸多因素来阐述其观点。除这些研究领域外，数字技术的最新发展，以及用户参与、众包（crowdsourcing）[3]、粉丝字幕（fansubbing）[4]和其他形式的业余翻译的出现，也为视听翻译及整个翻译研究提供了一系列新的伦理和方法论问题（参见本书路易斯·佩雷斯·冈萨雷斯、伊丽莎白·阿达米和萨拉·拉莫斯·平托的 11
章节）。毫无疑问，选择英语作为该学科的通用语（lingua franca）是其走向国际并取得成功的因素之一。然而，从 20 世纪 90 年代开始，这一领域已经将视野开阔至欧洲和美国以外。越来越多的汇编文集、文选和读者开始探索更加多元化的翻译理论与实践传统，以新的（尤其是来自东亚的）视角和风格丰富该学科，并可能暴露出其自身的霸权偏见（Bermann & Porter，2014：6）。一些学者甚至提出了“后翻译研究（post-translation studies）”议程以超越学科边界，从更广阔的

[1] 无声电影大多用插卡字幕（title card 或 intertitle）。电影胶片里有一截纯文字说明，有时是人物对白，有时是对剧情和场景的解释。

[2] 屏底字幕后简称“字幕”。

[3] 众包：公司或机构把过去由员工执行的工作任务，以自由自愿的形式外包给非特定的大众志愿者的做法。

[4] 粉丝字幕，非翻译专业的电影爱好者所做的字幕翻译，最早源于日本动漫在美国的传播。

跨学科视角探讨社会和个体身份的翻译本质（Arduini & Nergaard，2011：8）。

尽管有这些发展，翻译研究的原始学科领域——语言学和文学研究——仍继续以不同方式影响着基于翻译的研究。本书中马修·雷诺兹和马库斯·托马林的章节就致力于这一悠久的历史传统。然而不可否认的是，在今天这个日益跨文化、多语言的跨国世界里，翻译作为一门学科已经真正成熟了。20 世纪 90 年代末所谓的“翻译转向”，使其他相关学科把注意力集中于翻译理论与实践，探索其方法，并认识到翻译作为一门独立学科及其塑造当代世界新范式的重要性，而当代世界无疑是一个多模态的世界。

3. 多模态的兴起

在某些方面，多模态研究作为一门独立学科的发展也有着类似的经历。在过去 20 多年里，多模态研究产生于一系列相互关联的跨学科研究领域，这些领域认为表达和交际远不止语言交流。如前所述，对这一话题的兴趣部分源于全球化的普及、数字媒体的蓬勃发展，以及技术的创新，如脸书（Facebook）、推特（Twitter）。在现代社会中，交际常常涉及不止一种模态，这已是老生常谈。网络模因将文字和图像结合在一起，而视频博客发布的帖子往往涉及口语、文字、动态图像和音乐，所有这些模态都被协调起来构成和传达整体意义。针对这一点，“多模态”一词已广泛地被用来涵盖与艺术、人文、社会科学，以及工程与人工智能相关的方法，并提出了几个不同的理论框架。例如，在 20 世纪 90 年代，为了创建更有效的人机界面，研究人员广泛地探索了多模态通信的中心地位，同时借鉴了迈克尔·韩礼德

（Michael Halliday）的系统功能语法（Systemic-Functional Grammar）。安东尼・鲍德里（Anthony Baldry）和保罗・J. 蒂博（Paul J. Thibault）等理论家概述了文本分析的多模式方法（Bunt et al .，1998；Baldry & Thibault，2006）。在考虑了各种研究传统之后，最近凯里・朱伊特、杰夫・贝泽默和凯・奥哈洛伦（Kay O'Halloran）提出了定性多模态研 12
究的三个核心前提（Jewitt，Bezemer & O'Halloran，2016：3）：

（1）意义通过各种符号资源被构建，每种符号资源都有其自身独特的潜力与局限。

（2）意义建构涉及多模态整体的产出。

（3）研究意义必须关注用于建构意义整体的所有符号资源。

这些前提有几个注意事项，其中一些是由于不同的术语传统和惯例所致。例如，并不是所有的多模态理论家都明确关注"意义建构"。有些人表示他们主要对"多模态话语"或"多模态交际"感兴趣，有些人则使用"符号资源"（semiotic resource）之类的短语，而非术语"模态"（mode）。虽然这些差异揭示了对相互对立的方法论及意识形态的忠诚度，但这有时也会无意中分散人们对不只涉及语言的交际形式的共同兴趣。尽管如此，该领域已具备足够的连贯性，如已经出现了专业性期刊，如 2011 年出版的《多模态交际》（*Multimodal Communication*）以及专门的系列研究，如劳特里奇（Routledge）系列的多模态研究，这些都为多模态的前沿研究提供了重要平台。

作为具体案例研究，多模态社会符号学（MSS）是一个非常有影响力的理论。尽管其起源仅可追溯到 20 世纪 80 年代，但它已对许多学术领域产生了重大影响。本质上，它是符号学的一个分支，试图理解人们在特定的社会环境中是如何交流的。与其他多模态理论一样，它深深植根于迈克尔·韩礼德的著作中，尤其是《作为社会符号的语言》（*Language as Social Semiotic*，1978）和《功能语法导论》（*An Introduction to Functional Grammar*，1985）。韩礼德反复强调语言应该“在社会文化语境中得到阐释，而文化本身就是以符号学术语阐释的”（Halliday，1978：2）。因此，符号过程（semiosis）并不仅仅发生在头脑中；它源于社团（community）的社会实践。为了便于分析，韩礼德提出了三个相关变量：语场（field）、语旨（tenor）和语式（mode）。语场指正在讨论的事物的主题或内容，从而将焦点指向发生了什么、发生的时间和对象。语旨则指互动中的参与者（如父亲 / 女儿）及其目的之间所存在的社会关系。因此，它可以影响对话者所作的交际选择（如特定文体语域的选择）。语式是指所使用的交际渠道（如口头、书面）。这三个变量结合在一起可以描述任何一种意义交际的情况。显然，如果同时使用多种模态（语式），那么其相互作用（根据定义）就是多模态（多语式）的（multimodal）[1]。

13 构成多模态社会符号学基础的韩礼德框架是在罗伯特·霍奇（Robert Hodge）和冈瑟·克雷斯的《社会符号学》（*Social Semiotics*，1988）中勾勒出来的，并在随后的许多著作中逐渐发展和完善，如克雷斯与西奥·范勒文合著的《阅读图像》（*Reading Images*，1996）和《多模态话语》（*Multimodal Discourse*，2001）、范勒文的《社会符号学导论》（*Introducing Social Semiotics*，2005）、朱伊特的《劳特里

[1] 在系统功能语言学中，mode为了与语场、语旨在形式上保持一致，被普遍译为“语式”，但其在意义上与“模态”相同。因此本书中，除了在与语场、语旨同时出现时将 mode 译为“语式”，其他绝大多数情况下都译为“模态”。

奇多模态分析手册》(*The Routledge Handbook of Multimodal Analysis*, 2009;第2版,2013)、克雷斯的《多模态》(*Multimodality*, 2010)、贝泽默和克雷斯的《多模态、学习与交际》(*Multimodality, Learning, and Communication*, 2015),以及朱伊特、贝泽默、奥哈洛伦合著的《多模态导论》(*Introducing Multimodality*, 2016)等。多模态社会符号学所倡导的基本分析框架必然借鉴了旧符号学理论的某些方面,但也对其进行了重构。例如,它坚持强调意义的建构与共享,这就使其在很多方面与其他派别的符号学区分开来,而这类符号学可追溯到查尔斯·桑德斯·皮尔斯(Charles Sanders Pierce)[1]和费迪南·德·索绪尔(Ferdinand de Sausure)[2]的著作中。例如,多模态社会符号学并未采用皮尔斯的三分法,将符号分为象似性(iconic)、指示性(indexical)和象征性(symbolic)三个子类,也与索绪尔的符号学(semiology)不同,强调符号建构者(使用模态作为符号资源)对符号和意义建构的兴趣,并由此得出一个重要结论:形式和意义之间的关系绝不是完全任意的(Kress, 2010)。正如克雷斯等人一直强调的那样,从一开始,指导多模态社会符号学研究的基本信念之一,就是多模态交互一直是"人类交流的正常状态"——但或许这种说法在现代社会比以往任何时候都更加正确(Kress & van Leeuwen, 2001: 21)。不同的模态可被视为"允许同时实现话语和(交互)行为类型的符号资源",它们具有不同的符担性(affordances)——即影响表达中符号建构的特殊潜势和制约(Kress & van Leeuwen, 2001:

[1] 查尔斯·桑德斯·皮尔斯(1839—1914),美国哲学家、逻辑学家、实用主义创始人。

[2] 费迪南·德·索绪尔(1857—1913),瑞士作家、语言学家。是后世学者公认的结构主义的创始人,现代语言学理论的奠基者。

21）。以静态图像为例，如 19 世纪的油画，使用空间逻辑（而非时间逻辑），其符担性包括诸如绘画创作的表面材料（如画布）、使用的颜料类型（如油画颜料）、颜料的应用方式（如厚涂颜料技术）等等。这些独特的符担性并不与其他模态（如音乐或口语）共享。每一种模态的符担性都是由特定符号资源创造意义的方式决定的，而后者不可避免地具有其物质、文化、社会和历史发展的特征。在诸多方面，这并不新鲜。人们早就认识到不同艺术形式具有不同功能，单词 ekphrasis（符象化）来源于希腊语词根，意为“出”（out）和“说”（to speak），至今仍常被用以指通过口头或书面极其细致地描述，向读者 / 听众生动地呈现某一实体的情况。然而，多模态社会符号学提供了一个强有力的研究框架分析此类现象，特别是它提供了一种将模态整体（ensembles）概念化的方法，即有目的地使用多个模态的表达，以建构集体的且相互关联的意义。因此，整体都是由至少一位意
14 义建构者“精心组织的”（orchestrated）（Kress，2010：157–158）。对这种编排过程的仔细考量强调了单模态交际在很大程度上并不是规范而是例外的事实。认识到这一点，会极大地动摇我们对于交际（笼统意义上）和翻译（具体意义上）中多数最为人熟知的以语言为中心的（logocentric）预设。

社会符号学多模态理论的一个必然结果是，语言在分析框架中的中心地位被取代——就像在翻译研究的众多分支中一样。更具体地说，语言失去了其作为意义建构主要媒介的特殊地位，而变成产生和传播意义的众多可能方式之一。事实上，对克雷斯来说，语言本身甚至不应该被归类为一种“模态”，因为它是一种抽象概念，掩盖了作为符号资源的口语和文字之间的真正区别。正如他所说：

> 把具有完全不同属性的口语和文字归为一类，从而连接又模糊了时间与空间、序列与同时性的不同逻辑，显示了这种被称为“语言”的模态的不合理性。很难找到一种能够统一所有这些特征的连贯原则，所以我将口语和文字视为两种不同的模态。
>
> （Kress，2010：86）

这一研究提出了几个重要问题。例如，当人们认识到各种模态（口语和文字只是其中两种）都可以作为符号资源来产出和传达意义时，就有必要反思传统上使用的词汇，以表达从一种模态（语类、意识形态复合体等）到另一种模态承载意义的不同方式。当然，传统上，“翻译”这一术语因此而被保留下来：如一首原本用法语写的诗被翻译成英语。（至少）在西方传统中，用来表示这一过程的传统术语往往意味着某种意义的移动或跨越。“translation”（翻译）一词的词源表明该词是由两个拉丁语词根组成的：“trans”（跨越）+“latus”（承载）。又如法语中表示“翻译”的词“traduire”是由拉丁语“trans”+“duco”［引导（lead）］组成的，德语中表示“翻译”的“übersetzen”是由“über”（跨越）+“setzen”（放置）组成的，所以“翻译”具有“通过或越过”的复合意义。虽然该词通常指意义从一种模态移动到同一种模态的情况（即从书面法语到书面英语，如前讨论的维庸和罗塞蒂的例子），但译者在实践中经常会处理语言和非语言元素（如词汇与句子意义、格律、韵律、页面布局、字体类型等）。话虽如此，但当意义材料跨越模态边界时，非语言元素就变得更加明显。例如，将朱塞培·翁加雷蒂（Giuseppe Ungaretti）[1]1916年的诗歌《日落》（Tramonto）与 15

[1]朱塞培·翁加雷蒂（1888—1970），意大利隐逸派诗歌重要代表。其代表作有诗集《覆舟的愉快》（1919）、《时代的感情》（1933）、《悲哀》（1947）、《呼喊和风景》（1952）等。

2017 年基于该文本所创作的数字图像进行比较：[5]

Tramonto

Il carnato del cielo
sveglia oasi
al nomade d'amore

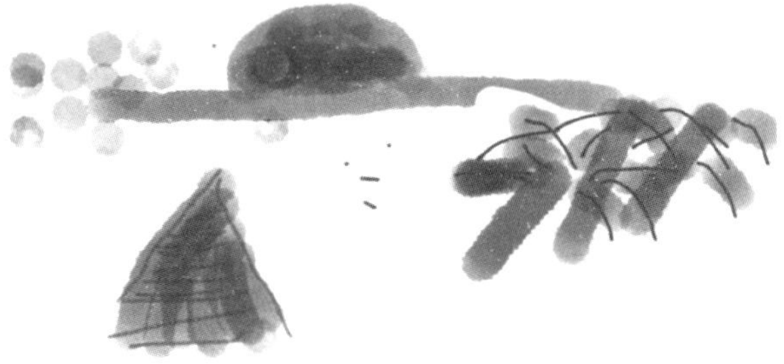

图 2 日落

尽管某些图像可能包含一些单词、数字，从词汇、句法、形态学等方面来分析图像是不可能的（除了从隐喻方面），因为文字和图像的符担性相差甚大。然而，我们还是希望将这种意义的转移归类为“翻译”的一个实例，尽管它涉及多种模态。当然，根据我们对图像的“阅读”，某些元素似乎与文本描述的沙漠场景有着非常密切的联系：日落、棕榈树——甚至还可能是帐篷里的游牧人？

如前所述，克雷斯认为在此类情况下，上层术语“翻译”过于含糊，应分为更为明确的子类。因此，受“日落”启发的数字图像可归类为诗歌文本的“转导”（transduction），因为意义材料已经从一种模态移动到另一种模态了，即从文字到图像（Kress，2010：124-131）。相比之下，罗塞蒂对维庸诗歌的英译则构成了一种“转化”（transformation），因为意义材料从一种模态移动到同一种模态。后一种情况涉及文化的改变（即英国文化语境取代了法国文化语境），即使模态保持不变，这表明诸如“文化内”（intracultural）和“文化间”（intercultural）等术语也是适切的（Davies，2012）。当然，法语书面语和英语书面语（如语法、词汇、字母表、变音符）之间存在很多明显区别，但在多模态社会符号学框架中，模态并没有改变。尽管大多数多模态理论学家认识到进一步精确化区分的重要性，但他们并不总能对首选术语达成一致。克劳斯·凯因德尔倾向使用“模态间”（intermodal）和“模态内”（intramodal）翻译的术语，尽管在区分的本质上是相同的（Kaindl，2013：261–262）。然而需要注意的是，对命名翻译子类的词汇选择总会显示出指导我们探索翻译活动本质的一些潜在隐喻和概念模型。如前所述，使用拉丁语派生词根“trans” 16
的术语都隐含了这样或那样的运动，需要注意的是，要确保这不会限制我们对所涉及的本质过程的思考方式。其他语言为我们理解翻译过程提供了不同的方式。例如，在芬兰语中，动词 *käntäää* 意为“翻译”，但它的词根意为“翻转”。因此，芬兰语的翻译不是跨越障碍，或者从一个地方到另一个地方，而是将某物翻过来，露出另一面（Chesterman，1997：60–62）。尽管这里还是存在某种运动，但这并不涉及运输或迁移。克雷斯在本书“意义转置：多模态符号观景下的翻译”中更详细地探讨了这一话题。

区分翻译的不同子类，反思意义是如何传达的，迫使我们重新审视这一熟悉的过程和分类。例如，如果口语和文字是两种不同的模态（如克雷斯的观点），而不是同一模态（即语言）的不同表现形式，那么将意义从一种模态转移或翻转到另一种模态并不应该是优先的处理方式。重温前面的一个例子，如果用法语朗读斯特凡纳·马拉美的诗《牧神的午后》，那么意义就会从文字模态转移或翻转至口语模态，因此说话这一行为应该被归为模态间翻译的一个实例（即转导）。这将使它与德彪西的交响乐作品《牧神的午后序曲》处于同一类别，因为后者是对马拉美书面文本的音乐重述。这两种情况，即朗读诗歌和演奏基于诗歌的乐曲，属于同一基本范畴，这一事实应该引起我们的思考，因为这种分类动摇了大多数传统的翻译分析。尽管克雷斯准确地分辨出口头和书面之间的显著差异，但这两种模态的特定符担性之间（如同一名词的书面和口头形式；同一句子的书面和口头形式）比起文字和音乐之间（如书面文本中特定的名词或句子与音乐中特定的和弦、乐句、转调、终止之间是否有任何形式的直接对应？）存在更多的直接映射。表面上看来，某些模态比其他模态更能有效地促进意义的多模态传播，这反过来又意味着对各种模态的本体进行阐释，以确定它们之间关系的本质，是具有可能性的，正如托马林在本书中所提议的那样。

尽管如此，翻译理论家们也才真正开始把多模态（无论是多模态社会符号学还是其他名称变体）作为一门学科来研究。如前所述，关于视听翻译的文献相当广泛，但很少有人尝试探讨多模态对翻译研究作为一个异构整体的广泛影响。克劳斯·凯因德尔是认识到其必要性的著名学者之一，他详尽地研究了多模态视角下的漫画翻译相关问题，费德里科·扎内廷（Federico Zanettin）、米哈乌·博罗多（Michał Borodo）等人随后也探讨了该话题。凯因德尔还为《劳特利奇翻译研
17 究手册》（*Routledge Handbook of Translation Studies*，2013）撰写了关于多模态和翻译的重要章节，勾勒了一些知识背景，同时也确定了重要的研究领域（Kaindl，2004，2013；Zanettin，2008；Borodo，2015）。很明显，他在结论中指出“翻译研究必须针对非语言模态开发合适的研究工具”（Kaindl，2013：266）。《牛津语言与社会手册》（*The Oxford Handbook of Language and Society*，2016）中也有一章关于多模态翻译的总结，由伊丽莎白·阿达米撰写。而最近，萨拉·蒂瑟托（Sara Dicerto，2018）尝试提出并阐释了一个从多模态视角分析翻译的框

架，特别强调了语用学在此交际情景中尚未被认可的作用。学术期刊对此类话题的兴趣也愈渐浓厚。2013 年，卡罗尔・奥沙利文和卡泰丽娜・杰夫科特（Caterina Jeffcote）为《专业翻译》（*Journal of Specialised Translation*）编选了以“翻译多模态”为主题的特刊。几年后，卡塔利娜・希门尼斯・乌尔塔多（Catalina Jiménez Hurtado）、蒂纳・图奥米宁（Tiina Tuominen）和安妮・凯托拉（Anne Ketola）也为《语言学新系列：翻译研究主题》（*Linguistica Antverpiensia*）编选了特刊，探讨“翻译中的多模态研究方法”（Jiménez Hurtado et al.，2018）。这些都证实了路易斯・佩雷斯・冈萨雷斯几年前的观点，“在未来几年里，多模态必将成为翻译研究的中心”（Pérez-González，2014b：127）。一些后续研究集中于广告翻译、插图版技术文本和书籍封面的多模态含义（Pan，2015；Ketola，2016；Li，Li & Miao，2018）。这些例子表明，翻译研究与多模态研究已经开始融合，在此背景之下，本书试图公开鼓励和促进其间更广泛的互动。

4. 本书概述

前几部分总结了过去 20 多年里，翻译研究和多模态研究两个领域各自的一些关键性发展，以及它们开始融合的一些例子。本书旨在通过提供对前沿研究趋势的深刻见解，确定未来值得更广泛研究的具体话题来促进这种融合。作为研究翻译和多模态的首批书籍之一，本书为研究多模态环境中生产和消费翻译的人们所面临的特殊实践与理论挑战提供了前所未有的机遇。

在“意义转置：多模态符号景观下的翻译”一章中，冈瑟・克雷斯从多模态社会符号学视角提出了一个权威翻译观。他从一个游戏入手，在该游戏中人们对图像进行书面描述，然后据此进行原始图像的（再）创作，克雷斯概述了一个将翻译视为意义“转置”（transposing）的框架。这一观点试图初步说明建构意义和转置意义的特定场域（site-specific）的模态资源。克劳斯·凯因德尔在其章节中也提到了
18 类似主题，但是从略微不同的分析视角展开的——多模态被视为一种“学术摇滚”的形式。他首先概述了将当下多模态研究方法与 20 世纪 70 年代的“多媒体”符号学理论相联系的一些知识背景，然后将重点转向探索模态不可避免地与媒介和语类交织在一起的方式。其核心观点是模态、媒介和语类是构成翻译理论方法的三个基石，有助于克服翻译研究以语言为中心的问题，促使我们将翻译视为一种模态、媒介和语类实践。凯因德尔列举了一个具体案例，探讨了埃尔维斯·普雷斯利（Elvis Presley，即猫王）的歌曲《猎犬》（*Hound Dog*，1956）在德国施拉格（Schlager）流行音乐流派中的改编，详细分析了德语版歌曲是如何在语类、媒介和模态层面上发生变化的。

在克雷斯和凯因德尔提出的话题的基础上，伊丽莎白·阿达米和萨拉·拉莫斯·平托提出了一个联合符号学与翻译的研究项目，旨在描述多模态研究与翻译研究如何共享各自的专业领域，以解决一系列学科空白，而这些空白只有通过跨学科研究才能有效填补。从本质上讲，跨学科研究鼓励我们在不断变化、日益跨国化的社会符号环境中加深对意义建构实践的理解。他们设想的这类研究需要方法论上的发展和学科上的整合，以便探索多模态产品的流通、多模态文本的产出和翻译实践，以及（再）阐释和再意指（re-signification）的实践等。本着同样的精神，路易斯·佩雷斯·冈萨雷斯的这一章节聚焦字幕在现代媒体格局中的演进作用，具体描述了字幕翻译是如何逐渐摆脱影视业的束缚，并开始为与数字文化相关的更为大众化的媒体形式（如

中国的弹幕）服务的。特别是，佩雷斯·冈萨雷斯追溯了从以霸权叙事体制为基础的指称性本体论到以数字媒体生态为特征的解构本体论的转变。他还指出，当普通的修辞学者们获得更大的可见度和能动性时，他们的任务就涉及通过揭示多模态整体的文化和社会构成来解构意义表征。

马修·雷诺兹采用了截然不同的方法，他以一部具体文学作品，即但丁（Dante）的《神曲》（*Divina Commedia*，1320）为出发点，将其章节置于文学翻译的悠久传统之中。他主要聚焦“天堂篇”（Paradiso）中的一小段（第 26 章 134 行）。在该段中，上帝最初的名字被以一条垂直的（或略微倾斜的）竖线表达出来。这个小细节给翻译人员带来了不小的麻烦。该符号到底是表示元音“I”还是数字“1”，或者完全是别的什么非语言的东西？这条竖线的使用也对理解诗的（多）模态特征造成了困惑，因为这一图像作为诗歌的一部分出现，根本不清楚究竟应该如何发音。这些与翻译相关的不确定性促使我们对多模 19
态框架的分类问题进行深入思考。如果我们无法确切地界定模态的构成，比如“口语”或“文字”，那么我们将不可避免地纠结什么是模态——这反过来又可能动摇多模态研究中经常采用的一些分析性假设。马库斯·托马林的章节中也探讨了类似的问题，主要涉及翻译“艺术家之书”[1]（livres d’artistes）——即有意结合文本与图像来创建多模态的出版物——所面临的困难。1911 年，诗人纪尧姆·阿波

[1] 从 19 世纪起，一些西方艺术家为著名的书籍绘制了系列插画，法国人将这些书籍为“艺术家之书”。例如，维真·德拉克洛瓦曾为莎士比亚的《哈姆雷特》和歌德的《浮士德》绘制过插图。20 世纪时，毕加索为西班牙 17 世纪的诗人路易斯·贡戈拉的诗集绘制过插图，马蒂斯为许多法国诗人的诗集绘过插图，如查尔斯·德·奥尔良、龙萨波德莱尔和马拉美。

利奈尔（Guillaume Apollinaire）[1] 和法国野兽派艺术家拉乌尔·杜菲（Raoul Dufy）[2] 合作出版了《动物寓言集或俄耳甫斯的随从队列》（*Le Bestiaire ou Cortège d' Orphée*）一书。托马林选取其中的一首“诗”——《单峰驼》（Le Dromadaire），通过分析诗歌文本及与此相关的木雕版画，引入了一种（准）数学形式体系，能够更清晰地说明在可称为“翻译”实例的各种过程中多模态整体的转换方式。

本书最后两章将这些话题与其他类型的多模态实践相联系。更具体地说，海伦·朱莉亚·麦那兹探讨了翻译在 20 世纪和 21 世纪音乐舞蹈作品中的作用，以及翻译过程。具体的例子包括德彪西的《牧神的午后序曲》和受此音乐启发而创作出的、饱受争议的斯特拉文斯基（Stravinsky）与尼金斯基合作的芭蕾舞剧《春之祭》（*Le sacre du printemps*），以及埃里克·萨蒂（Erik Satie）[3] 的《游行》（*La Parade*）。对这些作品的讨论，说明了对于积极投身创作过程，以及随后对该多模态整体进行阐释和分析的人来说，理解艺术之间“意义”的转换是何等重要。这些讨论引发了许多关于意义是如何在这些短暂的姿态艺术内部和之间产生的问题，有人认为音乐律动和舞蹈动作的相互作用依赖于各种形式的翻译，这些翻译需要认知映射、姿态解释以及身体经验的认识。相较于对音乐和舞蹈的强调，塔马林·诺伍德致力于研究如何从一种特殊的“半盲”绘画技巧中衍生出一种新的写

[1] 纪尧姆·阿波利奈尔（1880—1918），法国著名诗人、小说家、剧作家和文艺评论家，被认为是超现实主义文艺运动的先驱之一。著有诗集《醇酒集》《图画诗》，以及小说集《异端派首领与公司》《被杀害的诗人》等。

[2] 拉乌尔·杜菲（1877—1953）法国野兽派画家、设计师。主要作品有《巴黎的花园》《尼斯的海滨俱乐部》《布洛涅的树林》和《多维尔》等。

[3] 埃里克·萨蒂（1866—1925），法国作曲家。代表作品有钢琴曲《玄秘曲 3 首》《3 首萨拉班德》、交响戏剧《苏格拉底》、舞剧《游行》《炫技表演》和《松弛》等。

作方法。在其试验性章节中，她展示了如何将此推导过程理解为一种多模态翻译形式，其中一种绘画方法（即被翻译的原始“文本”）从源模态中被提取出来，然后在文字模态中进行重构，从而提供了一种“绘画式”的写作方法。

希望通过简短的概述能够让读者们对本书所涉及话题的范围有所了解。事实上，本书就任何话题所涉及的所有讨论都不是最终定论。我们仅希望书中章节所探讨的核心思想与方法能够促使读者更深刻、更广泛地思考翻译与多模态之间的关系。如果此希望能够实现，那么本书的意义将不止于此。

注释

1.*https://en.wikipedia.org/wiki/Translation*（上次访问日期：2018 年 9 月 2 日）

2. 此处简要提及的理论都在舒尔特和比格内（1992）；韦斯博特和埃斯坦森（2006）；韦努蒂（2012）等人的经典著作中有所涉及。

3. 其中部分问题由海伦·朱莉亚·麦那兹在本书章节中进一步讨论，其中她特别探讨了《牧神的午后》。

4. 探讨霍姆斯的研究项目及其对该学科发展的影响，参见马尔姆克亚（2013）。

5. 这首诗也可以翻译为：“肉粉色的天空唤醒了游牧人爱的绿洲。”2017 年 5 月 26 日，在剑桥大学艺术、社会科学与人文学科研究中心举行的“翻译与多模态”会议上，莫妮卡·博里亚和马库斯·托马林创作了这幅画。

1

意义转置：多模态符号景观下的翻译

冈瑟·克雷斯

7

意义转置：多模态符号景观下的翻译

冈瑟·克雷斯

1. 序言：当代多模态符号景观下的翻译问题

在日常交流中，无论平庸还是深刻，当今社会与符号世界的行为 24
者都在利用广泛的物质手段——符号景观（semiotic landscape）的模态（modes）来使意义（在物质上）明晰化。本章旨在探索从以单一方式（“语言”）为主导的表意到认同多种方式（“多模态符号资源”）表意的潜在等价性这一变化所带来的问题，及其对现今“翻译”这一概念的影响。与本书中马修·雷诺兹的章节不同，本章并非从翻译理论内部展开讨论，而主要集中于对研究范式转变的简述：就核心问题而言，是从以“语言”为中心转向以“意义”为焦点；就学科而言，是从语言学框架过渡至符号学框架。因此，它是影响全球政治、社会、经济和文化格局变化的一部分，打破了欧洲几个世纪以来的相对稳定，正如它在其他地区所做的那样。同时也带来了“命名”的问题：那些曾经带给这个世界某种稳定的名称已不足以描绘当代社会符号景观。“命名”需要清晰，与此同时，术语的发展也要与这种变化相一致、相适应。本章将介绍一些必要的（符号学）术语，并将它们与讨论的基本要素联系起来。

2. 翻译中的反常之处：信息扭曲的“传话游戏”

在一场半正式会议中，大约有 20 人——其中主要是各类手艺人 / 艺术家，一些学者以及零星几位其他行业的人士——都在当晚节目主持人的劝说下参加了“传话游戏”。主持人复印了一系列不同类型的图画——抽象的、形象的、当代的、传统的、“西方的”或是来自世界各地的。主持人邀请每位小组成员选择其中一幅，并给每人一张 A4 纸和一支铅笔，告诉大家“在 30 分钟内写一段话，描述‘你的’图画”（见图 1.1）。

25

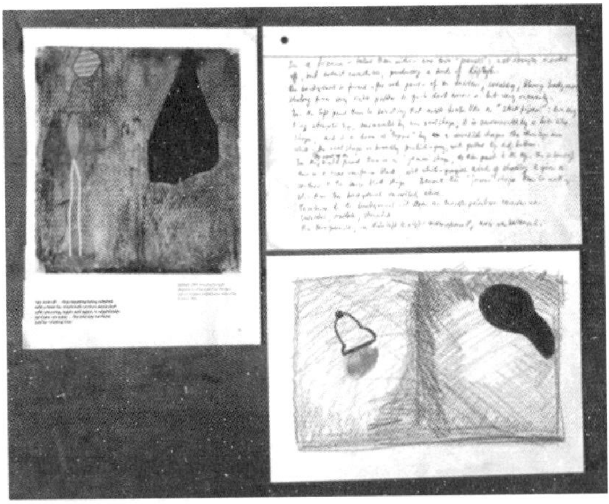

图 1.1 翻译游戏

时间一到，主持人将分发的图画和大家写的描述收上来，再将这些书面描述一人一份随机发下去。房间里的桌子上都放着盒装的彩色铅笔和蜡笔，每个人根据自己收到的描述画出与之对应的图画。大约 40 分钟后，主持人叫停，并邀请每个人找出自己手上文字描述的原始图画。大家都饶有兴致地比较起各自手中的文字描述与原始图画，以及自己根据描述画出的图画。

尽管在场的每个人都很熟悉“传话游戏”，但令人惊讶的是，我们的“交际”观念与现实的契合度竟如此之差，这体现在各种各样细微的差异上：参与者个人“兴趣”的不同，导致关注的焦点不同，进 26
而导致信息选择方面的差异。而这正是基于我们每个人选择重新建构信息元素的“更深层”视角的差异。

传话游戏的传统玩法是利用一种共享的意义资源：口语。而这里的游戏之所以存在信息“扭曲”，主要在于从图像到文字再到图像这个过程没有可共享的意义资源，即没有共享“编码”（code）。这些图像的建构要素不是语言。尽管图像的各成分之间有联系，但这些联系既不是语法要素，也不是语法关系：没有主谓宾的关系，也没有诸如表示时态的时间标记。游戏中所讨论到的意义——无论是书面意义还是视觉意义——的确表达了某一特定社团的意义，然而，它们是通过完全不同的物质 / 符号手段表现出来的：或多或少充分地与文字和图像不同的符担性相一致。那么问题由此出现：尽管某一社会群体的意义可以被表达出来，但图像或文字共享编码的缺失使得这项活动在很多方面与翻译十分相似。（其中一个不同之处在于，到目前为止，这里还没有相对理解到位的各种假设，而这种假设存在于语言到语言的翻译之中。）

传统版本的传话游戏依靠参与者对于口语意义资源的共享：在游戏过程中，每个玩家会根据自己的不同兴趣和观点运用这种资源。而在“信息扭曲版本的游戏”中，口语和图像之间的转换并没有共享的意义资源，尽管在玩家社团中可能有一个广泛的、普遍的共享意义。这个“扭曲的游戏”带来了一种强烈的不安感，即文字和图像都能建构意义，但这些意义很难从一种模态“转换”（shift）到另一种模态，或者实际上，根本无法在另一种模态下建构。

每一种模态都为记录意义提供了截然不同的可能性，“命名”的问题也随即产生：在从一种模态，如文字模态，到另一种模态，如图像模态的转换过程中，翻译并不是真正的问题所在。诸如“转导”之类的术语，指某种特定类型的转换，才是它要表达的含义。

传统版的传话游戏清楚地表明哪怕是使用共享的口语资源，“编码”（en-coding）和“解码”（de-coding）的概念也几乎不起作用；而在“信息扭曲”版本的游戏中，这种方法更是毫无意义。从某一抽象层面而言，文字和图像实现了社会功能的某些方面，但它们并不共享任何类似于“编码”的东西。

除过我们对传统版本已知的问题，“扭曲版本”游戏中还会出现什么问题呢？许多画家、雕塑家或作曲家可能都对诸如“你能告诉我这讲的是什么吗？”这样的请求并不陌生。有时，其回应可能是恼怒的，“你凑近好好看；认真听；自己想一下；都摆在那儿了。”在学校，现在大多数的教科书或网上资源，不管是生物、数学，还是地理、物理，书本或屏幕上出现的都主要是图像，而非文字。这种情况同样出现在越来越多的其他社会领域中，有过之而无不及。对于一个社会而
27 言，如果我们没有真正意义上重构、转置（transpose）具有句法关系中文字、词汇资源的图像（比如磁场图）意义的必要资源，那么我们怎么能指望它起作用呢？

在一些重要的社会领域中（如在学校大多数考试中、法律领域等等），文字仍然是一种享有特权的模态。然而，这个游戏确实突显了基于现有常识的方法的弊端：文字起到了某种特殊符号的作用，但并没有也不能解决所有的问题。尽管几百年来，人们都确信“语言”完

全能够表达所有需要表达的意义，但是无论是书面语还是口头语，它们都只是建构意义的部分手段，图像也是如此，其他每一种建构意义的方式亦是如此。正是这一点使得社会符号学的多模态研究方法成为可能。

日常生活中，大多数信息仍然发生在面对面的互动中，但信息越来越频繁地通过我们每天随身携带的设备的小屏幕来传递。在那里，图像和文字往往同时出现，尽管图像越来越频繁地占据主导地位，抑或是单独出现。我们生活中的大部分交际都开始类似于传话游戏的不同版本那样，有着多种形式的信息扭曲。

这个大工程亟待解决的是运用全新的方式揭示我们现在每天使用的各种意义资源的特点和规律。对于我们日常生活的方方面面来说，这已经是一个非常紧迫的问题。联系那晚参加游戏的人员的表现，游戏再一次强调了描述存在于“建构”和“被建构的事物”中的意义有多困难，甚至不可能实现：即超越目前公认的正统方式而建构的意义。我们有必要找到一些方法，而不是用有限的、不全面的书面或口头途径来清晰地表达意义：关注并承认社会各个领域的意义建构者（meaning-makers），利用各种物质的建构行为本身，以及所有建构出来的事物。

在这场会议的传话游戏中，主持人的指令只是：“将你拿到的图像以文字描述的形式记录下来，该描述要能够让组内另一名成员根据你的信息重构一幅图像。”没有比这更简单的了，对吧？但是，如果我们不能为这么简单的任务找出相对可靠的方法，会出现什么样的后果呢？

3. 社会符号学理论及其记录、转置意义工具的概述

社会符号学（Hodge & Kress，1988；van Leeuwen，2005；Kress，2010；Bezemer & Kress，2016）明确关注意义和意义建构。它提出了解释意义构成（constitution of meaning）的框架和工具。在此框架中，它提供了一种对翻译的解释，即将翻译视为当代社会多模态符号景观中的“意义转置”（transposition of meaning）。术语“转置”
28 （transposition）[1]提供了一种能够全方位应对意义建构过程中变化的概念/理论框架。作为一个包容性隐喻，“位置”（position）是意义建构所有实例中的核心问题：无论是在社会情境、符号资源、个人喜好，抑或是其他重要因素中的位置。在所谓的翻译中，“位置”才是关键问题。

要证明这一点，就需要对社会符号学理论做初步概述。在此，我们将符号建构（sign-making）描述为该理论的核心，接着对该理论进行简要概述。进一步地研究表明翻译/转置——在一切及任何意义转置的扩展意义上——是交际的实例，并在这一重要理论中得到了阐释。

社会符号学理论认为，意义产生于社会行为与互动之中，其中最为常见的或许就是交际。正如绪论所述，该理论借鉴了符号学兼语言学家迈克尔·韩礼德的理论，尤其是其中的两项假设：其一（他曾以

[1] 转置是一个数学名词。直观来看，将A的所有元素绕着一条从第一行第一列元素出发的右下方45度的射线做镜面反转，即得到A的转置。一个矩阵M，把它的第一行变成第一列，第二行变成第二列，……，最末一行变为最末一列，从而得到一个新的矩阵N。这一过程称为矩阵的转置。即矩阵A的行和列对应互换。这里将该词引入多模态翻译研究。

稍微不同的形式陈述），“语言之所以被称之为语言是因为其在社会中所发挥的功能”（Halliday，1978：18-19）；其二，作为一种丰富的交际资源，语言必须满足三种（社会）功能。1. 处理有关“世界事态”的意义，即概念功能；2. 处理互动中参与者社会关系的意义，即人际功能；3. 处理语篇中元素关系所产生的意义，以及语篇与其环境的关系，即语篇功能。

第一个假设认为，某一社会的符号资源是其在社会（互动）行为中形成的结果。第二个假设则认为，为了使所有符号资源在人类交际中能够充分发挥作用，它必须处理产生于这三种不同但又完全融合的社会领域的意义。

将“语言”替换成“符号资源”这一短语，并把人类的能动性明确地纳入该框架，韩礼德的表述成为一种包容性的社会符号学理论：“符号资源之所以是符号资源是因为其在社会中所发挥的功能。”它为意义及意义建构的社会符号学多模态理论提供了一个可行的框架。除此之外，它还明确指出每个社团都有一系列清晰地建构意义的资源：口语、姿态、眼神、文字等等；这就是社会符号学多模态理论的模态（modes）。此外，这些模态的特征（其要素和关系）是社会符号行为（即某一特定社团中社会和符号活动）与每种模态的物质“材料”作用的产物。模态及其符号构成要素既反映了意义建构者的喜好，也反映了建构意义所选择的材料的潜力和局限——其符担性（Gibson，2014）。“物质材料”的例子有：姿态模态中，相对于（相对）静止的上身，身体某些部位的运动；口语模态中的空气；舞蹈模态中身体在空间中的运动。社团中的每个成员都在不停地建构意义，因此，所有的意义都是该特定社团的意义。

因此，模态——及其要素和要素之间的关系——是一个资源库， 29

是在某个社团中形成的意义的历史痕迹。每种模态的符担性都具有明显差异，这是社会符号活动不断顺应意义建构物质材料的潜力和抵抗其阻力的结果。这种活动产生了某一社会群体的符号 / 文化资源。在这之中，鉴于每种模态通过物质手段清晰建构意义的符担性不同，每种模态都既普遍（满足三大功能的要求）又特殊。在某一社会的任何模态中，所有通过物质手段清晰建构的意义都与该模态中清晰建构的其他意义，以及在该社会每种模态中清晰建构的意义有着可追溯的密切关系。"意义的密切关系"有两个方面：社会（符号）方面，以及出于某种模态共享物质性的密切关系，即符号（社会）方面。

以上总结涵盖了目前翻译理论与实践中所认识到的各种问题，并指出了其与本文提出的该领域的拓展所引发的问题之间的连续性。它支持从语言到意义的研究范式的转变，以及从语言学到符号学的学科转变。

模态被定义为在社会与符号活动历史中形成的物质，这使得"语言"这一术语及其使用出现了问题。鉴于每种情况下的物质手段（口语模态中的空气；文字模态中的书写表面与痕迹）及社会符号活动历史都有着显著区别，我们很难理解口语和文字怎么可以合理地被归为一个标签——语言。因此，在本文所论述的社会符号学的多模态方法中，术语"语言"（language）被术语"口语"（speech）和"文字"（writing）所替代，分别命名两种不同的模态。

从使用术语"语言"转变为使用术语"模态"的一个好处是：无论某一社团的符号资源是什么——例如，不管它们用不用基于字母或音节或字符的，抑或是其他任何一种"书写系统"（script）——都可以被涵盖在一种符号学原理之中。所有社团都开发了符合社会需要和物质潜势的符号模态。他们都拥有并使用模态。重要的是，意义建构和意义转置的理论概念适用于所有社团。

放弃使用“语言”这一术语，就需要另一个更为细致、恰当的名称。目前，我们无法用一个命名符号资源（如“英语这种语言”）的术语去（即使是含蓄地）命名一个社会—文化—政治实体。比如“姿态模态在英语（English）和法语中所起的作用是不同的”［这种情况下，“英语”既是一个只在想象中存在的地方命名，如“英语岛”（Englishland），同时也可以命名一种符号资源］。“英语”作为一种符号资源，是由极其不同的社会文化/政治实体的社会实践塑造的，如尼日利亚、香港、英格兰、苏格兰、美国东海岸、威尔士等等。简而言之，“英语”现在是一个有问题的同音词。鉴于目前缺少足够的称谓，我们不得不使用累赘的表述，如“尼日利亚英语文化中的文字模态”“香港英语文化中的姿态模态”等。

对多种模态的认同，以及对除口语和文字以外的模态在交际使用 30
中重要性变化的认识，迫使我们重新思考与意义相关的问题。一方面，尽管符担性不同，但每种模态都为社会符号学理论三种功能中的每一种提供了实现意义的手段。这是该理论普遍而统一的一个方面。另一方面，鉴于某特定社团对选作符号学用途的物质持续的社会活动，每种模态都具有鲜明的符号特征。举例来说，口语模态的符担性是其时间特征（时间和顺序的逻辑）与声音的物质潜势（如音高、音量、持续时间、语速）相互作用的共同效果，而它们都是在特定环境下的社会符号活动中形成的。（静态）图像的特征/符担性是其空间逻辑与表层符号建构的潜势，以及其符号活动的历史相互作用的结果。姿态模态则结合了空间逻辑和时间逻辑（如相对于手势语者稳定的上半身，其手部、手指、手臂的运动）。

在转录（transcription）——在一社团中从口头语到书面语的过

程——这一公认的学术实践中，有一个相当理所当然的假设（并非以此方式表达），即目标模态（文字）提供转录的资源，通常是字母（或在某些情况下是词汇项/词语），通过这些资源，源模态的元素——语音（或口语的词汇实体），可以被重新建构。转录为记录这一看似简单的实践中所固有的多种问题提供了一个良好的范例，对于将口头意义重构成书面意义这项任务来说，字母系统是一个众所周知的糟糕资源。

然而，转录提供了两个基本原则：第一，用于意义转置的资源是目标模态可获取的资源（比如此情境下的字母；抑或是标准书写形式中的词汇项）；二是重构/转置模态元素与初始模态元素之间的关系或多或少是一种适切性（aptness）关系，因此是隐喻性的。也就是说，语音的“意义”，即作为所指（signified）的音质，在作为能指（signifier）的字母资源中通过物质手段被清晰地建构出来，被视为实现这一目标的恰当手段。换言之，源模态符号（此处为口语）与目标模态符号（此处为文字）之间的关系从来都不是一种对等关系，而是一种适切性关系，也因此是一种隐喻关系。

某一社团产生的意义可以通过该社团的任何一种模态实现。就某一层面而言，它们的意义是相同的，尽管它们是通过某社团不同模态的符担性实现的。如果需要表达诸如“强度”这样的意义，可以通过每个不同模态的符担性来表达（“被给予物质实现”“通过物质手段清晰建构”）。在姿态模态中，“强度”可以通过节奏和/或姿态横扫的范围来实现。在口语模态中，“强度”可以通过增强能量（即音量）或延长声音来实现。在文字模态中，“强度”可以通过印刷体的加粗或手
31 写体线条的浓重，抑或是大写来表现。在口语和文字两种模态中，词汇都是表达强度的一种手段，可以通过“very”（很、非常）、“huge”

（极大地）、“terrible”（很、非常）等程度副词实现。

这些问题在目前的翻译观念中都有所涉及。这里的不同之处在于，存在于同一社团的“一种意义”的不同实现（realization），有时必须在该社团另一种模态及其符担性中通过物质手段清晰地表达出来。在这所谓的“另一模态”中，社会符号活动将形成适合该模态使用者使用的不同物质。例子可以是一个“姿态”单位或一个动图模态（kineiconic mode）的“快照”（Burn，2014）。所以“一种意义”具有不同的“外表”，即某一社团中的一种独特的物质实现。

这种“不同的外表”很可能产生“不同的符号学”的概念（以及符际翻译的概念），以处理不同的物质性：电影符号学、姿态符号学、图像符号学、音乐符号学、舞蹈符号学等。先前语言的中心地位——假定语言的能力是使所有意义清晰化的手段——可能对这一点产生了很大的影响：当语言被视为中心并无所不包时，其他建构意义的方式就可能需要用不同的（符号学）理论来处理。

在不同社会中，特定的社会符号活动将根据源社会和目标社会所要求的不同方式塑造口语、图像、姿态和文字模态。鉴于特定社团模态的不同发展，“同一模态、同一意义”的假设是无法持久的。

在翻译实践中，人们理所当然地认为，（传统意义上）不同社会和语言的符号特征是不同的。然而，前面的例子及支撑它的理论将这一点与对每个社团中模态的多样性认同（即由于模态的物质差异，每种模态都具有明显不同的符担性）相结合。这些原则基本上与跨“语言”翻译的原则相同。传统翻译方法（如雅各布森1959年的“符际翻译”）已经提出但未能成为理论中心的，便是识别各种模态的方法，以及涉及所有模态的完全普遍的意义转置条件：无论是在同一个社会还是跨越不同的社会，或并不罕见的两者兼而有之的情况。

社会符号学理论假设源社会的模态同源性与目标社会的模态同源性这两种不同的模态同源性是相匹配的。其困难在于目标社会中可能缺乏这种通过模态进行的恰当的转置资源。

本章中提出的“转置”一词引发了对两个核心问题的关注。一个是社会意义上的“位置”，另一个是符号意义上的“位置”，即所涉及的物质符号资源的“位置”。也就是说，符号是在特定的社会和符号环境中创造的；它们保留着创造其环境的痕迹。第二种意义上的“位置”指的是意义在能指中通过物质手段明确表达意义的模态物质性。该“位置”具有认识论和本体论的影响（如后文所述）。符号的初始建构者及参与符号互动者在社会和符号层面都有各自的定位，尽管很可能在其中一个或两个层面都有所不同。

32 稍微重申一下：无论是单个符号还是多个符号组成的多模态整体都不“具有”意义。在特定环境下的初始建构及特定模态的物质性中，符号建构者的意义是通过物质手段清晰建构的。而在作为提示（prompt）的符号互动中，它是社会符号行为者参与提示的一种意义资源。“意义”不是转置的，相反，意义建构的潜势出现在两个位置。在每个位置上，符号都被建构了：一次是在初始建构中，一次是在其“解释”中，此时它被当作一种新的、不同的符号。被转置的是一种从一个位置到另一个位置建构意义的潜势。在每一个位置上，意义都是根据环境的特点和模态的符担性建构的。意义从来都不是以一本书被亚马逊打包邮寄的方式来传递的。

在翻译中，假设源社团和目标社团具有相同（或至少相似）的符号实体的模态。它们可能都有词汇项、语法（形态和句法）形式的模态，而且都有更大的语篇组织，可能是语类（genre）。我们不能假设它们一一对应。该理论需要同样充分地适用于使用基于口语字母“呈现”（rendering）模态的社会和不使用这种模态的社会；拥有诸如所谓的澳大利亚土著绘画等交际资源的社会；抑或是能够处理基于字符的书写系统和口语之间关系的社会。更接近本讨论的例子可能是记录数学意义的方法与其转置为按字母呈现的口头语言符担性之间的关系。

扼要地重述一下这一点：韩礼德修正的观点“符号资源之所以是符号资源，是因为其在社会中所发挥的功能”使得我们能够扩展“翻译”的现有框架。它使我们能够把传统观念中的领域与现在任何情景下处理各种意义转置重要任务的领域结合起来，形成一个连贯一致的领域。

模态在这三种功能中都实现了意义。这是一个意义和模态的统一原则，无论是跨社团，还是跨越所有社会组织——群体、社会、种族等。在某一社团中存在什么样的模态，它们（在物质上）是如何发展的，以及发展到何种程度，都是以交际为基础的，这在不同社会群体中是不同的。但其理论及功能要求都是一样的。

4. 模态符号资源的局部性

由于物质性和社会符号形成的历史不同，以及由此产生的模态符担性的差异，在社会符号学阐释中，包括口语和文字在内的所有模态都被视为实现意义的部分手段。虽然所有模态都满足三种功能的要求，但它们是据其不同的符担性来实现的。举例来说，连贯（coherence）的社会与符号特征需要在某一社会群体的所有模态中实现。如果该模态是文字（比如说英式英语），那么实现连贯的实体就包括代词、（其他）词汇项、句法形式、标点符号、字体类型等等。 33

而这些实体在图像模态下是不可用的。在图像中，用来实现连贯的是不同的符号特征，例如颜色（调色板），抑或是元素在空间关系中的位置。在（英式英语）口语模态中，语调特征被用作产生连贯的衔接特征。在安排一群人照相时，在该群体中的位置或邻近度可以用作符号特征——能指——来产生连贯符号。

这些都是语篇功能从物质上实现所指的实例，每一种情况都是通过不同模态下衔接与连贯的不同所指实现的。虽然所有模态都在这三种功能中实现意义，但它们的不同符担性意味着所指（意义）通过物质手段被清晰建构的方式是不同的。每种模态满足不同的功能需求，这就是模态局部性概念产生的地方，正如塔玛林·诺伍德在本书“绘画式写作：以图文多模态翻译为例”中所探讨的那样。在每种情况下，差异都很重要。在不同模态组成的整体中，通过各种符号的互补，更容易达到预期的意义。

在多模态复合体中，无论是提供互补手段，还是附加意义、平行意义，抑或是相异意义，局部性的一个必然结果都是模态倾向于出现在多模态复合体（multimodal complex）中。以一个多模态复合体中的书写元素为例（一个杜撰的例子）：“the trees stood out against the darkening sky.”（树木在变暗的天空下，格外显眼。）此处，文字模态（英式英语）的表始体（inceptive aspect）动词“darkening”（变暗）可能伴随着移动图像模态的元素，既显示出“变化的黑暗”，也显示了颜色的使用，所有这些都补充、“强调”了“表始”体的语素意义。

在任何多模态复合体中将一种（或两种或三种）模态前景化的潜势是存在的。每种模态所具有和满足的不同用途也是如此。这些都是特定情况下的社会动机性设计问题，总是包含该复合体的修辞者和设计师的意图。当然，那些参与多模态复合体工作的人不可能知道修辞者和设计师（无论是作为一个人还是两个人）是否认为他们已经完全实现了他们想要传达的意思。所有多模态复合体都是如此，无论是音乐作品、绘画，还是电影等等。当康定斯基（Kandinsky）[1] 完成名为《哥萨克士兵》（*Kossaks*）的油画时，他满意吗？补充并不能保证意义已被充分表达。理解总是片面的，阐释也总是一种假设。

关于意义转置，无论是在某一社会之内还是跨越不同社会，鉴于不同社会环境中模态的不同符担性，总是存在这样一个问题，即在一个模态复合体中，所有或某些模态创造意义的潜势是否需要转置，以及哪些需要转置；或者是否确实需要在转置过程中设计和产生差异很大的模态复合体。尽管如前所述，意义永远不会被转置，被转置的仅仅是创造意义的潜势。

5. 符号建构：兴趣性、标准性、适切性 34

符号建构就是意义建构，它是符号过程的核心。符号是作为语篇的模态和模态复合体的构成要素。符号建构者使用可利用的物质符号资源（即能指），从特定的模态中选择适切的、与建构符号的社会群体的所指相关的符号。

每个符号（或者说所有的多模态符号复合体）都能够告诉我们一些关于符号建构者的信息。她或他在建构符号的那一刻是如何看待这个世界的，表现在对适切的能指选择上，下面的例子说明了这一点。一个三岁男孩坐在父亲腿上，画了一连串的七个圆圈（见图 1.2），画

[1] 瓦西里・康定斯基（1866—1944），出生于俄罗斯的法国画家和美术理论家。现代艺术的伟大人物之一，同时也是现代抽象艺术在理论和实践上的奠基人。

完他说：“这是一辆小汽车。”

图 1.2　三岁男孩所画的“这是一辆小汽车”

问题是，这怎么是或可能是“一辆小汽车”？孩子在画画时说：“这是一个轮子，这是另一个轮子，这是一个有趣的轮子……这是一辆小汽车。”轮子的标准特征是圆形，因此圆圈是表示轮子的适切能指。“小汽车”的标准特征似乎是它有许多轮子，因此七个圆圈的安排似乎是表示“小汽车”的适切符号。

用圆圈来表示轮子是基于类比：轮子像圆圈。适切性是类比的一个特征。类比的结果是隐喻：“一个轮子就（像）是一个圆圈。”同样地，对于“小汽车”的表述也是如此：“小汽车是一个有许多轮子的东西。”汽车符号及其意义是两个隐喻序列的结果。对于这个符号建构者来说，能指（形式）“圆圈”和“多个轮子”适合（即它们的物质形式及使用历史使其符合）作为“轮子”和“小汽车”的能指载体。

我们可能会进一步问：对于这个三岁的孩子来说，为什么以及怎么可能一个圆圈是一个轮子的能指？而轮子又怎么能成为“小汽车”的标准特征？第一个问题的答案似乎不言自明：两者都是圆的。“圆形”为类比提供了标准特征。至于第二个问题，答案可能是，如果我们想象一个三岁孩子的水平视野，看着家用小汽车（在这个例子中，该小汽车是 1982 年的大众高尔夫，有着突出的、看起来大而厚的轮子，特别是以三岁观察者的高度），我们可能会得出这样的结论：他所处的位置、受教育程度、生理、认知和情感，很可能会引导他以那种方式去看汽车——就像这次的情况那样。他画的符号代表了他所处的“位置”，广义上说是其“兴趣”，产生于他当时相对于被表征对象所处的（生理、情感、文化、社会）位置。

总的来说，兴趣塑造了人们对世界某一焦点部分的注意力，也是我们选择要表征哪一部分（的原则）的理据（Kress，1997）。

关键问题在于，符号建构者 / 意义建构者（在所述意义上）的兴趣，在其（物质）实现时，决定了某一实体的标准特征。被视为标准的特征将成为所指，并成为符号建构的中心。孩子的画暗示并实现了他对世界某一部分的认知，而这种认知是历史、社会和文化塑造而成的。意义建构者将什么视为标准特征决定了他 / 她将如何表征该实体或现象。这幅画是孩子与世界某一部分接触的过程中进行符号活动的结果：这使他在选择物质能指时表现出明显的个人兴趣。

在该例子中，有三点至关重要。首先，意义、所指与形式、能指之间的关系不是任意的，而是有理据的（motivated）。也就是说，这种形式浮现在符号建构者的脑海里，因为对她或他来说，这是作为意义载体的适切手段。（物质形式下的）能指，连同其先前使用的历史（以符号建构者所知的方式，此处是连续两年画出不断变化的圆圈图画的个人历史）满足了符号建构者寻找适切的物质手段来表达所指的兴趣。形式和意义存在理据关系。该符号与所有符号一样，不管符号建构者是谁，都是建立在形式和意义的理据关系基础上的。

这个过程在翻译的转置中也是一样：目标模态中能指（无论是

声音、词、短语，还是更大的语篇实体）的选择也是基于同样的原则。当然，兴趣通常是由专业性塑造的，它是权力进入意义转置的一种方式。

与第一点密切相关，第二点是符号——在其建构的时刻——是基于符号建构者所认为的将要表征事物的标准特征。所有符号都代表着将要在物质上被实现、被表征的事物的标准特征。从该意义上说，符号总是具有完整性和局部性两个特征：既完整地表征符号建构时刻的标准，又部分地与许多其他特征相关，这些特征——来自其他视角、其他场合，也当然是对于其他符号建构者来说——构成了在被转置中被重构的符号实体。在每一个符号中，形式与意义之间的关系都是由符号建构者的兴趣驱动的。符号始终既是符号建构者兴趣的“完整”体现，也是从不同视角对某种实体或现象的部分阐释，例如专业或其
36 他方面的因素与要求，这些因素与要求塑造了我们的注意力和选择。

紧接前两点的第三点是：每一个符号都是新建构的。社会符号学的一个重要假设是所有符号，无一例外，在其被建构之时刻、被描述之方式都是新的。符号从来没有旧的，都是新建构的。提示符号（prompting sign）被作为能指，等待着被解释。新符号已经在内部被建构，能指被转换，不管多么细微，都承载着其新近的及所有其他用途的痕迹。所有符号都是如此，无论符号建构者是谁，无论在哪里，也无论符号看起来多么平庸或奇特。

“新建构”这一概念——即新颖性、创造性、“阐释性”——在主流翻译实践与假设中，必然会与传统的“准确性”“精确性”“真实性”等概念有所冲突。在翻译作为转置的理论中，这是一个需要承认和处理的事实。在其他方面，这是一个观众“握有什么王牌”的问题。

这三点中的第一点使得对符号建构者的兴趣做出假设成为可能：符号是为所指选择合适能指的符号活动的轨迹。能指的选择为我们提供了一个洞悉符号建构背后的符号建构者原则的视角。当某符号是为了回应某个提示而被建构时，它能够使我们洞察符号建构者从提示中选择元素的符号活动，以及为她或他在此时此刻适切地建构一个适切回应的符号活动。

第二点，符号的局部性，它提供了一种指示，即符号建构者认为什么是与提示有关的标准，而什么不是有关的或标准的。

第三点，符号总是新建构的，这一观点完全背离了现存的主流交际概念（忠实复制、准确解码）及翻译作为一种交际实例的概念，即翻译的目的是产出忠实于原作的副本——尽可能接近的、准确的复制品。

6. 社会符号学理论框架下的交际

在目前提出的社会符号学理论概述中，作为行为的符号建构是存在的，尽管只是内隐的，但互动却不存在。然而，符号建构始终是嵌入在社会和符号世界的符号建构者的行为。在她或他所处社会环境缺失的情况下，就不会有指示表明是什么促使符号建构者建构符号，也不会有任何指示表明该符号已经或将要为谁做出提示。提示对于建构新符号至关重要，它代表了与接收者互动的社会特征，而正是该特征形成了提示。

在交际中，提示源于互动中的某一参与者。它是一种社会和符号学现象：作为某一参与者为另一参与者产出的一条信息，以及作为参与互动的一种提示。兴趣为接收者提供参与的理据，并塑造注意力。

37 这所带来的结果就是对提示的各个方面进行框架化（framing），由此根据解释者的原则，对该框架中的要素选择进行解释。就像小汽车符号一样，这种参与的对象是解释者视为标准的特征。在该过程中，参与者将其符号“内化”，从而致使解释者重组“内在”资源。

在该理论框架中，交际不能被视作一个解码的问题：它总是导致某符号的新建构。当解释导致符号的新建构时，交际就发生了。交际是符号物质的转置过程。举这样一个例子，位于伦敦市中心的一间理科教室——学生均为13—14岁的女孩们——可能有助于说明这一点。该例子来自一系列生物课，课程主题是“植物细胞”（详情请参见Kress et al.，2001，Kress，2010）。

这个班已经上了四节关于细胞的课了。老师讲了很多，展示了很多图，也画了很多图，并做了一个实验。在第四节课中，同学们回到了他们的教室。老师问：“谁能告诉我一些关于植物细胞的知识？”一位年轻的女士举起了手，她在被提名发言时说道：“老师，一个细胞有一个细胞核。”老师说：“不错！苏西，你能到前面来把你刚才告诉大家的画出来吗？”苏西走向白板，图1.3（大致上）是她所画的内容。她回应了老师提出的意义重建、转置的要求，最直接的是从口语模态到图像模态的转导。

这里的关键点是关于模态、模态的符担性，以及为跨模态建构意义而进行的资源“利用”——在转置中的孪生过程转导。文字或口语模态各自都会引发关于“这个世界”的特定问题，在这里指的是细胞与细胞核的关系，不同于由图像形成的关系。文字（和口语，它们具有相似性）的认识论符担性提出了这样的问题：“细胞和细胞核之间的关系有何特征？是一种所属关系（‘一个细胞有一个细胞核’），还是一种空间关系（‘细胞核在细胞内’）？”图像的认识论和本体论符担性不同于口语或文字。它可能会引发这样的问题，比如“细胞核在细胞内的哪个位置？”“相对于细胞来说，细胞核有多大？”每种模态 38
都带来了具体的认识论和本体论方面的投入（commitment）。不把细胞核放在细胞壁以内的某个地方是不可能画出细胞的。教师可能不会太注意这种绝对不可避免的认识论和本体论方面的投入，尽管理科课堂上的学生有权将教师对细胞位置和大小的描述视为标准——特定知识的某种指示。

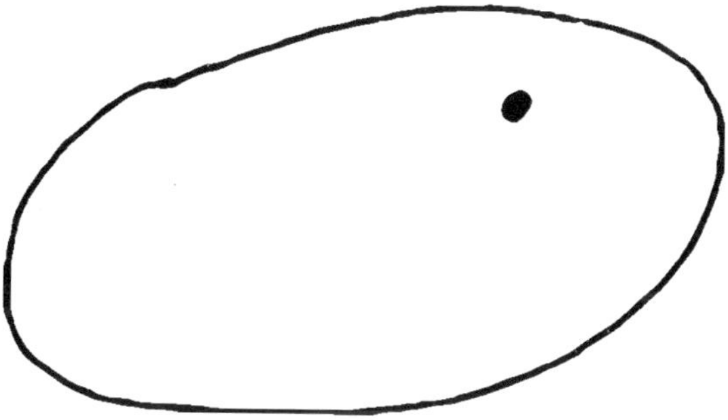

图 1.3 植物细胞

不同模态的不同认识论和本体论潜势在不同社团中得到了认可。木匠的草图、建筑师的三维模型、警方调查员绘制的犯罪过程再现图、研究人员的图表和转录等，这些都“修复”（fix）（Kress，2000）了对某一具体焦点问题的“看法”。每个都利用了不同模态的独特潜势，为我们提供不同见解，让我们了解这个世界的结构与焦点。这使得认识论 / 本体论问题成为意义构成中的一个不可避免的问题，也因此在每一个转置行为中都是如此。如果意义是通过解释的符号活动产生的，那么我们可以说“知识”只有在它通过物质手段被清晰建构之时才能形成。有必要将这里的“解释”（interpreting）一词与翻译语境中“口译”（interpretation）的具体意义，即“即兴口头释义”区分开来。口语回应“细胞有一个细胞核”中的知识在本体论上与图像中显示的知识不同。

这种“看法”超越了从一个书面文本到另一个书面文本的翻译。它往往会遭到教师们的抵制，他们说：“我只对知识感兴趣；我来这儿是教生物的，用不着为绘画或写作之类的问题操心。”这个细胞的例子表明，当学习者建构符号时，他们需要将在一个环境中的一种（或多种）模态或模态整体中建构的意义潜势转置到另一环境中的其他模态或模态整体，即从实验室到教室，到以笔、纸为工具的考场。教师如何归类这种做法至关重要。每个转换都蕴含着对意义潜势的转置，以及根据所用模态的符担性和所处位置对意义的重构。这通常是由设计者的兴趣与能动性、模态的不同符担性（每个模态都有认识论和 / 或本体论的投入）塑造的。跨模态的“完美翻译”是不可能的。跨模态的意义转置与重构产生了对世界的不同“看法”。概括地说，为创造意义的潜势的转置使意义在新的位置得以重构。

在任何一个（社会）位置建构的意义，在不同的位置、不同的社会和符号环境中，不断地、频繁地被重构。社会学家巴兹尔·伯恩斯坦（Basil Bernstein）使用了社会学术语“再语境化”（re-contextualisation）来阐释这一现象，如涉及制作某个物品（如一张木桌）的专业实践被再语境化为学校课程——木工科目的一部分（Bernstein，1996）。在所有社会生活和各种社会活动中，再语境化是一种普遍存在的实践，十分常见却未被注意。

在课堂中，意义是或应该是关键所在，社会学实践成为意义转置的符号学问题。当某一专业实践被再语境化时，它对应的多模态整体
39 的配置被重构了，用于意义建构的资源被转置了。不仅口语或文字的

形式发生了改变，而且许多构成整体所必需的实践、对象以及其间的相互关系也随之发生了改变。在不太遥远的过去，人们认为重要的是将在源位置（originating site）使用的“语言”调整、适应并翻译为目标位置（target site）的“语言”，这似乎并不是什么大问题。这里还存在一个问题，即学生是否有能力掌握源位置的语言形式，并学习目标位置通常不同的语言形式（获得这种能力）。这被认为是一个必须解决的问题，其解决办法因权力的程度和种类而异。

在这个实践再定位及意义转置和重构的例子上稍做停顿是值得的。在该例子中，木匠的专业实践成为学校课程的木工科目，源位置的口语形式、声音、词语、句法形式，会在某些方面不同于目标位置的形式。然而，广义上，声音仍然是声音，即使不完全相同；词也一样，语法和句法在大体上也一样。也就是说，传统的翻译概念是建立在源语和目标语的构成实体（constituting entities）大致相同的基础上的。

翻译——作为意义资源转置和意义重构——也适用于更大的语篇实体，无论是语类，抑或是其他更大的文本类别，如“小说”“网站”“歌剧”，还是完全不同的类别，尤其是跨越不同社会的情况。关于这个问题，请参阅本书中凯因德尔的章节（第二章）。

7.“无记录”与“隐性”意义的转置

一个大三医科学生和一个外科医生站在手术台旁。他们即将开始对病人腹部的一个小肿块进行手术。病人平躺着，看不到肿块，手术灯聚焦在病人的肚脐上。在外科医生开第一个切口之前，她用左手指着将要手术的（当下是看不见的）肿块位置，问学生是否想“感受一下”。医学学生回答“想”，便用左手拿着棉签在病灶周围的三个不同点上轻轻触摸。然后，他用右手表浅地“摸了摸”。他将手放平，用指尖轻柔地按压覆盖肚脐以下约三英寸区域的各个点位。他还在两个按压点之间做横扫运动，如图 1.4a 所示。

然后，外科医生用左手和他一起“感觉”。她的手微微倾斜，用指尖施加更大的压力，深入推进至肚脐以下的腹部皮肤，如图 1.4b 所示。

按压点标记出肿块位置，并使肿块的周长清晰可见。然后，外科医生用中指和拇指进行抓握动作，并持续了几秒钟。

40

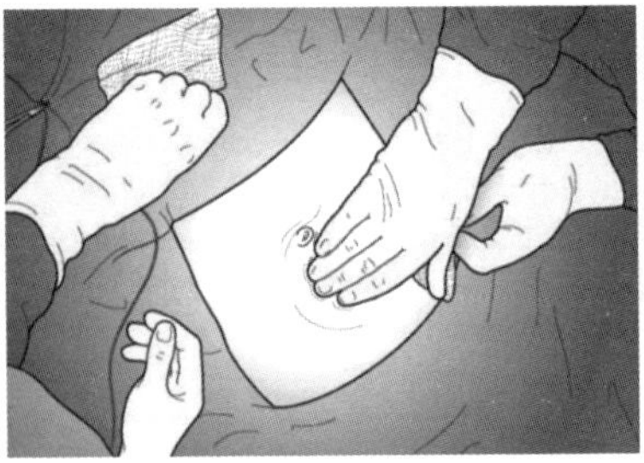

图 1.4a　医科学生触摸病人

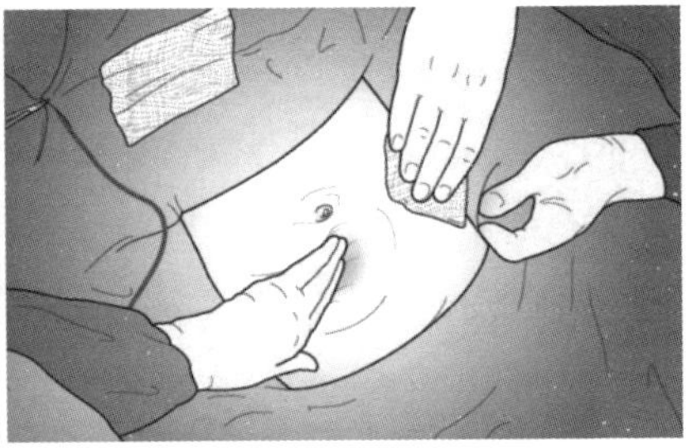

图 1.4b　外科医生触摸病人

41 外科医生的动作——她的触摸——与学生的不同。外科医生的触摸更具体、更深入、更坚定，包括手部（指尖）平放、倾斜，以及抓握动作；学生的触摸不那么集中、更表浅，只涉及手部（指尖）平放。

他们动作的不同特征意味着其与“肿块”介入（engagement）的不同——此处的聚焦问题——以及其兴趣和认知的明显差异。外科医生的动作是为切口做准备：在哪里用手术刀切第一个切口。她的动作是以以往的经验作为指导的。学生的动作是为了感觉肿块，他没有先前的经验可以借鉴。外科医生大体上知道预期是什么，而学生则不知道。因此，外科医生和医科学生的动作指向不同的资源、不同的（具体的）认知方式；他们展现了先前经验与认知的不同历史。他们的动作，作为能指，往往携带着各自的意义，即每一个建构的符号都是有理据的。与此同时，两者的动作都会导致并构成经验的延伸。随着其动作 / 符号、符号活动的建构——就像孩子在纸上标记一样——他们会扩展其资源来创造、转置和建构意义，在该例子中是用于“阅读”某类肿块的资源，以及该患者肿块的细节。

在这一动作和互动中，在具有经验和缺乏经验的展示中，双方都了解了另一符号建构者，即医科学生解释了外科医生如何触摸，外科医生解释了学生如何触摸（Bezemer & Kress，2014）。

转置为社会符号学的多模态描述，我们可以说这里建构的每一个符号都是新的，都是一种“创新”，其建构是一种“创新性”行为。如果小汽车的例子是意义构成的一个实例，那么在触摸的例子中，我们有一个互动过程，两个参与者中的每一个都将对方的行为解释为符号。这是一个通过与目前提到的都十分不同的途径实现的意义转置和重构的例子。它发生在学生对初始参与者的行为 / 符号的解释及其尝试性的“模仿”中。在这个简短的部分结束时，学生的触感已经变得不同了。每个参与者所建构的符号都是由另一个参与者根据各自现有的经验 / 符号资源来解释的。

需要指出的一点是，所有符号、意义建构的意义转置与重构总是基于每个参与者的现有资源。它并不依赖于或仅仅适用于规范的记录手段，如图像、文字、口语。在该过程中，每个参与者的资源都会发生变化。一个参与者构建的意义在另一个参与者的解释中得到重构。在每一种情况下，这都是基于现有的、不断变化的资源，这些资源塑造了介入、注意力、选择、转置和意义重构。

相互解释对方符号建构（意义建构与重构）的影响改变了每个参

与者的“内在”资源。这种资源的变化将在他们随后的行为中显现出来，并将塑造其未来的所有行为。例如，在随后的行为中，其行为的
42 某些特征可能会被突显出来：比如通过缓慢的动作，抑或是关注某个动作的精确方向来前景化。随着每一个符号的建构，符号建构者的认知也会发生变化，比如对于学生和外科医生来说，双方都不可能不从触摸病人或观察对方的行为中学到些什么。

如果翻译是一个通过符号资源使他人获得知识和理解的过程，而那个人还尚未（完全）掌握符号资源，那么此处的演示过程可以看作是翻译的一个实例——知识的转置。我们可以说，意义重构是一种翻译行为；或者说，翻译是对特定他者意义的重构；抑或是说，翻译是对特定他者意义重构的修辞行为，其目的是特定（修辞性）的。

在触摸案例，即“肿块”案例中，并没有出现对涉及意义重构的实体进行正式记录的问题。对于两个参与者来说，这些实体就是触觉模态的实体，尽管没有命名也没有正式化，却超越了关于强度、角度、方向、密度的非口头建议 / 指示。这些实体是可见的，但没有给予其他正式的实现或名称。然而，意义重构的概念存在于此，就如同从一段口头言语到另一段口头言语或跨模态的重构一样。如果有必要在教科书或在线资源中为刚入门的临床医生提供包含触摸的部分，那么转码资源的问题就会出现，以及什么是适切的模态和适切的隐喻问题。

最后一个例子是对“隐性意义”的探讨，这是来自学校教育的另一个例子，是“早年”的一个短暂事件。从社会符号学视角看，一个四岁男孩们玩的追逐游戏就是一个短暂事件。它是否被认为重要将取决于它所做的符号活动及其说服力。这项活动是有意为之的，对参与者来说意义重大，在这个“早年”时期及之后都有着重大的社会和情感影响。作为一个意义建构的实例（如绘画、写作或制作三维模型）

是否值得关注，取决于是否能找到符号手段来展现其教学意义。从该意义上说，这是一个翻译问题，涉及意义的记录和意义在教学环境中的转置。在学前教育中——也不仅限于此——以“标准方式”之外的手段建构的意义往往被人们忽视，就像本例中，被视为无足轻重的事：“男孩们只是跑来跑去罢了。”

一个主要的问题就是方法论问题：我们如何记录、“修复”（Kress，2000）这些“行为”，为这一奔跑游戏提供可用、可靠的文件和记录，这将有助于分析所建构的意义，从而扩大幼儿意义建构中什么可以被认为是有意义的范围（Bezemer & Mavers，2011；Cowan & Kress，2017）。在玩此游戏时，孩子们使用了一系列“短暂”的模态，如姿态、眼神、口语、运动特征；也就是说，所有的符号模态都没有留下任何物质痕迹。然而，作为潜在数据，这些模态是可以构成丰富物质的。在该游戏中建构的意义属于或存在于有此类游戏的社团之中。游戏的多模态特征排除了传统文字书面“转录”的尝试，即使这是一种 43
适切的意义构成（或重构）的手段。一个书面梗概（vignette）并不是目前探讨层面上的意义重构方式。梗概无法描述孩子们众多快速变化的动作和他们对空间的复杂使用，梗概是一种评论，而不是意义重构。问题在于识别、记录意义、所指，并决定什么样的物质手段可以适切地充当所指。

这里的一些物质特征为社会所指给予了物质实现，它们是速度与速度控制、方向与方向控制、距离和体位。在社会层面，该游戏是关于通过社会所指建立的等级制度；在符号学层面，物质能指在空间和时间上以不同方式呈现。

研究员凯特·考恩（Kate Cowan）在其研究中，选择了一种类似地图布局的“语类”作为一个适切的框架——“地面”，用来记录追逐游戏的意义的显著特征，即利用空间视觉布局和颜色作为孩子们使用模态的近似物。

图 1.5 是乔治（George）和比利（Billy）追逐游戏的 30 秒摘录，提供了户外游戏区域的鸟瞰图。线条表示每个孩子的移动；沿线的箭头表示他们的奔跑方向；箭头以大约一秒的间隔放置，以显示孩子们什么时候移动缓慢（箭头之间靠得很近）或移动迅速（箭头离得很远）。虽然这可以表示距离、方向和速度，但它不足以表示顺序性，也因此在游戏的不同阶段产生了许多“修复”。由于静止和运动都很重要，
44 所以停顿被纳入设计之中，使用一个标有数字的圆圈来表示孩子们静止的时间（秒）。孩子们的谈话是通过在他们运动“路径”上的相关点上定位对话气泡而纳入的。所使用的符号资源是据其作为记录事件最显著特征的手段的适切性精心挑选的。

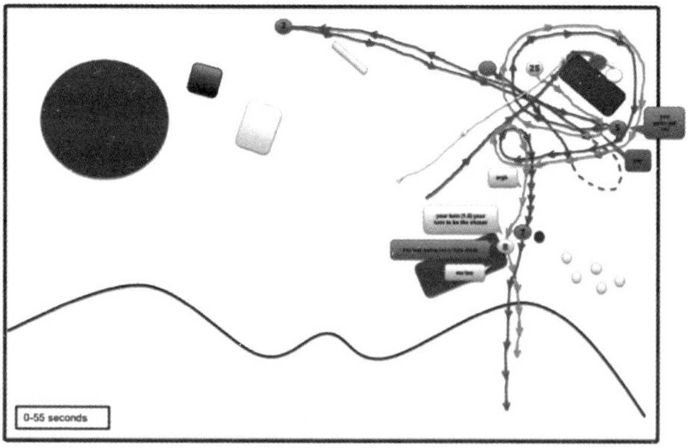

图 1.5　“修复”短暂事件：记录“追逐”游戏中的意义

研究员在此处的任务是建构一种适切的方法来记录已经发生的社会和符号事件。很明显，用来记录已建构意义——能指——的工具就是隐喻，例如，将运动距离作为指示速度的一种手段。我们可能会注

意到，作为一个普遍的观点，可能用来记录意义重构和转置的资源在该实例中是焦点所指的物质隐喻。然而，这种表述也适用于诸如“转录”的（各种）常规做法，语音（视为音素）由字母系统中的字母（或各种复杂字母系统的补充物，如句点、破折号，以及不同种类的线条，以进一步表示口语互动的其他方面）表示。或是在其他处理口语的形式中，将“词”（作为能指）视为记录意义重构的基本单位。

对短暂层面上的游戏意义进行“纪实修复”（documentary fixing）（Kress，2000）确实突显了某些未能即刻从原始视频记录中显现的特征。视角的转变，以至绘图行为本身，都会将人们的注意力吸引到感兴趣的模式和要点上，使对动作的仔细观察和对空间的使用成为游戏的一个关键方面。就这样，符号标记（notation）过程支撑了特定的注意（noticing）。绘图突出了游戏规则是如何通过微妙的动作组合来传达的，包括降低速度、改变方向，以及通过伸展手臂的姿势与其他参与者保持距离。该游戏在他们讨论停止原因之前就成功地被一名参与者“结束”了，这确保了他们不被抓住或投降。通过这种方式，追逐被暂停和中止，通过多种短暂模态微妙地传达“休战”的信息。

在该例子中，意义重构的发生跨越两个社团：一个是在“早年”学校正式环境中玩耍的儿童社团，另一个是对儿童行为意义（被视为符号活动）感到困惑的研究员社团。这是“注意”、记录和转置意义的一个实例。

8.“命名”

意义和意义建构的世界正在发生着深刻的变化：从关注语言到关注意义的范式转变、从关注一种方式到关注多种方式来清晰地建构意义，以及从语言学到符号学的学科转变。在此背景之下，命名先前世界的术语就不足以应对新的情况与实践。许多仍然发挥作用的学科都是为了处理某个与构想完全不同的社会世界中的问题而发展起来的，
45 “稳定”可能是指示这一点的一种简化手段；而“暂时性”“碎片化”和“多样性”可能是适合于当下使用的术语。稳定概念的一个核心部分是语言的作用，它是意义和意义安全交换的核心保障。

对于目前的问题——翻译——偏离“稳定”的转变，加上同时从清晰建构意义的一种手段到多种手段的假设的转变，正在产生深远的影响，只要是意义问题，无论是理论方面还是实践方面。曾为前一个秩序服务的名称巩固了其理论概念，有力地支撑起了稳定的大厦。我们需要的是名称—— 一套条理清晰的术语——能够捕捉并适切地表达理论及其要素、实践与结果。

社会符号学——即本文提出的应对“这一问题”的理论——的核心是不断符号化形式的“过程”。符号建构中的三个核心问题——兴趣性、标准性，以及新建构的有理据的符号，对于命名和消除“意义运输”（transport of meaning）的误导性观点至关重要。因为为某一所指选择一个适切的能指是基于符号建构者的兴趣，所以每一个被建构的符号都会导致所使用的能指的转变。从该角度看，不可能有稳定的意义。由于所指是由每个提示和在该点被视为标准的、总是不断变化的条件所塑造的，所以所指是不具有稳定性的。无论是在初始符号建构者的作品中，还是在接收者的解释中，符号总是新建构的这一条件意味着符号过程稳定性的观念毫无根据，并且还是一种有问题的干扰。

然而，由于每个社会群体都存在可供使用的多种模态的现象在当下司空见惯，这就意味着意义变化的实践和过程已经成为日常问题，

无论平庸还是深刻，无论在社会群体之内还是之外。适切地命名已变得至关重要和紧迫。

不同的标准和原则均在命名中发挥着作用。从本章提出的术语“转置”开始，它回应了当代社会和符号世界的两个方面。第一，意义总是在社会互动中、在社会环境中建构的。社会位置在激增并呈现多样化。“位置”在符号和意义建构中至关重要。提示（作为清晰建构意义的物质手段）最初是在一个特定的社会位置建构，并在另一不同位置解释的。这些都是“位置”的社会方面，语素“trans-”（跨）就意味着这些方面的变化。第二，我们认识到模态的多样性——清晰建构意义的资源，每一种模态都有其特定的符担性，并伴随着认识论和/或本体论的投入。模态的选择代表了一种符号学定位，它是由符号或符号复合体的初始建构者和参与该提示之人的解释性符号活动的交际要求所达成的。

意义是在每一个位置通过（文本作为消息的）初始建构者及消息的解释者共同建构的。两者都有这样一个顺序：兴趣→关注处于焦点的世界的某一部分→理据（原则性的）→选择对象→产出或解释。两者之间的区别在于，初始建构者设置框架及框架内容，而解释者则从提示中选择哪些内容要被框架化，以及框架中的哪些内容要被解 46
释。也就是说，初始建构者有更广泛的选择，可以说，她或他制定了议程。

转置一词命名了“位置”的变化这一个事实——包括社会位置和符号位置。它表明意义建构的地点已经改变，在这其中已经有了变化。转导命名模态改变的过程，尽管转导并不表明究竟哪些模态涉及其中。转导命名的是本体论变化发生的过程。也就是说，源模态和目标模态具有不同类型的实体，无论是在逻辑方面（时间性或空间性）

还是在“实体”方面，如两个或多个元素的句法关系与两个或多个元素的空间、位置关系（如中心性、邻接性、边缘性）。

相比之下，转录（transcription）则命名了两种模态间关系的方式和手段，如在使用拼音文字的社会中口语（声音）和文字（手迹）的关系。字母系统并不是一种理想的意义转置资源，音素（口语的理论概括实体）和字素 / 字母之间的关系总是隐喻性的，并由约定俗成的力量维系。转录一词也用在其他地方，如在音乐模态中，以类似于口语和文字的关系的方式使用，如将交响乐作品转录成独奏作品。

当转导（transduction）用于涉及两种模态（一种模态的实体不同于另一种模态的实体）的转置时，转化（transformation）则命名一种模态内部及其元素的变化过程。转化涉及顺序的改变，如删除和添加，还涉及从一个语篇一语类一实体到另一语篇实体的变化；如从报道体到叙事体的变化。

这些不同的过程可能发生在多模态复合体中，就模态而言，其中一个模态元素可能被转导，另一个模态元素可能被转化，其他模态元素可能保持不变。社会环境可能会从一个场合变化到另一个场合，导致除模态变化以外的转置。

9. 结语

一方面，罗曼·雅各布森（1971）提出的语内、语际和符际翻译显然是基于单一翻译过程模型来描述的。另一方面，文化中所有类型的交际都可以表现为将文本（或片段）翻译成其他文本的过程。

（Torop，2003：271）

2003年的情况在现在来说更加凸显了，多模态已经得到了广泛关注和运用，尽管在理论上不受约束。

现在，有些问题更明晰了。正如我试图暗示的，“符际翻译”的概 47
念在社会符号学理论中找不到基础，该理论假设在一个社会中建构的所有意义都是在一个理论中处理的。意义以多种方式出现这一事实是由模态的符号学范畴来处理的，尽管意义是在图像或姿态或文字中得到不同的清晰建构，但这却是在一个理论范畴中清晰建构的。

我的叙述是最简略的，比如我并没有关注更大的符号（和社会）实体，包括“小说”“电影”或“歌剧”。命名的问题并不局限于翻译领域，它影响人文社会科学的所有学科，在此之外也是如此。一个问题是，以前相当合理、牢固的边界消失了。当大众传媒研究的学者与文学、社会或文化研究的学者讨论“媒体”（media）这类概念时，争辩往往是“我们一直以来都是如何使用这个词”的复述。我相信，这里概述的原则将以更广泛和更翔实的形式为这些问题提供解决方案。

我仍然对如何翻译符号实体，如翻译英国漫画家马丁·罗森（Martin Rowson）或史蒂夫·贝尔（Steve Bell）在过去几年里创作的漫画感到困惑。它们产出的社会环境将是调研的起点。人们可能会发现它们与威廉·霍格斯（William Hogarth）的漫画、素描和蚀刻版画或耶罗尼米斯·博斯（Hieronymus Bosch）的油画有密切关系。这就暗示在社会与符号间的关系中存在着某种规律。什么是足够的转置资源？从另一种角度看时所出现的一个问题是：“什么被翻译了？什么没有被翻译？是莫扎特（Mozart）歌剧的歌词，而不是乐谱；是舒伯特组歌（Schubert song cycle）的诗词，而不是音乐。”例如在当代上演的瓦格纳（Wagner）[1]的《指环》（Ring）[2]被置于资本主义工业家庭的世仇之中，而歌词或乐谱却没有被改动。海伦·朱利亚·迈纳斯在本书章节（第七章）中对其中的一些问题进行了更为详细的思考。

这些问题，连同许多其他问题，将需要形成一个未来20年或者更长时间的议程。“翻译是什么？”如果有答案的话，也是一个机构性的问题。真正迫在眉睫的问题不是技术，而是我们称之为“社会性”的未来形态。

致谢

我要感谢剑桥大学艺术、社会科学与人文学科研究中心会议（剑桥，2018年7月）的主办方邀请我发言，感谢审稿人提出的非常有建设性的意见和问题。我的同事凯特·考恩（允许我使用图1.5）和杰夫·贝泽默（允许我使用图1.4a和1.4b）一直慷慨地允许我分享他们在研究中的付出。最后，感谢普鲁·库珀（Prue Cooper），我叙述的传话游戏中
48 的主持人，感谢他的和蔼、慷慨和激励。在试图表达尚未明确解决的问题，以及试图更清楚地把握这一话题时，我仍显笨拙。

---

[1]理查德·瓦格纳（1813—1883）：出生于德国莱比锡，浪漫主义时期德国作曲家、指挥家。

[2]此处的《指环》改编自《尼伯龙根的指环》（*Der Ring Des Nibelungen*），是德国音乐家瓦格纳作曲及编剧的一部大型乐剧，于1848年开始创作，至1874年完成，历时26年。创作灵感来自北欧神话内的故事及人物，特别是《冰岛家族传说》（*Icelanders'Sagas*，冰岛历史英雄故事散文）。《尼伯龙根的指环》由四部歌剧组成，亦被瓦格纳称为“舞台节庆典三日剧及前夕”。

2

多模态翻译观的理论框架

克劳斯·凯因德尔

多模态翻译观的理论框架

克劳斯 · 凯因德尔

1. 引言

“多模态”已成为许多学科都在广泛使用的流行词。正如本书绪论所述，尽管翻译研究起初有些犹豫不决，但还是对这一趋势做出了反应，尤其在视听翻译迅速发展之后，其在学科内从相对不受重视逐渐发展成为重要的研究焦点（见本书路易斯·佩雷斯·冈萨雷斯一章）。但这可能会给人留下一种印象，即多模态只不过是为了掩饰翻译研究对语言层面持续关注的一种美化手段罢了。在这一点上，翻译研究离符号化（semiotisation）还有很长一段路要走，而据贝雷塞姆（Berressem，2004：219）所言，符号化是科学研究的一个普遍趋势。[1]

本章的目的首先是就其新颖性价值，将多模态置于符号学研究传统。其次，概述翻译研究为了发展从多模态视角理解文本及学科所做出的努力。在此基础上，还将探讨多模态路径对翻译研究的附加价值及其对定义“翻译”所具有的实际意义。最后，通过分析猫王的摇滚歌曲，提供一种翻译分析的多模态方法。

2. 作为学术摇滚的多模态

多模态似乎已经取代了过时的符号学，与符号学中旧的符号理论方法（sign-theoretical approaches）相比，多模态常被视为一种飞跃。在翻译研究中，“模态”概念似乎也把符号学中的“符号”（sign）概念挤出了局。鉴于雅各布森（Jakobson，1959）在翻译研究中引入符
50 号维度所起到的核心作用，以及对先前理论和概念的学术探讨对取得实质性进展所起到的关键性作用，我将首先概述符号学与多模态话语的互容性及其历史发展，而这些在很大程度上都是被克雷斯和范勒文（2001）所忽略的部分。

科学的进步有着不同的评判标准，可体现在科学知识的增加、提供问题的解决方案，抑或是给出一个看待某种现实的新思路，如某一研究对象。[2]然而，一些理论家也对科学进步的这种线性发展持怀疑态度。如托马斯·库恩（Thomas Kuhn）在其著作《科学革命的结构》（*The Structure of Scientific Revolutions*，1970）中就质疑了科学进步是知识积累这一观点。

为了阐明多模态这一概念是否新颖，若是新颖，其组成部分又包括什么，我将采用一种非正统的科学理论进行类比，并在本章后续部分使用摇滚乐这一音乐类型作为说明性材料进行多模态翻译分析。摇滚乐是一种撼动了20世纪50年代保守派的音乐流派，被认为是一种全新的革命性音乐，这一点后面会详细阐述。然而实际上，这并不是一种新的音乐形式，而仅仅是不同音乐风格的结合体——包括至少算

是山地摇滚（rockabilly）[1] 风格的“白人”乡村音乐元素、“黑人”节奏布鲁斯（R&B）的形式与旋律特点，以及民谣元素三种。因此，摇滚乐的新奇并不是无中生有的创造，而是对既有音乐成分所进行的组合和重新评估。

多模态这一概念与摇滚乐有些类似。自克雷斯和范勒文（2001）引入此概念以来，多模态一直被认为是用来理解文本符号复杂性的一种新方法。然而，多模态的各组成成分也并不是全新的。从某种程度上说，克雷斯和范勒文创造了学术摇滚，他们结合并重新评估了一些主要来自符号学和媒介间性（intermediality）研究的已有知识。以下对多模态历史的简要概述并不是为了贬低克雷斯和范勒文的贡献，而当作为承认符号学传统的已有成就，并阐明多模态方法究竟做出了哪些贡献。从某种意义上说，这样的批判性评价遵循了符号学的一个基本原则，即不将研究对象视为静态真理，而当作一个永无止境的研究过程，必须对其不断反思并进行批判性地重新评估（Kristeva，1968/1977：38）。

克雷斯和范勒文在其著作《多模态话语》（2001）中提出的基础性论述——社会语境化与模态的社会用途、作为文化过程产物的模态、模态的功能性纠葛、模态与媒介之间的密切联系——都是 20 世纪 70 年代符号学讨论过的各个方面，尽管是在多媒体（multimediality）话题下探讨的。这可以追溯到查尔斯·桑德斯·皮尔士（Charles Sanders Peirce），他很早之前就指出了符号理论的局限性，并提出应

[1] 山地摇滚，又称“山区摇滚”，通常是指具有乡村音乐背景的白人乐手，因受节奏布鲁斯影响而形成的一种摇滚风格。它由摇滚乐与乡村音乐的前身——山区音乐相结合而成，就像“rockabilly”这个词本身所表示的那样，由“rock”和“hillbilly”两个词组合而成。

将其置于媒介语境中考虑："我所提出的所有概念都太狭隘了。难道我不应该用'媒介'（medium）代替'符号'（signs）吗？"（Peirce，1906，转引自 Walther，1997：79）。

51 当罗兰·波斯纳（Roland Posner，1976a：39）指出多媒体（如今的多模态）交际缺失理论前提时，一些符号学家在接下来的几年里开始着手为这一理论建立基础。波斯纳本人概述了符号学研究的几个关键问题，其中最重要的是建立符号系统，他将符号系统视为履行各种功能的交际手段，而非中性、静态的单位（1976b：2）。因此，波斯纳更喜欢使用"符号行为"（Zeichenverhalten）一词（1976a：25），而非"符号"来强调其动态、多变的性质。波斯纳认为，符号不仅随交际目的和各自使用语境的变化而同步发生变化，而且还会随时间推移和用途改变而发生历时变化。因此，如果多模态研究明确避开符号概念的结构主义视角（如 Leeuwen，2005：47–48），那么它只能追随符号学研究趋势，而该趋势已经偏离了 20 世纪 70 年代的静态编码概念和符号的表征主义概念。[3]

对波斯纳来说，符号也总受制于其"与媒介的关系"。他认为，相关的感官模态与所使用的沟通渠道不能也不应被分开研究。只有通过符号和媒介的"相互关系"（1976a：25），符号行为才能被充分分析。波斯纳认为，仍迫切需要发展一个相应术语来探索符号的功能与其媒介的关系："此外，编码、渠道和模态之间的关系仍不明确"（1976a：39）。

欧内斯特·赫斯－吕蒂希（Ernest Hess-Lüttich）等人采纳了波斯纳的建议，并于 1978 年设计了一个研究方案，其中包含后来成为克雷斯和范勒文多模态话语核心组成部分的内容。其目标是建立一个研究框架，能够超越电影研究、音乐学、艺术和文学研究、社会学和心理学等各个领域的符号学分析，并促进跨学科符号和分析系统的发展。在这个框架中，为了实现和组织媒介产品，多媒体将媒介与最广泛意义上的语篇手段、社会过程、符号系统及其技术分布，以及体制系统融合在一起。赫斯－吕蒂希强调“社会交互行为的交际功能条件”（1978：38）是分析各种符号资源与媒介实现如何连接的决定性基准点。与克雷斯和范勒文的观点相似，他认为符号资源的功能纠葛及其在社会行为语境中的内嵌性是研究多媒体或多模态交际的中心出发点。[4]

正如克雷斯和范勒文所强调的那样，这些功能关系的动态性和文化特殊性，很早就在符号研究中被认识并融入了。例如，克勒普弗（Kloepfer）在分析各种媒介语境中的文本与图像关系时，表明这些关系是“动态的、多功能的且有助于改变底层编码的”（1976：42）。这同样适用于文化在塑造符号资源中的作用，而这一点似乎是范勒文在 52
用传统符号学方法研究符号系统时所忽略的（2005：160）。早在 1972 年，安伯托・艾柯（Umberto Eco）[1]就指出，符号的意义并非来源于其与客体的关系，而是感知和认知过程的结果，反过来这一过程又受到文化的影响。艾柯以斑马为例说明了这一点：在我们的文化中，主要通过斑纹来识别斑马；但在另一种文化里，将斑马与一种具有相似斑纹的鬣狗区分开来却更为重要。他们通过体型来识别斑纹鬣狗，而对我们来说，它在体型上却和驴相似（1972：202）。

因此，克雷斯和范勒文提出的将模态概念嵌入社会交际语境的设想，早就在 20 世纪 70 年代的符号学中得到了假设和发展，只是可能并未持续应用而已。根据朱伊特（Jewitt，2014a：17－20），多模态研究也与符号学研究有着共同目标，包括描述符号资源、探究其间关系

[1] 安伯托・艾柯（1932—2016），意大利哲学家、符号学家、历史学家、文学批评家和小说家。

及媒介影响。然而，由于概念的结合，多模态提供了一种新方法，与其说是因为术语，[5]不如说是因为其模态成分的差异。模态的四个维度——话语（discourse）、设计（design）、生产（production）和分配（distribution）——使得我们对符号和模态的不同维度有了更清晰的认识，进而能够让我们更准确地把握符号资源与其媒介实现的功能互动。同时，持续的社会文化嵌入不仅让我们关注意义建构的动态性，还使我们关注这样一个事实：这些变化并非任意，而是遵循社会既定规则的。因此，符号学中一个经常被忽视的因素占据了中心地位，即福柯（Foucault）话语政治意义上的"权力"（power），该概念是符号和模态的组成部分。与符号学方法相比，模态与社会身份是如何联系的问题也可以用多模态话语的社会学资源来回答。

因此，强调多模态研究的社会学、功能与媒介视角是许多学科的兴趣所在，这其中也包括翻译研究。如前所述，这些因素在20世纪70年代已经出现在应用符号学中，但当时的翻译研究仍非常紧密地与语言学范式捆绑在一起，这使得翻译研究与符号学的整合并未得到充分发展。虽然文本概念在很长一段时间内保持着其静态性，尤其是在翻译研究中（参见Kaindl，2013：259–260），但多模态研究却捕捉了文本的功能动态性。这些动态性来自文化与社会学变量及其各自的媒介实现。翻译研究向文化敏感、社会学推动和媒介意识研究的转变与多模态研究的发展相吻合，这可能是翻译研究越来越多地将多模态纳入学术研究的原因之一。

通往科学进步的道路多种多样，但并不总是一帆风顺。目前的情况表明，进步不一定是在既存事物基础上逐步取得的。相反，卡尔·波普（Karl Popper）[1]的进步观适用于此，就像达尔文（Darwin）的理论，是自然选择的结果（1998：273）。克雷斯和范勒文结合并重新评估先前研究的诸多方面，以现代的方式呈现了一个众所周知的现 53
象。这表明科学方法最终并非各部分之总和。下一步，笔者将批判性地研究这种整体观可能对翻译研究造成的影响。

3. 多模态翻译研究（坎坷）之路

翻译——可能与模态一样——是一个丰富多彩的现象，我们似乎难以给出清晰且普遍适用的定义。然而，定义通常是学术研究的先决条件，换句话说，是一种无法避免之恶。说它恶，是因为定义——至少是对文化与社会现象的定义——并不是中立、单纯的行为，而是试图“限制”一直由特定兴趣所引导的研究对象。对翻译来说，这些限制措施可能也是翻译研究为何纠结是否与多模态融合的原因之一。其单模态导向可用二战后的学科兴起来解释。20 世纪 50 年代，机器翻译的最初焦点在语言系统，以及如何在两种语言的单词和句子单位之间创造最大可能的不变性等问题（如 Bar Hillel，1960）。罗曼·雅格布森在 1959 年就认识到，我们不仅用语言交流，还用其他交际手段来表达自己。但当时，这一观点在很大程度上被忽视了，直到很久之后才在翻译研究中找到共鸣，尤其是从 20 世纪 90 年代起，视听翻译被纳入翻译研究，为其做出了重大贡献（如 Delabastita，

---

[1] 卡尔·波普（1902—1994）：当代西方最具影响力的哲学家之一。其研究范围甚广，涉及科学方法论、科学哲学、社会哲学、逻辑学等。他 1934 年完成的《科学发现的逻辑》一书标志着西方科学哲学最重要的学派——批判理性主义的形成。他的另一部著作《开放社会及其敌人》（1945）是其社会哲学方面的代表作，出版后轰动了西方哲学界和政治学界。

1989；Gottlieb，1994）。

正如绪论部分总结所述，翻译研究最初只是一门纯粹以语言为中心的学科，在 20 世纪 70 年代向文本语言学（text linguistics）[1] 开放后，越来越多地将语用学纳入其研究范围。如今，主导学术讨论的议题包括发出者及其意图、接收者及其知识与理解水平，以及文本类型及其规范等。对对等的严格要求（如 Catford，1965；Kade，1968）旨在使某一语言单位能够在不同语言间产生最大相似性，而现在却倾向于确保源文本与目标文本对接收者产生的影响尽可能不变（如 Nida & Taber，1969；Reiß，1971）。然而，在文本语言学及符号导向的语言学中，文本不仅被视为语言单位，同样也是非语言单位——正如后面即将展开的讨论，翻译研究只不过勉强地结合了这一观点。[6]

长期以来，翻译研究一直是一门关注意义如何从一种语言转换到另一种语言的学科。[7] 所谓“翻译研究”（Bassnett & Lefevere，1990，ix）的成功故事始于 20 世纪八九十年代，这主要是因为翻译的研究兴趣扩展并融入了文化与社会学维度。翻译不再仅仅是语言意义的转换，而是文化、意识形态、权力、性别、种族等的多层次
54 转换；翻译研究的焦点不再以源文本为主要参照点，而是其在目标文化中所产生的作用。这些新的视角，无论是图里（Toury，1995）和勒弗菲尔（Lefevere，1992）的描述性、文化敏感性视角，还是弗米尔（Vermeer，1986）和霍斯－曼特瑞（Holz-Mänttäri，1984）的功能性、目标导向性视角，都增强了对之前在很大程度上被忽视的领域的认识，如视听翻译、舞台剧翻译、插图版儿童读物翻译，以及世纪之交出现的网站翻译和电子游戏翻译等。很长一段时间里，这些文本

[1] 文本语言学，又译为语篇语言学或篇章语言学，此处为了保持一致，将“text”仍译为“文本”。

都被排除在翻译研究范畴之外，因为这些文本都无法用以源文本为中心的对等标准来研究。此外，单模态文本观也不允许高比例的非语言（non-linguistic）文本成分或媒介实现来影响文本构成。

然而迄今为止，言语定势（verbal fixation）仍然牢牢控制着翻译研究，翻译理论与分析工具向其他模态及媒介的扩展也相当迟缓和分散。因此，在现有方法基础上，下一节将介绍一些基本原则，这些原则将更深入地探讨交际的多模态现实，因此也包括翻译。

3.1 多模态翻译理论之基石

克雷斯和范勒文定义的多模态交际理论是翻译研究探索多模态的重要基础，可归结为交际敏感及文化敏感的翻译理论。翻译研究中的一种理论方法是霍斯 - 曼特瑞的翻译理论（1984），它基于行为理论，并与克雷斯和范勒文有着千丝万缕的联系。与人类的角色类似，“他们的社会能动性”（social agency）在多模态理论中呈现出“一种标准方面”（Kress & Jewitt，2003：9），而霍斯 - 曼特瑞将翻译视为一种不同行为主体参与的文本建构活动。与克雷斯和范勒文一样，霍斯 - 曼特瑞也强调翻译的设计性特征。翻译不能只归结为语言意义的转换，而是跨越文化障碍的文本设计。但作为文本设计师的译者，其目的并不是为了自己理解文本，而是为了满足他人需求而创造文本（Holz-Mänttäri，1993：303）。跨越语言与文化障碍的文本设计需要一种生产规范，这种规范是在不同行为体之间的互动中协商达成的，而这些行为体是社会行为复合体的一部分。现在，源文本不再是决定性因素，它已被翻译在目标文化中的作用所取代，而该作用的实现取决于实际使用的语境，以及目标受众的期望值与知识水平。

译者通常专门负责言语文本（verbal texts）的转换，因此文本的多模态设计往往要求他们与摄影师、作曲家、平面设计师等其他专业人员进行合作。关于设计文本的产出，霍斯－曼特瑞明确指出了它们的多模态性，并将其称为“信息传送复合物”（Botschaftsträger-im-
55 Verbund）（1984，76）。正如克雷斯和范勒文的观点，不同模态的复合性特征恰好与其功能关系相对应。因此，例如在技术手册中，视觉模态与语言模态都可对其操作步骤进行解释。交际功能的实现是通过图像解释还是语言解释，一方面取决于文化特殊性，另一方面取决于其所处的产出语境。

克雷斯和范勒文，以及霍斯－曼特瑞都明确指出，文本产出的各个步骤——从话语与设计到产出与接受——决定了在哪种模态中使用哪种组合来达到交际目的。尽管克雷斯和范勒文在其理论中提出了多模态的特征，但几乎未涉及跨文化因素的作用，而霍斯－曼特瑞则首先研究了与跨越语言和文化障碍的多模态文本产出相关的操作步骤。因此，在翻译研究中，这两种理论方法也可相互联系，共同理解多模态。

以跨越模态与文化界限的模态转换过程为重点的翻译研究，有助于确定模态的具体内容及功能。克雷斯在本书章节中为此类分析构建了多模态框架。只有模态间具有足够的相似性使之具备可比性，进而具备可转换性，并且只有当差异足够大而有必要进行转换时，转换才有可能发生。因此，翻译能够让我们对模态间的共性与差异有更深入的认识。

多模态交际理论对翻译研究的贡献在于模态概念的具体化，这一点霍斯－曼特瑞提到过，但并未做全面阐述。此外，这还能终止翻译研究中普遍存在的概念混乱状态。自从卡塔琳娜·莱斯（Katharina Reiß）引入附属（subsidiary）文本，然后是听觉媒介型（audio-medial）文本，最后是多媒体（multimedial）文本之后，出现了各种各样的术语，这阻碍了基于通用定义的翻译研究所进行的协调讨论。[8]

对翻译的多模态理解不仅要求我们研究语言及其功能/作用，还要求我们研究音乐、图像等其他中心模态及相关子模态（submodality）[9]的功能和文化特性——本书章节以不同方式探讨研究过程中产生的各种复杂情况，如伊丽莎白·阿达米和萨拉·拉莫斯·平托（第三章）、马修·雷诺兹（第五章）、马库斯·托马林（第六章）和海伦·朱莉娅·麦那兹（第七章）所撰写的章节。然而，大多数涉及非言语（nonverbal）模态的翻译研究都将其视为翻译工作的障碍，而非功能文本的综合组件。尽管近来的学术研究开始将多模态作为一项基本原则，但朱伊特（Jewitt，2014b）对各种多模态方法的区分表明，迄今为止多模态理论的潜力尚未被充分挖掘。

可以说，大多数翻译研究都属于社会符号模态范畴。据朱伊特所述，此处的重点在于多模态意义产生的不同文化背景和社会背景。许多研究（如 Gambier，2006；de Pedro Ricoy，2012；Jiménez Hurtado
& Gallego，2013；Borodo，2015；Cross，2016；Oittine et al.，2017） 56
都仅用模态一词来替代过时的符号概念，而忽略了与模态相关的其他维度及模态的社会制约性，而这最终导致了翻译研究对多模态交际理论的接纳还停留在相当初级的阶段，更不用说缺陷了。尽管芒迪（Munday，2014）提出，广告翻译分析需要更多地从多模态角度进行研究，但这方面的理论性学术成果仍非常匮乏。在这少数成果中，凯托拉（Ketola，2016）为多模态翻译的认知维度构建了框架；李（Lee，2012）探讨了模态的技术互联性；佩雷斯－冈萨雷斯（Pérez-González，2014）主张超越模态的符号特征，将多模态整合到笔译与口译研究中。

朱伊特提出的另外两种方法很难在翻译研究中找到，或者说只能作为顺势疗法的药剂（homeopathic doses）[1]。例外情况包括鲍德里（Baldry）和泰勒（Taylor，2002），他们采用了第二种方法，即多模态语篇分析来确定字幕的功能单元。第三种方法是多模态互动分析，它对情景解释特别有用，但除了极个别例外，也几乎没有受到任何关注（如 Krystallidou，2016）。

克雷斯和范勒文多模态概念的特点之一，在于模态不仅被视为与其符号性质相联系，而且与其媒介密不可分。这一维度对翻译研究尤为重要。媒介与翻译研究的相关性体现在两个方面：一方面，和模态一样，媒介不是本质上被预先确定的实体，而是文化建构的调节策略（mediation devices），能够影响模态的选择和功能。另一方面，转换不仅跨越模态边界，也跨越媒介边界，其相关过程在翻译研究中仍有待挖掘。

自麦克卢汉（McLuhan）将媒介描述为塑造和改变社会的“权力活漩涡”（living vortices of power）（1950，vi）以来，在学术界产生了不小的影响。其专著《理解媒介》（*Understanding Media*，1964）的副标题指出，媒介是“人类的延伸”（extensions of man）。这从当今的性别观来看，可能不太恰当[2]，而且将媒介等同于技术似乎也有些过于狭隘。然而，媒介不仅仅是传递特定信息的手段，而且能够塑造交际。这一事

---

[1] 顺势疗法是替代医学的一种，其理论基础是“同样的制剂治疗同类疾病”，意思是为了治疗某种疾病，需要使用一种能够在健康人中产生相同症状的药剂。例如，毒性植物颠茄能够导致一种搏动性的头痛、高热和面部潮红。因此，顺势疗法药剂颠茄就用来治疗那些发热和存在突发性搏动性头痛的病人。

[2] “人类的延伸”（extensions of man）中“man”既指“男人”，又泛指“人”，这种用法被女权主义者所诟病，认为这是一种包含性别歧视的语言，他们指出应该用中性词，如“person”泛指两性。

实如今仍然有效，并越来越受到媒介间性研究的关注。[10]

与模态一样，不同学科根据不同理论和实践背景使用媒介一词，因此各方对其定义和理解大为不同。它的无处不在使得为统一定义而做出的努力变得徒劳。然而，各方仍需对各自的方法进行连贯的概念说明。

克雷斯和范勒文将媒介定义为“生产符号产品及事件所使用的物质资源，包括工具和材料”（2001：22）。然而，正如埃勒斯特罗姆
（Elleström，2010a：5）强调的，只关注媒介的技术物质层面未免过 57
于狭隘。此外，他还将“基础媒介”和“符合媒介特征的方面”视为媒介概念的核心方面，他认为这是被证实的学术话语的核心。前者界定了媒介的基本特征，后者则包括媒介的历史、社会、文化、审美和交际等维度。

媒介不仅包括生产和载体媒介，如乐器、钢笔和铅笔、相机或书籍、计算机、报纸等，还包括艺术形式，如电影、歌剧、戏剧等。埃勒斯特罗姆（Elleström，2017：668–669）认为，媒介不仅在物质方面不同，还在感官和时空特性上有差异。在我看来，媒介不仅有物质和社会层面，而且还具有符号和文化层面。媒介的物质维度（如精美宣传册或劣质杂志的页面）会给接收者以期待，从而决定性地影响意义构成。书籍媒介和戏剧媒介之间的时空差异，以及由此产生的感官差异，影响着对所使用模态的选择、管理和感知。

此外，埃勒斯特罗姆（Elleström，2010b：26）指出，媒介也与语类密切相关。[11] 电影媒介就包含了喜剧、惊悚片、科幻小说等各种语类。如果我们假设每个文本都已经是多模态的（参见 Iedema，2003：40；Gambier，2006：6 等），那么这也就意味着每种语类都是多模态的。

德里达（Derrida，1980：65）已然指出每个文本都与一个或多

个语类相关联。语类是由一些规约组成的，其中包括主题、人物、人物关系、内容、叙事，以及模态的随意性与正式性使用。这些都可以决定读者期待什么，以及他们如何处理和解释文本。与模态和媒介一样，语类也有构建性特征与文化特异性，或如埃勒斯特罗姆（Elleström，2010b：26）所述："如果不考虑'形式'和'内容'是如何与审美和社会变化相联系的，就无法将语类界定为抽象实体。"

模态、媒介和语类是构建克服翻译研究语言中心性的翻译理论方法的三大基石，能够将翻译理解为模态、媒介和语类实践。但必须指出的是，模态、媒介和语类是紧密交织的概念网络的一部分（另见 Ryan & Thon，2014：9-10）。[12] 它们在系统层面的分离可能具有启发性，但在翻译实践中必须被视为一个整体的三个部分。如果我们将模态视为严格的符号资源，这不仅意味着模态没有既有意义，而且只能在既定交际语境中具体化其语义潜势。因此，我们不能孤立地理解和分析模态，只能从其与媒介和语类的相互联系上进行理解分析。

我想以歌剧《卡门》（*Carmen*）的德语版本为例说明这些复杂关系。[13] 1875 年《卡门》在巴黎喜歌剧院（Opéra Comique）首演后不久，即在维也纳宫廷歌剧院（Vienna Court Opera）上演。媒介语境的
58 变化决定了《卡门》所属语类的调整：喜歌剧（opéra comique）[1] 这种语类有特定的模态特征，如说白与歌唱段落的分布。其音乐模态也具有特定的作曲风格；与歌唱模态类似，它包含许多典型元素，如"分弓"（détaché）、"轻柔"（trés léger）或"连贯而简洁"（très

[1] 喜歌剧，又称"谐歌剧"，和正歌剧相对立的歌剧种类。盛行于18世纪，题材取自日常生活，音乐风格轻快幽默。它包括这样一些常见的特点：表现人们熟悉的生活场景和人物，具有喜剧因素，结尾往往是团圆或胜利，音乐轻快，使用本民族语言等。喜歌剧主要流行在法国、意大利、德国等欧洲的主要国家。

également et simplement)，这些元素都可追溯到喜歌剧在话剧中的根源。《卡门》是明确为喜歌剧院创作的，因此，媒介语境、语类和模态间实现都是同一整体的不同部分。在维也纳宫廷歌剧院上演德语表演的决定，对语类、模态实现及与之相关的模态间关系都产生了重大影响。更大的舞台维度创造了新的符号潜势，进而影响其临时演员、道具和舞台装饰的配置，以及言语（verbal）、声乐（vocal）和音乐（musical）模态的使用。这就需要对源语类进行修改，因为喜歌剧的亲密语境并不适合维也纳宫廷歌剧院。为了解决这一问题，译者尤利乌斯·霍普（Julius Hopp）修改了文本，以适应浪漫主义歌剧的规约，这一点体现在音乐媒介实现及说白、歌唱模态间的关系上。延长管弦乐，删除话语段落，并按照浪漫主义歌剧的规约改变演唱风格。这也导致了舞台实现发生了巨大变化：服装的选择、临时演员的数量和角色的表现也必须根据新的语类和媒介条件进行调整。媒介语境、特定语类规约和模态关系相互影响，使现实主义的室内剧（chamber play）变成资产阶级的浪漫主义歌剧。

3.2 翻译的多模态定义与分类

如果翻译研究的重点从文本的语言层面转移到所有模态实现、媒介语境和语类形式的文本，那么研究范围就必须扩大，将翻译理解为一种约定俗成的文化互动。而在这种互动中，译者跨越符号与文化障碍，为新的目标受众就模态、媒介和语类三方面转换文本。[14] 作为翻译基础的文本由不同模态的组合使用构成，基于不同话语，并根据特定设计产出、分布和接收。

这种定义在两个方面有别于以语言为中心的方法：一方面，目标文本与源文本没有基于相似性、平等性或对等性的固定关系；另一方面，在翻译中语言并未占据中心地位。而这也意味着我们不再需要重新命名偏离这些标准的翻译。例如，不同于源文本的翻译常常被贴上不同的标签，如编译（editing）、意译（free rendering）、改写（rewriting）、挪用（appropriation）或改译（adaptation），这同样适用于跨模态翻译。根据不同学科，我们可以找到各种标签：翻译研究中，有参照雅各布森的跨类翻译（transmutation）（Jakobson，1959）、副翻译（para-translation）（Yuste Frías，2012）、后翻译（post-translation）（Gentzler，2017）或更
59 为普遍的改译（adaptation）或版本（version）。媒介研究使用诸如媒介转置（medial transposition）、跨媒介化（transmedialisation）、媒介间转换（intermedial transfer）等术语；而在多模态交际理论中，我们有跨模态矩（transmodal moment）（Newfield，2014）、跨模态操作（transmodal operation）（Wyatt-Smith & Kimber，2009）和跨模态再设计（transmodal redesign）（Mavers，2011）。[15]

克雷斯引入的术语转导在这方面起到了核心作用。最初，它被用来描述学生如何在不同模态中创造意义。而很久之后（2010 年）它才与翻译联系在一起，最近它也被用于翻译研究（如 Poulsen，2017）。

基于上述原因，我们将不使用克雷斯的术语，[16] 因为它会限制我们对应用当前翻译理论方法的翻译的理解。但这也与转导的特征有关系。例如，克雷斯关于多模态文本产出者的论述也同样适用于译者：他们“始终延伸、改变、适应、调整所有使用元素，从而运用其内部关系改变整个表征资源”（Kress，2000：155）。与行为导向、社会学和描述性翻译研究类似，克雷斯也强调了行为成分和跨模态转换的社会、文化及历史条件：“完善的符号学理论将建立在社会定位、文化和历史形成的个体对‘兴趣行为’的认识上，这些个体包括可利用的表征资源的再造者、转变者和重塑者。”（2000：155）

纽费尔德（Newfield）在某多模态观点中指出：

> 跨模态矩这一概念关注跨模态链的关联方面，即模态转换对意义的影响方式，以及各环节相互连接或断开的方式。
>
> （2014：103）

因转换而改变的关联性也为翻译研究提供了一个类似视角。在翻译中，某多模态整体也会被转换到另一时间、社会和文化语境中。假设模态的意义总是取决于特定使用语境，那么这种转换也意味着改变，因为接收者及其所在社会、文化参数在不断变化着。因此，每种翻译都不可避免地发生改变。固定的、死板的关系规范（如源文本和目标文本之间的关系）已经过时，就像模态可以经由翻译而不发生变化的观点一样。

尽管语言维度仍是翻译研究的典型核心范畴，但文本及其转换研究不应再主要基于语言层面，而应从模态、媒介和语类的视角展开探索。这也应成为对翻译进行分类的基础。罗曼·雅各布森（1959）是最早建立这种超越语言的翻译分类的学者之一，提出了著名的语内、
语际和符际翻译三元体系。然而，他仍然致力于语言范式的研究，认 60
为只有语际翻译能够被恰当地称为翻译，而符际翻译，又称跨类翻译（1959：233）则仅为特例。

雅各布森的分类可能产生了一定影响，但其分类也存概念不一致的问题，这一点也被反复批评。由于语言也是一种符号系统，因此“符际翻译”这一术语是不恰当的，因为两个语言系统之间的翻译也应被视为符际翻译。图里（Toury，1994：1114）将雅各布森的语际翻译定义为符内翻译（intrasemiotic translation），可分为系统内

（intrasystemic，即语内）和系统间（intersystemic）翻译，从而避免了此问题。对于系统间翻译，他仅明确地以语际翻译为例，但指出也可采用其他模态。图里对不同模态间的翻译（即符际翻译）的定义与雅各布森相似，但从原则上讲，符号性（semioticity）并不能为翻译分类提供合理依据，因为这个术语的含义太广了。因此，最好区分开模态、媒介和语类。在模态层面，应该区分模态内（intramodal）翻译与模态间（intermodal）翻译，它们都可能发生在文化内（intracultual）或跨文化（transcultual）语境中。模态内翻译只涉及一种模态之内的翻译（语言到语言、图像到图像等），而模态间翻译则超越了模态限制。例如，将文字性的说明书翻译成图示，以及将圣经文本翻译成漫画等。

在媒介层面，媒介内（intramedial）转换是指媒介保持不变的过程。然而，这也可能因文化差异产生问题。例如，由于编辑和图像序列不同，美国和欧洲的音乐视频在视觉层次上呈现差异。而媒介间（intermedial）翻译是指媒介的变化，如从小说到剧本，再到电影。

最后，在语类层面，翻译也在语类内（intrageneric）和语类间（intergeneric）进行。与媒介相似，特定文化性问题也可能在语类内转换中出现，比如当两种语言书写习惯不同时：在法语中，亚历山大诗体（alexandrine）[1]形式通常应用于戏剧，而德国戏剧的特点是不使用诗文格律。此外，在将阿根廷探戈舞曲翻译成芬兰探戈舞曲时，两者也有着不同的音乐规约。语类间翻译的例子则是将法国喜歌剧转换为德国歌唱剧（Singspiel），或如后面将要展示的，将美国摇滚歌曲转

---

[1] 亚历山大诗体，法国诗歌中的主要诗体，起源于 12 世纪中期由朗贝尔·勒道尔和亚历山大·德贝尔奈合写的一部名为《亚历山大传奇》的诗作。其特点是每行有 12 个音节，主重音在第六音节和最后音节，每半句诗行各有一个次重音。

换为德国施拉格尔流行音乐（Schlager）。

值得注意的是，模态、媒介和语类密不可分，一个维度的变化会从根本上影响这个由三个部分组成的功能整体。因此，在翻译的语境中不可独立探讨模态、媒介和语类中的任何一个。然而，这种区分对于翻译研究是有意义的，因为这三种成分都存在各自的翻译问题，其范围涉及从模态的交际到功能方面，从媒介的技术到社会影响意义， 61
从语类的文本到传统问题。

4. 摇滚乐翻译中的模态、媒介和语类

如果将翻译行为理解为符号行为，把翻译理解为多模态实践，那么翻译的理论反思和实践应用就会面临诸多问题和挑战：

- 什么是（多）模态特定文化的语篇规约？
- 哪些模态激活了哪些意义？
- 如何识别多模态翻译单位？
- 多模态翻译相关的文本分析是怎样的？
- 哪些模态在翻译过程中发生了变化，这对功能性多模态整体有何影响？

我想以歌曲《猎犬》（*Hound Dog*）（由杰丽·莱贝尔和迈克·斯托勒创作、猫王埃维斯·普里斯利演唱）及其德语翻译为例来回答其中的一些问题。[17] 模态、媒介和语类及其功能的内在关联性是多模态翻译分析的出发点。[18]

如前所述，摇滚乐流派的发展由文化和媒介因素决定。20 世纪

50 年代美国的经济繁荣也为之前经济实力较弱的社会群体——青少年创造了新的金融机会。冷战时期的政治形势和美国与此相关的压抑气氛增加了人们对娱乐消遣的需求，同时非裔美国人逐渐觉醒的自信，共同促成了黑人音乐形式的传播与普及。出于经济原因，白人音乐制作人也采纳了这种音乐形式。唱片制作和广播电台及其节目变得更加多元，新型载体媒介——唱片、磁带和晶体管收音机——的技术发展进一步促进了其扩散。

就音乐和语言而言，摇滚乐是黑人音乐和白人音乐结合的经典范例。它受到（白人）乡村音乐，至少是山地摇滚风格的音乐，以及（黑人）节奏布鲁斯的影响。摇滚乐展现了众多节奏布鲁斯的形式和旋律特征，但同时我们也能找到民谣元素。如本文开头所述，其新颖之处就在于对各成分的组合和重新评估。[19]

与此同时，施拉格尔音乐主导着德语世界的流行音乐。20 世纪 50 年代的施拉格尔是一种轻快的流行音乐，风格相当保守，主要是为了唤起幸福感与和谐感，其感伤而浪漫的歌词并未涉及性主题，抑或
62 是可能与当时普遍接受的关系形式相矛盾的主题。然而，这种音乐相当灵活，它吸收了不同的音乐风格。正如下面的例子所示，这种音乐风格适用于特定文化的媒介语境。[20]

《猎犬》最初是为歌手“胖妈妈桑顿”（Big Mama Thornton）创作的一首节奏布鲁斯，后来被跨语类翻译成为猫王量身打造的摇滚歌曲。它在 1956 年成为了头号热门歌曲：

You ain't nothin' but a hound dog,（你什么都不是，就是一条猎犬，）
Cryin' all the time.（整天叫个不停。）
You ain't nothin' but a hound dog,（你什么都不是，就是一条猎犬，）

Cryin'all the time.（整天叫个不停。）
Well, you ain't never caught a rabbit,（哦，你永远抓不住一只兔子，）
And you ain't no friend of mine.（你也不是我的朋友。）
When they said you was high classed,（他们说你是高富帅，）
Well, that was just a lie.（哦，那不过是个谎话。）
When they said you was high classed,（他们说你是高富帅，）
Well, that was just a lie.（哦，那不过是个谎话。）
You ain't never caught a rabbit,（你永远抓不住一只兔子，）
And you ain't no friend of mine.（你也不是我的朋友。）

（Presley，2002：2003）

歌词所讲述的故事是关于一个懒惰且无用之人，他并不比一只懒狗强多少。关于原唱歌手的背景，从其中的俚语缩略语“you ain't”就可看出这首歌源自非裔美国人。在某种意义上，摇滚乐的一个本质特征，即黑人音乐与白人音乐的结合，在这里转换到了言语模态和声乐模态。猫王的演唱特色——沙哑、粗犷的嗓音伴随着高压音的投射、从低音调开始的模糊音，以及“拖尾音”，即音调上的拖尾——都构成了他独特的风格（参见 Middleton，1977/1992），也符合节奏布鲁斯的传统。他在声音上施加的压力与言语化的失望和愤怒相呼应，让整首歌的基调充满攻击性。

这首歌曲的音乐子模态可分为和声、旋律和节奏。这三个因素都符合经典节奏布鲁斯的传统。和声元素以言语和声乐模态表达了渗透在歌曲中的张力。这是通过将构成乐曲基础的主和声与声乐中的“蓝调音符”进行对比来实现的，换句话说，是用小三度音阶实现的。此外，低音强力和弦的断裂以及 I–IV–I–V–IV–I 的和弦进行，创造了歌曲主次色彩的混合效果，这正是典型的布鲁斯。

节奏主要由低音的附点四分音符（dotted quarter note）[1]决定，而“击掌”进一步加强了布鲁斯的风格。其旋律也表现出经典节奏布鲁斯的特征。蓝调音符创造了一个小调的音染（coloration）[2]，反过来又与主和声形成对比。

63 就媒介维度而言，声音设计不仅取决于编曲，还取决于所采用的声音技术。高能声音是在一种特殊录音技术的辅助下产生的，这种技术通过电子的方式将声音放大，使其在最高音量下变得有力又响亮。各个模态与制作媒介彼此有着功能上的联系，赋予歌曲独特的色彩和意境。

在德语版本中，语类、媒介和模态层面都发生了变化：

Ja das ist der neue Rhythmus,（是的，这是全新的节奏，）
Das ist Rock and Roll.（这就是摇滚。）
Ja, da wo jeder mit muss,（是的，每个人都想摇滚，）
Das ist Rock and Roll.（这就是摇滚。）
Ja der Rock ist der aller letzte Schrei.（是的，摇滚就是最新的热潮。）
Jeder ist dabei.（每个人都在摇滚。）
In Peru und in Chile,（在秘鲁和智利，）
In Paris und Madrid（在巴黎和马德里，）
Tanzt man Rock ohne Pause,（每个人都在不停地摇滚，）
Und wir tanzen mit.（我们也随之舞蹈。）
Rock and Roll morgens mittags abends,（我们早上、中午、晚上都在摇滚，）
Tanzen wir nur Rock and Roll.（我们都随摇滚舞蹈。）

（Presley，未注明出版日期）

[1]附点音符，五线谱中用来表示某个音需要演奏时延长一半的原时长。例如，2/4拍中附点四分音符表示该音演奏时实际时长应为一拍加半拍。

[2]音染，又称“声染色”，指在音响系统中，由某一音响器材所引起的声音的改变或者由于室内频率响应的变化，使原始声音被赋予外加的音色特点。

模态之间（语言、音乐、声乐）的功能联系与媒介产出的语境不同于源文本的多模态构成。多模态元素和媒介元素都有助于让摇滚乐适应施拉格尔风格。

在语言模态中，相比原作，发生了社会文化上的改变。这种外来语类以言语阐释，以舞蹈音乐呈现，同时在音乐模态中也有反映：原作的旋律、节奏和曲调都变得更加柔和，以期呈现出一种体面而干净的舞蹈风格，更加适合年轻人。

声乐模态在语调、音量和清晰度上没有施加任何压力，听起来十分柔和且富有器乐感。换句话说，它只是曲作的附加音调。旋律不包含任何“蓝调音符”，使得我们听不到任何“污浊”的节奏和蓝调音。相反，旋律由几种声音演奏出来，且比主调高出三分之一。和声在大调中基本都被保留下来，从而创造出一种宁静的声音。节奏则以20 世纪 50 年代大乐队时事讽刺歌舞剧（big-band revues）的节奏为基础。器乐部分被置于最突出的位置，与歌词相协调，专门用于处理新兴的舞蹈摇滚乐。

这种改编在录音技术中得到进一步体现，不使用任何电子声音压缩技术，而是再现了施拉格尔音乐的经典声音。尽管同样的乐器——
电吉他、低音提琴、鼓，再加上萨克斯管和小号——都使用到了，但 64
技术媒介创造的声音仍与施拉格尔音乐兼容。

总的来说，各模态相互协调。与制造模态张力相反，语言、音乐和声乐相互配合，以熟悉的，更重要的是，以无害伪装的形式呈现了“异国”语类，即施拉格尔音乐形式。在一定程度上，功能联系在翻译中已经发生了逆转。但由于翻译代表着连贯的多模态整体，其变化只能用其被翻译成的语类的社会文化背景来解释。

5. 结论

目前，多模态交际方法与翻译研究之间的跨学科互动似乎仍较为片面。前者几乎对翻译研究一无所知，后者则只将多模态视为相关话题。一方面，手册和百科全书中的词条（如 Kaindl，2013；Pérez-González，2014）证明了这一点；另一方面，涉及多模态的大量研究也同样证明了这一点——尽管主要是以一种非常具有选择性的方式。相反，在多模态研究涉及翻译话题时，一种极为过时的、静态的翻译观往往成为研究的基础，新近的翻译研究理论几乎未被采用过。本文希望对这两个学科所具有的共性有所启发：两者皆从媒介、模态和语类的角度来处理文本；皆把转换和关联性视为研究对象的本质特征；皆在社会和文化语境中探究其对象，而非将其视为抽象的静态实体。这似乎是未来巩固跨学科网络的良好基础。

此外，我们期待加强涉及模态、媒介和语类转换过程的所有学科间的网络联系。除了翻译研究和多模态研究外，这些学科还包括媒介间性研究和适应性研究。最近，翻译研究特别与后者展开了对话。尽管琳达·哈琴（Linda Hutcheon）的标准性著作《顺应论》（*A Theory of Adaption*，2006）仍未提及翻译研究的可能参考点，但其新版（2013）至少意识到了这一点。范道斯莱尔和罗（van Doorslaer & Raw，2016）也进行了两学科间的对话，旨在找出它们的相似性和差异性，这也可以作为两个转换性学科之间未来相互交流的例子。

引入多模态意识无疑对翻译研究和译者都有一定帮助。这就意味着，认识到语言之外的其他模态与翻译的关联性，并培养相应的转换技能。这并不意味着翻译人员就必须会作曲、绘画、制图等。但他们必须与其他领域的专业人员合作，按照目标文化语境中使用与接受的期待和要求，对多模态文本功能整体进行转换。这不仅需要传统的翻 65
译技能，如语言和文化能力、专业能力、研究能力和转换技能，还需要综合的多模态意识，包括媒介意识和语类意识。具体来说，这就意味着译者必须能够对符号资源进行分类，分析其意义与功能，理解其与其他模态的功能联系。

然而，耶格尔（Jäger）所说的“转录智能”（transcriptive intelligence）（2002：35），即天生的跨模态、跨媒介交流和转置内容的能力，并不足以胜任专业的翻译工作。一个（专业的）译者必须把看似天生的能力发展成有意识的能力。那么最重要的就是要了解模态、媒介和语类的文化对比维度。

多模态翻译研究，以及因此将研究兴趣扩展到所有模态及其转换中，并不意味着将语言维度和其与翻译的相关性相对化，而是将其置于更广阔的语境中，最终深入探讨文本构成与设计的跨文化机制。为此，我们有必要阐明与模态性和媒介性相关的术语，并为其他模态开发翻译相关的分析工具。语言理论，以及图像和音乐的理论方法都可服务于这一目标。最后，译者培训也需要与之相适应，将多模态能力视为翻译能力中不可缺少的一部分。

我们所要求的跨学科能力建立在学科能力的基础之上，这需要我们严格理解学科的主要问题，以及明确界定的研究对象。在此方面，翻译研究面临的问题是“恰当的翻译”（translation proper）及其主要问题是如何被界定的。罗曼·雅各布森的答案——语际翻译——也许在多媒体时代已经过时。在 21 世纪，答案只能是：翻译是一种多模态实践，译者行为是一种多模态符号行为。

注释

1. 尽管罗曼·雅各布森（Jakobson，1959）引入了“符际翻译”的范畴，但严格地说，其分类不属于符号学，而属于语言学。后来，“翻译”明确的符号学定义（如 Gorlée，1994；Stecconi，2004）也并未在主流翻译研究中体现其符号学的再取向性。

2. 关于更详细的概述，参见伯德（Bird，2007）。

3. 赫斯·吕蒂希同样指出，这些符号的“构建性格式塔”（constructive gestalt）（1981：324）只在具体交流过程中才有意义。在这方面，他也认为“符号”一词不妥。几十年后，克雷斯和范勒文通过引入“符号资源”这一术语来解决该问题。参见范勒文（van Leeuwen，2005：95）：“首选‘资源’一词，是因为它避免了‘符号代表什么’给人留下的既有事物的印象，因而不受其使用的影响。”

4. 关于符号的交际社会学语境化（communicative-sociological contextualisation）更为详细的研究，参见里克特（Richter，1978）。

5. “模态”是各学科的一个既定术语，包括语言学、心理学、叙事学、医学，以及与我们特别相关的口译研究等。口译研究中模态被用于描述各种形式的口译，如同声传译、交替传译、远程传译等，但这在跨学科研究中就可能产生问题。

6. 最早明确在翻译研究中提及多模态文本的学者之一就是卡塔琳娜·莱斯（Katharina Reiß，1971）。

7. 关于翻译学在各语言学子学科中的定位概况，参见凯因德尔（Kaindl，2004：15–22）。

8. 关于各种术语及其相关含义，参见凯因德尔（Kaindl，2013：259–61）。

9. 口语的子模态包括音量、音质、语调和语速；书面语的子模态包括排版和布局；图像的子模态包括颜色、线条和形式；音乐的子模态包括节奏、旋律、和声和力度。斯托克（Stöckl，2004：14）还对“外围模态”（peripheral modes）进行了区分，此模态正是核心模态媒介实现的结果。

10. 关于这一研究领域和不同媒介间形式的概述，参见拉耶夫斯基（Rajewski，2002）。

11. 贝特曼（Bateman，2008）从多模态角度研究语类。

12. 模态和媒介的区别一直比较模糊，这也可从克雷斯和范勒文分类的某些不一致性中看出。例如，虽然起初将颜色归为“符号模态”（Kress & van Leeuwen，2002），但范勒文后来又将其归类为“表示媒介”（expression media）（2016：109）。

13. 关于翻译的语类、媒介，以及影响语言、音乐和作品间关系的详细讨论，参见凯因德尔（Kaindl，1995：188-206）。

14. 该定义是对普鲁克（Prunc，2004）定义的扩展，更加以语言为中心，但大体上非常全面。

15. 纽费尔德（Newfield，2014）概述了模态间转换现象的术语。

16. 这个词是否值得采用也存在争议。尽管这个词在词源上与翻译有关，但转导是基因组学研究中的中心概念，它描述了外源 DNA 通过病毒或细菌进入细胞的过程。

17. 从言语维度研究猫王从 1956 年至 1969 年歌曲的详细内容，参见凯因德尔（Kaindl，2012）；关于《猎犬》音乐维度的研究，参见多尔金（Dorkin，2009：94-100）。

18. 在下节中，我将集中讨论语言—音乐维度。当然，视觉模态、猫王的体态动作及其舞蹈方式也对歌词和音乐的大众接受程度产生了影响。

19. 关于社会发展背景的详细概述，参见绍特玛丽（Szatmary，1996）；关于音乐特征，参见布朗（Brown，1987）。

20. 关于施拉格尔音乐发展及特点的更多细节，参见波特·勒罗伊（Port le roi，1998）。

3

未译符号世界的意义（再）建构：迈向多模态、文化与翻译的研究议程

伊丽莎白·阿达米和萨拉·拉莫斯·平托

3

未译符号世界的意义（再）建构：迈向多模态、文化与翻译的研究议程

伊丽莎白·阿达米和萨拉·拉莫斯·平托

1. 引言

多模态一直以来都是“人类交际的普遍状态”（Kress，2010：1）。无论是结合姿态、肢体动作和面部表情的面对面交流，还是无实体的图像结合文字的表述，多模态文本（以及对其的翻译需求）都已成为（跨文化）交际的一部分。近年来，科技不断发展，多模态文本在众多平台上不断涌现，使得这一点越发明晰。

这促使一些学科，例如翻译研究，从传统的关注言语（verbal）转向新兴的多模态研究，旨在为多模态文本（如电影、网页或漫画）翻译提供能够支撑其研究的理论和分析框架（可参见本书第四章路易斯·佩雷斯·冈萨雷斯的文章）。虽然翻译研究中兴起的多模态转向运用了多模态领域的一些分析工具与概念，但对于这些工具的建构原则，或是采取这些原则对翻译研究有何意义，并未深入探讨。这样一来，翻译理论仍主要关注言语，而将其他符号资源（多模态文本意义建构必不可少的一部分）的探讨局限于语境化作用。

翻译研究和多模态研究之间的联系是，或者说应该是双向的。全球化以及随之兴起的商品、人口和文化产品的跨国流通使我们越来越多地暴露于世界其他地区产出的视觉、听觉和物质资源之中，同时促进了伴随特定符号建构行为社团的增叠与分裂（New London Group，1996）。这对共享相同文化背景的同质民族和语言社团进行意义阐释
72 这一理念提出了质疑。但多模态研究尚未处理除语言之外的“文化”相关问题。不仅缺乏跨文化对比和跨文化语境中的符号资源研究，而且在模态被认为是特定文化资源（Kress，2010）的视角下，文化这一概念还尚待定义和探索（Adami，2017；Hawkins，2018）。多模态研究还未聚焦跨国流通中的动态意义建构，即多模态资源，包括“大大小小的文化”（Holiday，1999）在跨越时空和社会群体时，是如何被（再）阐释和（再）表征的。

社会符号景观已然发生了改变，并仍在快速变化之中，多模态研究和翻译研究都需要开始探索新的假设，并处理一系列跨学科缺口问题，而这些都只能依靠学科间的联合才能解决。在本章中，我们旨在描绘一个联合符号学和翻译的研究议程，以拓展我们在这变化万千、愈发国际化的社会符号景观下对意义建构的理解。我们认为这项工作是获取翻译研究内涵的前提，并且能够指导当今交际景观下的翻译实践与培训。我们将从修正多模态研究的某些原则出发，来明确社会符号学研究中的空缺和亟待解决的问题。然后将探讨采用多模态视角研究翻译的意义。为此，我们将回顾某些翻译研究的基本概念，并提出一些我们认为应是学科重点的问题。文末，我们将提出研究议程梗概，旨在解决先前提出的关于多模态研究和翻译研究的问题。

2. 社会符号学未来研究的若干问题

正如在绪论中所探讨的，与注重编码的结构主义符号学不同，

社会符号学（Hodge & Kress，1988；van Leeuwen，2005；Kress，2010）详细阐述了多模态观念，并引入“模态”（mode）这一概念。该术语最早被韩礼德（Halliday，1978）用来区分口头语言（口语）和书面语言（文字）[1]。模态被认为是“由社会文化形成的一套建构意义的资源”（Bezemer & Kress，2008：6），它们具有不同的符担性以满足特定的交际需求，这些符担性源自其自身的物质性，以及在不同社会群体中被历史塑造的方式。

社会符号学研究已经逐渐动摇了语言任意性假设（Kress，1993）和非言语资源相似性假设。我们一般认为，和语言相比，一些图像性资源（如图片、影像）与世界的（相似性）“自然”联系更少，且不具有普遍意义。任何已知符号资源的意义潜势都来自其在特定社会群体中使用的历史。因此，想要阐释它，就需要知识，或者更好的方法来通过资源的已知使用对所表达的意义进行假设（鉴于此，在每个特定实例中，符号建构者都能够自主地联想最适切的特定形式来表现其想要表达的意义）。举两个普遍的例子，软件界面中的软盘状按钮与其所指的相似性并不比其等效的文字标签“保存”更“自然”或更“普 73
遍”。为了理解日本动漫人物突然流鼻血的意义（图 3.1），观众需要了解动漫中这一具体图像的使用“规约”，即表示“性冲动”。这些规约既不是随意的，也不是天然相似的结果，这两种情况下，能指/形式与所指/意义之间的关系被激发（Kress & van Leeuwen，1996；Kress，2010），其理据在于物质性，也在于特定社会群体对这一具体能指的既往用法。1

就语言以外的其他符号资源而言，消除普遍认为的与世界的相似

[1] 在韩礼德阳系统功能语言学中 mode 被译为“语式”，详见“绪论”部分。

图 3.1　日本动漫中用于表示性冲动的流鼻血
出处：原创动漫《增血鬼果林》（Karin）

性关系带来了两个问题，即需要重新定义符号学所认为的“语境”（context）与“共文”（co-text），以及共享与非共享“文化”这两对概念。下面将逐一阐述。

2.1 “语境”法与“共文”法

第一个问题涉及是否将与口语和文字一起出现的其他资源视为“语境”或“共文”。在该问题上，我们用“文本”（text）来定义任何由多模态组成的有意义的整体或多模态整体（multimodal ensemble），而不仅仅局限于文字。这里的“语境”指设计、产出、分配 / 传播，以及参与所定义的文本的社会符号环境（包括这些环节的参与者和用于建构符号和意义的社会符号资源）；“共文”指与某文本的短暂关注焦点共现的（在任何一种模态及其组合体中的）符号。

传统上，语言学与翻译采用“语境”法，将通常被称为“非言语”[2] 的资源仅仅视作文化指涉（cultural references），而非符号（与意义有关的形式）本身。在此方法下，例如视觉上显示的内容就

74

“是”（而不是“代表”）世上的一种特定现象，而这种现象或多或少是文化特有或文化共享的。

相反，社会符号学将所有交际表现视为符号。这一观点采取了共文法，认为所有与文字或口语共现的资源都是可以独立建构意义并相互关联的符号元素。符号资源不是文化指涉，而是表达形式（即与意义/所指相关联的能指来建构符号）。通过在特定社会群体中积累既往使用，这些符号资源完全可以实现一系列的意义潜势。这些通过社会塑造的（特定文化的）意义潜势不仅具有指称意义，而且具有情感意义，能够塑造身份，并建构语域、基调与风格、语气与情态，以及整体的衔接与连贯。回到之前“流鼻血”漫画的例子，流血的方式（是喷出还是滴血等）及其与人物面部表情和身体动作的关系，精准反映了（性冲动）感觉的表达及角色的定位；其与配乐或其他电影效果（如定格画面、闪光灯等）的关系，奠定了场景的整体基调（如富有戏剧性、浪漫或幽默等）。

无论是采取语境法还是共文法，在做翻译决策方面，都涉及至关重要的认识论差异和结果。例如，采用“语境”法将视觉效果传递给不同观众时，我们就要决定是否需要，以及如何填补理解文化指涉所需的共享/背景知识问题，就像在语言中处理文化指涉一样。总之，这是一个关于世界的知识在视觉层面被描绘出来的问题（即文化知识），而不是视觉如何塑造它所描绘的世界的知识的问题（即符号知识）。

当采用共文法，将所有的符号资源都看作是符号时，问题就产生了。这些问题不仅仅面向理解指称（referential/denotational）意义所需的文化知识（即掌握文化指涉），还涉及所必需的符号知识，即理解如何使用资源来建构各个层面的意义所需的知识。这就意味着考虑特定姿态、面部表情、近体距离（proxemics）、音乐、电影效果、拍摄角度、颜色、服饰等等（包括它们的组合）的意义潜势来表现现实，塑造情感、身份、礼貌/距离、正式/非正式，以及调节真值等等。

总而言之，在认为意义是由多模态构成和组合的情况下，共文法假定了多模态复合体中的资源互补。因此，在某一表征中，所有资源都是通过沿用或创新既有使用来从各个方面建构意义的。这些资源与其他存在相互作用，要求译者做出全面的多模态选择，涉及翻译的内容、从哪种模态资源译为其他哪种模态资源。这些选择是基于目标受
75 众对所有模态符号知识的评估，而不是仅仅依靠他们对源文本的文化指涉的知识。由此产生了社会符号学研究尚待解决的第二个问题，即跨“文化”符号知识的映射，以及进而用符号学术语定义文化。

2.2 符号知识与文化问题

如果为了解彼此，意义建构者需要（在一定程度上）分享符号知识，即起作用的任何模态中的符号实践知识（而不仅仅是文化指涉），那么在任何表达形式中的共享/非共享内容的问题就具有首要意义。这一点在所有交际活动中都是正确的（例如评估某一对话者如何阐释面对面交流中的某些姿态），并且在为跨国流通设计或改编多模态文本时变得至关重要，因为我们可以假设，随着流通变得更为广泛，意义可能性的范围也就增加了（Rymes，2014）。

一个值得质疑的主要假设是，符号资源（如图像或音乐）共享使用的边界与语言边界/社团相匹配。这一假设虽实证不足，但在跨文化交际研究和本地化实践中都广泛存在（如在更换公司网站不同语言版本的图片时）。质疑（或证实）该假设需要考虑资源流通的历史不

同动态，而不是（已被常态化的）语言。这一点在社会符号学研究中尚待挖掘，而一些诸如音乐学或图像学的学科也只针对单个模态。然而，在全球化的今天，我们认为最重要的是探究翻译与多模态之间的关系。

2.2.1 作为特例的语言：国家编纂与翻译传统

民族国家历来致力于在广泛的政治、经济、教育方面投入大量精力来编纂其公民的语言使用，[3] 其中包括一系列同质化的措施，如词典、语法，以及通过教育系统和国家大众媒体进行的扫盲事业。在意识形态上形成的“民族语言”（national languages）观念（或标准）是通过对文字模态施加选择性的规范性（也施加在口语模态上，特别是在声望形式和正式语境中，作为“正确的”用法）而构建起来的。国家编纂与语言形式/意义关联的标准化也通过跨语言对比、双语词典出版和外语教育不断加强。通过建立国家语言之间的平等体系，这些单语、双语和多语扫盲事业教会我们如何阅读、阐释和使用语言资源，从而制约了语言意义建构可能性的范围。[4]

其他符号资源还未受到相同程度的国家编纂的制约。民族国家还 76
未像编纂文字一样编纂姿态、音乐或电影规约。不同符号资源的主导性用法的传播不同，因此特定模态已经在一些特定实践中产生了使用规约，而这是由于其专业导向的声望中心（如电影制片商、摄影师、音乐家、平面或时装设计师等有影响力的群体）引起的。而其他特定模态，如姿态和面部表情，更多地通过面对面的接触发展起来（然后在视觉表现中传播），并且在某些语境下还可能会被标准化为最佳/正确的行为规范（如“礼节”）。然而，从历史上看，以非言语模态开展意义建构实践的声望中心具有更多的跨国联系。来自权威实践者或评论家的特定符号资源的“声望/权威”使用描述（如平面设计、摄影、电影、建筑和音乐方面的手册和论述）通常源自和传播自有国际影响力的中心 / 学校 / 传统（试想“西方”世界的某些地区，如自前民族国家时代以来，基督教肖像学对影像的影响，着装规范在欧洲和殖民地的流通，一直到比如好莱坞对电影的影响）。更重要的是，非言语模态没有经历通过扫盲事业进行的国家标准化，因此较少受到国家同质化力量和在形式—意义关联方面的等价体系的影响。

尤其是在“民族语言”的意识形态概念中，只有文字（和口语）系统性地经历了（符内）翻译的历史。在不同语言间协调的同时，语言翻译也矛盾性地加深了民族语言社团之间的鸿沟。社团接收描述后将其调节至“自身”语言的表征，而不是暴露于“他者”语言之中并被迫从中建构（其自身的）意义，就像在视觉再现或音乐中发生的那样。语言所经历的独特的编纂和翻译历史最终有助于确定语言而不是其他资源的流通和意义建构的不同动力。

2.3 未译符号世界的意义建构

如果采用符号学的视角，把环境中的任何事物都视作潜在符号，那么我们就会意识到自身处在一个主要由未译符号构成的交际世界之中。但由于历来的国家编纂过程，使语言成为一个特例，同时翻译作为一种文化与符号的调节（mediation）形式，也是一个例外。除了文字和口语，我们通常在与符号环境间没有任何调节的情况下建构意义。这并非使非言语资源中的符号更普遍地被理解，而是使形式 / 意义关联的阐释在跨越国界的社会组群中更加个性化的同时也在更大程度上被共享。

77 因此，这些模态中的符号知识与国家定义的语言知识的重合变成一个有问题的假设（并最终加强了长期以来在文化研究中被忽视的文化本质主义观点）。在现今的全球化世界中，由于社团与“亲和空间”（affinity spaces）（Gee，2005）的跨国性及片段式 / 多元化特征的进一步加强，语言翻译的特定目标受众不能在其他资源的阐释中被假定为同质。伴随着外来和本土符号间的模糊界限，交叉变量在推动阐释方面变得更加重要，个体的个人轨迹方面也是一样，即特定个体参与的实践 / 兴趣社团与亲和空间，以及他们接触更多或更熟悉的意义建构实践，并因此进入其个体符号（而不仅仅是语言）意库（semiotic repertoires）。在之前提到的日本动漫中流鼻血的例子中，其与“性冲动”的关联可能是那些说着不同语言的动漫粉丝们所熟知的，但对那些第一次在动漫中看到这一符号的日语母语者来说却是陌生的。换句话说，（或多或少）共享“同一种”语言并不一定意味着与诸如图像或音乐的共享符号知识，以及图像或音乐在其与语言的关系中所建构的意义相一致。

运用共文法研究以多模态方式构成的意义，以及考虑跨语言社团中的共享 / 非共享符号知识（由于除语言之外的资源的流通动态不同）对多模态研究和翻译研究都有着深远影响。一方面，虽然我们在这里所说的共文法是多模态研究中长期存在的假设，但跨国流通和国家编纂的问题在这一领域还尚未得到充分研究，而这正是因为现今人们很少关注广义上的翻译概念所造成的。在此意义上，正如我们在第四节提出的研究议程，对翻译研究（特别关注“文化”问题）的联合讨论和调研可以帮助填补社会符号学研究的不足。另一方面，采取共文法及考虑所有资源中的共享 / 非共享符号知识构成了翻译研究重要的认识论转变。这不仅对研究，而且对翻译实践与培训都产生了深远影响。在第三节我们将探讨采用这种方法如何迫使我们拓展翻译的范围，并重温翻译研究中的一些最基本的概念。

3. 翻译前进之路的若干问题

承认交际的多模态本质就意味着接受翻译和翻译研究的范围不仅仅包含语境中的语言这一事实，也就是说，我们必须接受：翻译需要考虑所有模态及其（自身和与其他模态之间）产生的意义；所有与文字 / 口语共现的资源本身都是符号，并可能给（不同的）读者带来不
78 同的挑战。这构成了一个根本性的转变，意味着对翻译的不同理解，并引导我们重新审视诸如“文本”“源文本”与“目标文本”，抑或是“对等”的基本概念。这就抛出了一个问题：作为社会文化塑造的资源，文字和口语之外的其他模态是否需要翻译，以及如何实现翻译。有关非言语资源（非）翻译的探讨与多模态文本的美学、作者身份、声望及功能问题紧密相关。这也是我们想在本章提出的问题。

视听翻译领域的早期学者也提出了其中的一些问题。他们试图思考翻译研究，拓展其基本概念并纳入伴有图像、声音和运动的口语 / 文字产品的意义（Gambier，2003）。但是，该方面的讨论仅停留在最初的质疑阶段，并未有太大发展，非言语资源也只单纯地被视为语境元素。多学科方法已经提议（Cattrysse，1992；Remael，2001；Gambier，2013；Pérez-González，2014），多模态研究是研究者转向的领域之一，他们有目的地寻求、开发新的分析工具 / 分析框架来探究多模态文本。然而，利用不同领域的分析框架要求我们对支撑该框架的假设进行反思。在下一节中，我们将探讨“社会符号学未来研究

的若干问题”中所介绍的问题对翻译研究的影响。

3.1 多模态与翻译概念

第一个关键问题是，如果意义是通过具有文化特殊性的模态间关系来实现的，那么我们如何假定当只有其中一种模态被翻译时，目标受众能够领会其意义？将任何关于“意义转换”（我们倾向于采用克雷斯使用的术语“转置意义”）和“对等”的问题搁置一边，我们必须认识到的是，只含蓄地或明确地翻译言语（如字幕制作、电影配音、漫画翻译）假设了以下两点：（1）非言语资源具有普遍性，且无须其他任何调节就能被轻松理解；所以（2）当一种言语资源被另一种语言中的言语资源所取代时，不产生新的模态间关系与意义。这些假设似乎很难与起先认为翻译是关于语境中的意义的观点相吻合。鉴于所有模态都纳入了翻译的范畴，并且言语与非言语模态，以及通过模态间关系建构的意义都寻求对等，我们就不得不重新审视诸如“文本”（当下包含多模态产物的概念）、“源文本”和“对等”等概念。

这种以语言为中心的假设似乎并不适用于所有的翻译领域或所有的翻译实践者。比如参与粉丝字幕翻译的人公认非言语资源在意义创造中的作用，以及使用者在阐释方面可能遇到的困难。在这种语境 79
下发展起来的字幕制作已经对专业实践发起了挑战（被认为无法解释由源文本呈现的意义的复杂性与多重层次性），并拥有一套创新言语和非言语类资源的调节 / 翻译步骤。在专业实践中，另一个恰当的例子是本地化。在该语境下，可以接受对源文本的高层次处理，并且调节 / 翻译策略已经扩展到了非言语资源（连同言语资源）。如果在翻译要求（translation brief）语境下有必要的话，有时也会包括用目标非言语文本替代源非言语资源。即使只是一瞥，这两个案例的讨论也直接揭示了在翻译理解方面，专业与非专业实践的征候性差异。非专业翻译是翻译概念在言语之外拓展的结果。专业实践要么不考虑翻译以非言语方式表达的意义的潜在需要，要么当其考虑时，却又不在翻译范围内考虑这一点。从此意义上可以看出，本地化不是公认的翻译的一种形式（Esslink，2000），而是一种更广泛的过程，包括言语模态的翻译，以及非言语模态的“改写”。用一种语言替换另一种语言被认为是一种必要的改变，例如调节/翻译某一图像（无论采用何种方法）就被认为是高层次的干预，这在业内被称为“创造性”“不受约束”和“改写”（Jiménez-Crespo，2013）。不同术语的发展明确指出对翻译类型进行区分的需求，其中功能和商业目的是重点。但与译者的已有知识与技能相比，还表达了其对一套不同的知识技能与工具及额外相关费用的需求。在该语境下，翻译的定义仍然局限于对对等的理解，这种对等仅限于言语模态，而其他资源，鉴于其假定的象似性/普遍性，将以一种无调节的（unmediated）方式直接参与进来，否则其“原始”意义将不复存在。然而，翻译理论应该在翻译的功能路径中考虑除言语之外的其他资源，以及与作者或源文本相关的翻译要求、声望或符号资本可能的不同程度的干预。毕竟，不同的翻译采取不同策略来迎合不同受众或实现不同功能，这对于翻译研究来说已经不是什么新鲜事了。但是，要将这些考虑扩展至言语之外的资源，就需要对翻译进行新的范式化或概念化。

我们需要对意义建构实践进行进一步地研究，以拓宽翻译与对等的讨论范围。这不仅要考虑所有资源所表达的意义，还要考虑当前翻译实践中可能出现的意想不到的结果。目标多模态文本可能具有与预期不同的特征，这是由于不同于通常的假设，新译的言语资源在与非调节的（non-mediated）非言语资源共现时，会在目标语境中建立新的 80 多模态整体。因此，另外一个需要进行进一步概念与实证分析的重要方面是，最新的技术发展使得对非言语资源的处理较以往更为容易，并且随着文本类型的增加，非言语资源变得更为普遍。尽管缺少相应的理论与实证分析来支撑该调节过程（mediation process），用目标图像替代源图像在动画电影的本地化中已是常用手段（如在《哆啦 A 梦》中，便当盒被比萨取代，Chaume，2016）。

3.2 翻译意义而非元素

另一个由将意义视为多模态建构而引发的关键问题是，当文本需要传达至不同受众时，我们需要翻译“什么”。将图像、姿态或声音之类的元素作为社会性符号意味着承认：（1）其意义是置于时间和空间之中的；（2）它是在特定（目标）语境下受特定使用传统调节的（进而塑造受众的预期 / 阐释）；（3）所表达的部分内容来自既定产物语境中特定资源的目的性选择与组织。然而，现实情况是，目标受众是在与可能十分复杂的符号环境之间没有任何形式的调节的情况下建构意义的。

不同层次的意义对来自不同语境的受众提出了特定的挑战鉴于前期研究（Kovačič，1995；Chesterman，2005，2007；Gambier，2013；Ramos Pinto，2018），我们基于社会符号学中的“表征”（representational）、“人际”（interpersonal）和“语篇”（textual）元功能，提出三个层次的意义。第一个层次是最明显的，即所表现的事物，以及受众在识别特定姿态或物体时遇到的困难，例如 20 世纪 80 年代广告中的软盘。年青一代不认识软盘的事例甚至被用作幽默目的。比如一个网上流行的段子讲道：“我给12岁的儿子看一张旧软盘……他说：‘哇！太酷了！你居然3D打印了保存图标！’”[5]视觉和听觉元素可能通过吸引读者对世界的认知来激发更为直接的第一个层次的识别，但这种识别不一定总是正确的，这可能是因为这个符号并不在受众的认知范围之内（如给12岁的孩子看软盘），抑或是因为该符号与世界不存在天然相似性（如牙膏包装上用来象征一股股清新气息的蓝色波浪条纹）。

第二个层次是指与特定物体、声音和姿态有关的社会意义，以及受众可能面临的困难。这种困难不是因为他们无法辨认指称对象，而是因为他们没有理解指称对象所必需的共享社会符号知识。在电视连续剧《生活大爆炸》（*The Big Bang Theory*）第11季22集中，艾米（Amy）在试穿了几件符合（西方）主流社会文化时尚潮流的“现代/
81 时髦/性感”的婚纱之后（图3.2），决定穿上一件能够让朋友们惊讶（图3.4）的裙子（图3.3）。受众只有在能够解读所选裙子的社会意义（“过时/俗气/不性感”）的前提下，才能够理解艾米朋友们看到裙子的反应。

图3.2、3.3、3.4　艾米、佩妮（Penny）和伯纳黛特（Bernadette）购买婚纱
出处：（《生活大爆炸》第11季22集，00:07:39－0:08:22）

尽管字幕与配音具有不同的符担性，但翻译的挑战来自：即使非言语资源建立在与世界的共享相似性上（对于大多数观众来说辨认出图像中的礼服是婚纱并不具有挑战性），但未经进一步调节就将源文本呈现出来，可能无法保证社会意义层面上的跨文化转换。如果不习

惯时下西方的流行趋势，特定社会群体可能会认为这款婚纱式样很正常，甚至非常漂亮，因此也就很难理解艾米朋友们的反应。也许更重要的是，由于人们普遍相信非言语资源的广泛性，并通常习惯于不去解释它们，观众可能无法识别出这其中存在的“文化冲击”（cultural bump）（Leppihalme，1997），并且继续根据目标语境的社会意义进行阐释。这不仅对于外行，对接受过传统培训但未涉及本章节所探讨的多模态分析训练的翻译人员来说也是如此。诸如专业字幕翻译之类的翻译实践似乎否认了这种潜在的困惑，但是本地化、粉丝字幕，以及最近的研究数据（Chiaro，2014）又似乎指向他处。

最后一个层次指的是由不同模态为特定叙事目的建立的模态间关系所产生的意义。在婚纱场景中，艾米的言语模态：“就是它了！这就是命中注定的裙子！”结合作为符号的裙子、其特定的社会意义，以及朋友们惊讶的表情，都产生了加强特定剧情（diegetic）意义的喜剧效果（伴有现场观众的笑声），即艾米“书呆子”的性格，尤其是她与其他人物的社交世界格格不入的状态（观众必须认识到这一点）。[6]

因此，这挑战来自对确保观众不仅能够识别图像中的元素，而且能够识别其社会与剧情意义的需要。该讨论在专业实践中还尚未得到其应有的关注，甚至聚焦于无障碍环境（accessibility）的翻译实践，如为失聪或听力障碍人士设置的字幕和听觉描述（长期以来强调非言语模态的重要性）也通常表现出对描述声音或图像以确保识别的强烈 82
关注而未能充分考虑在完成识别后，观众是否有能力阐释其社会或剧情意义。

不同模态之间的复杂关系带来了另一个挑战，即很难区分每种模态的作用，并明确定义翻译的单位。尽管施特克尔（Stöckl，2004）质疑贡献的独立存在性，但一种可能的研究路径或许可以从感知心理学（perceptual psychology）的研究发现中获得，感知心理学认为感知是选择性的，即“我们关注的是对特定目标具有显著意义的事物”（Gibson，1979：48）。进一步加深我们对相关性和叙事显著性的理解，并将其扩展为多模态形式生成的意义，可能会在该语境下有所帮助，也可以整合来自特定学科对不同语类（如电影研究和媒体研究）的贡献。

3.3 非国家编纂资源的翻译

与翻译“什么”一起，还有“如何”翻译非言语资源的问题。在本地化实践中，源非言语元素经常被同种模态下目标受众更为熟悉的其他元素所替代（如在包装中使用的图像或颜色）。有时其他语类，如漫画（如当有人敲打阿斯泰利克斯[1]的头时，在法语版中他看到的是“鸟”，而在葡萄牙语中则是“星星”，Zanettin，2014）或儿童文学（如阿拉伯语版迪斯尼的灰姑娘是戴头巾的女性，Zitawi，2014）也有涉及图像处理的相似替换程序。诸如粉丝字幕翻译的非专业翻译让我们看到了其他解决方案：利用标题和弹出对话框（pop-up balloons）来标注非言语意义，或利用不同颜色来识别人物或风格（Pérez-González，2014）。虽然本地化似乎假定非言语资源是由相同性质的目标资源翻译的，但是粉丝字幕翻译中颜色和言语标题的使用表明，以一种模态表达的意义可以被另一不同模态中的资源所翻译。然而，这些实践一直（并仍然）是在直觉的基础上发展起来的，并且大多数情况下不是由译员或训练有素的专业人士进行的。想要做出明智的选择，就需要现

[1] 阿斯泰利克斯（Asterix）是《阿斯泰利克斯历险记》（法文：Astérix le Gaulois，又译《高卢英雄传》）中的主角。是以高卢传奇英雄为题材创作的法国知名连环漫画。

有和新兴的翻译策略对意义建构产生影响的数据。

由于缺乏非言语资源的国家编纂，译者无法依据对等体系来指导翻译实践或翻译传统，从而定位自己的选择。一些语类已经形成了特定的使用规约，受众通过暴露于此语境之中而得到同化；除了已经提到的动漫的例子，漫画还发展了一种阅读方向和声音表现的传统（Zanettin，2014），这也适用于恐怖电影中的音乐所带来的预期（Bordwell & Thompson，1979）。这样的规约发展不遵循组织翻译和流通行业的语言界限。因此，文本的多模态特征似乎为已具挑战性的 83
“目标受众”的概念带来了额外的复杂性，鉴于在符号知识方面的可能差异，某一产品受众的异质性特征倍增，这就使得做决策变得更加困难，也使译者处于各种不同传统的十字路口。对共享 / 非共享符号知识研究的不足将继续阻碍从业者前行，抑或是没有足够的数据来考虑其决定的影响。

3.4 作为调节过程的非言语资源翻译

与翻译中任何的决策过程一样，非言语资源的（非）翻译也要由语境因素进行调节。如前所述，近年来的技术发展为译者提供了大量选择，从图像处理到弹出对话框和动态字幕，这意味着某些资源的非言语特征不再直接限制调节过程或定义翻译策略（以及更高 / 更低限度的处理或是无处理）。与此相关的其他语境因素也需要考虑在内。鉴于我们在广告中对图像处理的容忍度，以及如在翻译电影时，对此种策略可能的拒绝，研究翻译策略、译者 / 受众态度，以及诸如语类、作者身份、（导演或电影的）声望、文本功能和观众预期等问题之间的相关性就变得尤为重要。

4. 结论：联合研究议程

将世界视作多模态协调组合下有意义的现实，我们便会意识到与呈现在我们面前或周围的未译符号相比，实际的翻译是极微量的。如果该问题一直被忽视，那么我们何须进一步研究“多模态与翻译”？我们不想从忠实的角度限定“对等”问题，但我们认为仍需就目标受众可获取的文本概况提出问题，同时也要考虑其如何间接加强权力的不平衡。毕竟，由于其跨国声望与广泛分布，正如之前所研究的《生活大爆炸》的例子，西方符号建构实践可能更容易被阐释（及其潜在蕴含的价值和意识形态）。这可能导致有利于西方实践的意义建构实践的标准化，同时将趋异实践（及隐于其后的“他者”）推至外围。这使得我们在获取和阐释上的难度变得更大。

我们希望强调在语言之外考虑翻译的重要性，但这样做我们也知道还存在很多亟待解决的问题。在翻译研究中，分析翻译和多模态产品本地化的研究日益增多（O’Hagan & Mangiron，2013；Dicerto，2018），但这些研究仍是非常具体和孤立的。这使得我们很难对作为
84 一个整体而日常的翻译实践的翻译研究的可概括意义做出更为宏观的描述。迄今为止，有用的理论探讨已经使我们了解了该问题的现状（O’Sullivan & Jeffcote，2013；Pérez-González，2014；Gambier & Ramos Pinto，2016；Dicerto，2018），然而，由于缺乏针对该问题的系统研究，我们很难获得更广泛的框架 / 方法，以便能够更全面地处理多模态与翻译之间的关系。我们坚信，进一步地翻译研究必须拥有一个基于相关实证数据的更加强大的理论框架，而这些数据尚待整理归纳。在该结论章节，我们将概述符号学和翻译学研究所需进行的工

作，以进一步了解多模态对翻译的影响，为翻译实践决策打下实证基础，并预见其可能产生的影响。我们将介绍研究问题的类型、研究路线及领域，同时包括解决以上问题的方法论和理论整合。

4.1 研究问题

面对充满跨国流通未译符号（除了语言）的符号景观，符号学家会问“人们是如何从中建构意义的？”尽管到目前为止，意义建构中的文化特殊性问题一直被忽略，但社会符号学仍需探索“是谁（在一定程度上）分享了关于特定资源使用的符号知识，并通过其间关系建构意义？”这就相当于问“在一个既定符号景观中的共享/非共享文化是什么？”“不同资源和符号的流通方式是如何影响其被阐释的方式的？”以及“不同亲和空间/社团的参与如何影响个体非言语资源的意义建构？”

结合从解决上述问题中获得的见解，翻译研究首先需要（以遵循历史和文化的方式）对过往和现今的翻译实践进行描述和解释，并提出如下问题，包括“在翻译中如何处理多模态产品及其非言语元素？”及“它是如何调节已译多模态产品的流通与接受，以及我们对其他未译产品的理解的？”其次，可能基于所有这些问题的实证性发现，翻译研究需要寻求方法以便为在翻译实践中做出明智决策提供支持，从而提出诸如以下的问题，“考虑意义是多模态建构的，我们如何识别需要翻译的元素？”“人们如何阐释已经翻译的多模态产品？”以及“特定的翻译策略在与诸如模态、媒介、语类、领域（domain）、受众和目的等因素的相互关联上又有何影响？”

我们不想将社会符号学和翻译研究的目标仅局限于指导翻译实践与培训。解决综上问题可进一步理解意义建构的社会动态及翻译本

85 质，同时支持在翻译实践中做出更为明智的决策，并开始反思翻译培训将如何发展以应对当今的挑战。

4.2 研究路线与范围

为了开始着手解决这些问题，第一个广泛的研究路线涉及探讨共享/非共享符号知识是如何在不同符号空间的人群和个体之间分布的。第二个研究路线涉及探究人类是如何在第一次接触特定符号时建构意义的。

4.2.1 符号知识分布：模态、媒介、语类和领域

第一个研究路线要求（至少）在三个相互交织的范围中考察符号建构和意义建构实践。其中一个范围涉及研究特定的符号模态，以了解其历史发展、编纂程度和跨国流通动态（不同模态可能有所不同）。第二个范围涉及研究在/跨越不同媒介（中）产生的多模态意义，由于目的、作者身份类型、语境等方面的媒介特定预期不同，我们在印刷广告和社交媒体模因间的建构方式也就不同。第三个范围需要我们与特定社团一起研究特定语类和领域中的符号与意义建构实践，及其在跨国方面是如何变化和/或分布的（图像资源在诸如技术制图、卡通和地图方面还未经历过相同类型的编纂，一些戏剧传统，如日本戏剧，就具有不同于其他戏剧的跨国影响力和更高水平的国家编纂程度），以及它们是如何跨越语类和领域相互影响的。

对意义建构实践及其流通方式更好地理解将有助于译者自身对源文本的阐释，以及对需要翻译内容的评估。它还将在已译多模态产品发展/流通与译者选择审查的映射方面协助翻译研究。

相互交织的共享/非共享符号知识研究范围（模态、媒介、语类

和领域）需要（1）立足并跨越时间 / 空间存在，（2）映射并跨越语言社团，用于涉及语言（并要求语言翻译）的多模态文本。跨越时间的研究（将被历史社会符号学研究所代替）需要包含多个时间尺度（Lemke，2000，2009），并被认为与空间有着密不可分的联系，即时空体性（Bakhtin，1981）。这涉及对边界概念的彻底反思，而这往往与语言 / 国家边界不相符，尤其是在当今全球化和技术互联的社会中，空间需要更少地从地理（和语言）角度建构，而更多地从社会角度来定义勒菲弗尔（Lefebvre，1984）关于空间和位置的概念（评论详见 Jaworski & Thurlow，2010）。符号知识与（或多或少在语言上 86
同质的）社会群体的映射可以且需要引导在跨国互联世界中对社会群体的重新定义（在霸权文化流和少数文化流之间的不均衡分布）。鉴于个体参与多种或多语空间 / 社团 / 群体（正如之间提到的动漫迷的例子），每个个体又都有特定的符号实践，研究就应该验证采用以空间为中心的概念的优势，而非以群体 / 社团为中心的概念（如 Gee，2005 的亲和空间）。这可能也促成了翻译研究内部视角的转变，从有异议的源 / 目标受众的概念到（共享符号知识的）源 / 目标空间的概念。文本、符号实践和知识流通的空间视角将避免与社团成员的联系（可能触发认识论上危险的国家 / 地方标签，如日本人、德国人等），同时关注实践（而非人们的归属感）并更加直接地接受其在不同空间内、外及跨越、穿越不同空间的流动性。

4.2.2 符号过程的原则

模态如何发展特定用途，符号如何在不同媒介和特定语类及领域中流通，其意义如何跨越时间 / 空间变化，以及共享 / 非共享的符号知识如何跨越亲和空间、社会群体和语言社团的分布，这些方面的研究无法通过固定范畴化来完成，因为这可能存在人为目录 / 分类的风险。我们需要动态化地构思这些研究，当他们遇到新的符号 / 表征并参与新的互动时，个体符号意库也会随之不断改变，换句话说，个体符号意库是关联的、自适应的、灵活的（参见复杂性理论在语言发展中的应用，如 Cameron & Larsen-Freeman，2007；Larsen-Freeman，2015）。

因此，第二个研究路线需要解释人类符号过程的动态复杂性，而不是编撰一系列正式的参考工具，如视觉符号。这就要求共享 / 非共享符号知识的映射需要与聚焦于理解普遍 / 共有意义建构的原则和策略方面的研究相结合。如果共享的符号知识能够促成符号与意义建构者之间阐释的共同点（如将软盘按钮阐释为“保存”功能），那么对符号过程普遍原则的深入理解就可以促使我们做出明智的假设，即在首次使用符号时（如当遇到某个特定软件功能按钮的新符号或新的电影效果时）对它将如何被解释提出有根据的假设，从而进一步支持翻译实践中的明智决策。这可通过对当下的符号过程理论进行实证性的验证，如克雷斯（Kress，1993，2010）的理据符号（motivated sign，参见第一节）来完成，也可通过验证针对语言意义建构的整个符号过程的当前理论，如关联理论（Sperber & Wilson，1986）和概念隐喻（Lakoff & Johnson，1980）来完成。

87 这两个研究路线都基于并跨越时间 / 空间，处于并跨越不同模态、媒介和语类 / 领域，是做出基于实证的明智假设的必要的第一步。这些假设是关于某一既定资源如何通过特定受众（或出现在既定亲和空间）而得到阐释的、是否需要任何调节，以及采取哪种策略是最合适的。

4.3 方法论发展

我们设想的研究需要方法论的发展与整合，涵盖对（1）多模态产品及其流通方式、（2）多模态文本产出与翻译实践及与之相关的话语，以及（3）（再）阐释与再意指实践。

探讨此处概述的研究路线与范围的研究问题需要对实际的多模态产品进行广泛的描述性研究。这要求新的多模态分析工具不仅仅能够平等地对所有模态的研究、模态间关系以及翻译进行整合，还能够促成可提供概括性结果的较大数据集的量化分析。传统的社会符号学多模态分析已经开发出了用于深入探究小样本多模态文本的工具。这些成果很难与语篇语料库分析（利用定量数据分析的优势）相结合，从而进一步加剧了非言语资源与语言的不平等待遇。多模态语料库分析的发展需要非言语资源数据挖掘软件工具的实现，以及视觉识别现有技术的整合。

伴随着对多模态产品的大规模研究和符号建构及其翻译规约的识别，我们很有必要对产出的两端，以及翻译研究中通常所说的“接受”展开研究。我们需要方法论的整合来探讨文本产出与翻译的话语和实践，以及受众的阐释和翻译策略对此类阐释的影响。通过将多模态产品分析中发现的规律与语境因素交叉关联，我们将能够探究促进特定多模态符号建构和翻译实践的社会、经济和文化因素，并勾勒出其发展、流通和接受的全貌。这将需要进行大规模的社会学研究，以重新审视布尔迪厄（Bourdieu，1986）在当代社会符号学景观下对比研究“文化资本”的方法与变量（对于这一概念的质疑参见 Adami，2018），以及聚焦于跨越不同变量（如语类、目的和受众类型）意义建构过程中数据收集的广泛的接受研究。数据收集方法涉及从访谈、调查和问卷到眼动追踪和记忆唤起等（有关概述请参阅 Pérez-

González，2014）。

我们还需要解决三个方法论问题。首先，大部分数据收集方法和
88 学术传播手段仍然以语言为中心，迫使研究参与者和研究人员只能通过语言描述多模态产出的意义（无论是在接受研究中参与者的口头访谈言语，还是为问卷和学术出版物撰写的文字）。对非言语资源的探索需要我们开发新的方法来引发参与者在言语输出之外的反馈，以此来避免将意义强行纳入不恰当的语言分类中的风险（而且，这需要一定程度的读写能力和表达能力）。该意义上的方法论尝试在社会符号学（如要求参与者画出而不是说出意义，如 Kress，2010）和感官研究（如要求参与者用姿态或形状来表达他们品尝的味道）中都有所发展。[7] 这些方法需要系统开发并应用于与已译多模态产品意义相关的研究。与非言语数据收集的形式并行，我们需要研究发现多模态传播的新形式。关于“多模态与翻译”的研究可能进一步推动学术出版体系，以此促进诸如视觉和影像文章及在线出版的传播形式（的认可）。这些形式可以发掘网络的超文本和多媒体符担性（请参阅期刊《凯罗斯》http：//kairos.technorhetoric.net/）。

其次，即使急需填补多模态研究的空白，大规模的定量研究也不足以解决之前提到的问题。大数据分析在筛选出关键微观变量的同时，可能导致将意义建构实践的差异过度概括至宏观范畴的风险，如假设的“民族文化”或“语言社团”。为了探究诸如个体的个人轨迹和参与的多重符号空间等变量是如何影响其非言语资源意义建构（及其与语言的关系）的，需要进行深入细致的定性研究。这需要与民族志方法相结合，该方法已经应用于社会符号学多模态分析中了（如 Dicks et. al.，2011，尽管不关注“文化 / 符号知识”），并且构成了翻译研究方法论的创新，从而引导翻译民族志学的发展。较高定性水平

的发现可对定量水平的假设验证提供依据，而后者的结果可能通过反复的分析来进一步定性地探究。

最后，只有当我们接受大型团队（定量和定性）研究时，这里提出的多层次研究类型才有可能进行。这里所说的大型团队涉及专业和“外行”设计师、多模态产品的生产者和受众，以及社会符号学、翻译研究、社会学、民族志、认知语言学和统计学等学科的研究者。因此，研究可以更广泛地探索参与式方法。类似于莱姆斯（Rymes，2014）提出的公民社会语言学家（citizen sociolinguists）的作用，符号学和翻译研究都应该考虑当今分布的知识的价值，并开始以“公民社会符号学家”和“公民翻译学者”的形式构想学术圈以外的贡献。我们不仅要对自身及他人的语言使用进行反思和元批评，还要对图像、服饰、字体、音乐、建筑以及我们遇到的所有符号建构实践、实际翻 89
译，还有我们如何觉得这些可以更好地满足我们的需求等方面进行反思和元批评。鉴于要研究现象的广度和深度及其研究方向，我们有必要从学术界之外获取知识和资源。

4.4 理论整合

如此广泛而精确的研究事业必然需要跨越学科边界，而这并不仅仅是社会符号学和翻译研究之间的界限。在此列出四个跨学科方向：

· 在几个方面需要与语言学进行整合。在本章所提建议的基础上，我们增添了相关性研究（Sperber & Wilson，1986，以共文法而不是语境法的方式重新定义）、叙事学显著性（Bortolussi & Dixon，2003）、认知负荷与处理（Kalyuga，2012），以及文化映射和现有的多模态认知路径的比较扩展（如 Forceville & Urios-Aparisi，2009）所做出的潜在贡献。

· 关于特定符号资源在不同语境中发展和流通的知识可以从诸如视觉传播、媒体研究、平面设计、音乐学、艺术史和电影研究等专业领域中获得。

· 在人类学、社会学、跨文化交际的文化研究中，也需要跨学科交叉，以共文法而不是语境法来检验并重新定义不同的文化概念。在这种情况下，社会符号学可以使用文化的现有概念来验证符号过程模式的变化，而文化研究可以从符号学的视角中受益，以重新定义文化概念（采用共文法而非语境法）。这项跨学科工作还可以促进翻译研究目标群体 / 空间的再概念化。

· 因为人类符号过程具有多重维度，其不仅仅涉及社会还有心理、生理、感觉 / 感知及其物质方面和物质变量，因此还需进一步与其他学科，诸如心理学、感官民族志（sensory ethnography）、物质符号学和认知神经科学等进行跨学科合作，其中每个学科都可以研究一个特定方面，而这些问题需要在其复杂交织中加以考虑。

这里所概述的联合符号学 / 翻译的研究工作只是初步的，还需完善及进一步地阐明，而这只有在研究开始之后方有可能实现。然而，就目前而言，它已经表明了其广泛而极具雄心的研究范畴。这整个研究事业都不能免除风险。我们想以一个忠告来结束，这是一个我们在讨论这项研究可能产生的影响时就已经开始关注的问题。将共享 / 非共享的符号知识映射到社会群体之上面临着产生选择性描述的风
90 险，进而产生使用的惯例和规定。这可能不仅仅限制个体在符号建构中的能动性，也可能加剧霸权文化和少数化文化实践之间的鸿沟（影响与之相关的人）。类似地，多模态翻译实践的描述与潜在翻译策略（模态内和模态间）的制定可能有产出惯例并促进实践的风险，这种实践更倾向于一种看似更容易解释的非言语资源归化，从而产生助力

分离社团、限制其意义建构可能性及符号建构多样性的风险。社会语言学和应用语言学研究（如García，2009；García & Wei，2014；Canagarajah，2017）已经提供了充分的证据，证明了语言使用的国家编纂、标准化和惯例的负面影响，指出了它们在社会（再）生产不平等中的作用。利用语言学研究对这些主题的深刻见解，我们提出的研究事业需要完全地创新并考虑可能具有的影响，而不仅仅是复制或改写以往用于语言研究的方法。

注释

1. 流鼻血在动漫中象征性冲动的历史具有不确定性，且存在着多种解释。这种用法可追溯到单身作家（如20世纪70年代的漫画艺术家谷冈），也可追溯到日本传统中用于阻止年轻人发生性行为的未经证实的流行用语。有关讨论，可参见https://kotaku.com/sexual-arousal-doesnt-cause-bloody-noses-says-medical-5953124（2018年8月30日访问）。网上搜索“动漫流鼻血”（及其日语的对等表述“hanaji”或“鼻血”）会出现数十种不同的来源、讨论和假设。这些内容的范围充分证实了社会符号学关于意义建构的假设，即在结合物质性及特定资源既往用法的基础上，个体关于支持形式/能指与意义/所指关联的动机的假设。

2. 社会符号学避免除口语和文字之外的“非言语”（nonverbal）资源，因为这些资源暗含着对语言的从属关系，也因为“言语”（verbal）一词的词干假定文字和口语可以被视为一种模态［正如“语言”（language）这一标签所假设的］。此处，我们将其用于标记在传统语言学研究和翻译研究中被看作副语言（para-linguistic）或是语言之外（extra-linguistic）的，与口语和文字不同的所有资源的简便方式。

3. 这也适用于非公民居民（如现今关于移民者语言识读能力的争议）及殖民地人民（如 Canagarajah，2017）。

4. 通过口语社团说话者语言使用的流利度、意义和感知等反证了这一点（参见如 Goodchild & Weidl，2018）。

5. 参见网站：https://me.me/i/i-showed-my-12-year-old-son-an-old-floppy-3250837（2018 年 11 月 22 日访问）。

6. 我们单另出一个符号和镜头是为了举例。显然，观众在电视剧中接触的互文关系越多，他们就越会在“书呆子”符号上建构（共享）符号知识，这在所有的异化翻译中都是如此。

7. 关于感官研究，请参见感官研究中心（CenSes）的相关研究：https://philosophy.sas.ac.uk/centres/censes。

4

从“吸引力电影”到“弹幕”：跨媒体文化下变化字幕美学的多模态理论分析

路易斯·佩雷斯·冈萨雷斯

4

从“吸引力电影”到“弹幕”：跨媒体文化下变化字幕美学的多模态理论分析

路易斯·佩雷斯·冈萨雷斯

1. 引言

包括视听文本在内的多模态产物，是不同类型的协作符号资源相互作用的结果，这些资源必须“被描述并能够被描述在一起”（Kress & Ogborn，1998，转引自 Iedema，2003：39），尤其是在通过翻译对这些文本进行转换时。尽管“多模态”或“多模态理论”等类似术语在翻译研究中出现的频率越来越高，但遗憾的是两学科的界面研究仍亟待进一步展开。正如克里斯托弗·泰勒（Christopher Taylor）所指出的，尽管人们普遍认为多模态能够为人文学科研究提供强大的跨学科平台，但多模态理论学家们“尚未关注翻译问题”（2016：222），而翻译领域的学者们也尚未开始系统地、持续地运用多模态领域的概念与方法开展研究。就视听翻译研究而言，这一鸿沟被根深蒂固的“单模态”盛行进一步加剧。“单模态”指某一符号成分（最典型的是书面语言）与语篇中使用的其他类型的意义建构资源或模态相比，占主导地位的情况。传统上，“单模态”是最久负盛名的文化或艺术表现形式，并已然“发展成为用以谈论这些艺术形式的专业理论和批判性学科”（Kress & van Leeuwen，2001：1）。直到最近，视听文本及其译作也未被列入此类艺术表现形式之中，甚至也未出现在后者所调动的话语中。

然而，由于近来翻译产生与接受的媒体环境发生了大规模的深度变化，单模态的统治地位也迎来了强有力的挑战。在过去的30年里，从印刷制品到荧屏再到数字文化的转变触发了技术进步，这对新文本
95 性（new textualities）的兴起起到了重要作用。就新文本性而言，无论是在杂志或教科书等实物中，还是在超文本语境中，书面语言都通常以新颖、富有成效的形式与静止或移动的图像和/或声音相互作用。翻译研究者们并未忽视这些“物质性（materiality）及其同根词（-ity）媒介性（mediality）和技术性（technicity）”（Littau，2016a：82）的转换对数字文本符号的构成所带来的影响。他们对交际物质性的高度认识——包括“所有有助于意义生成，但其本身并无意义的现象与条件”（Gumbrecht，2004：8，转引自 Littau，2016a：83）——促进了媒体与符号资源之间辩证关系的深入研究，以及对翻译物质历史的重新审视（Littau，2016b）。正如伊丽莎白·阿达米和萨拉·拉莫斯·平托在其为本书撰写的章节中所强调的，在全球化日益加深的时期，这些发展已经以不同的方式体现在不同文化之中了。在这种背景下，提倡运用“一种综合的翻译方法”，对“物质支持（石头、纸莎草纸、只读光盘）、传播手段（手稿、印刷、数字通信）”，以及“翻译是如何随时间推移通过特定群体在社会中进行的”（Cronin，2003：29）等一系列问题的进一步考虑，与其他学科领域所做的努力是一致的，它们都是为了发展概念与方法论工具，以研究交际实践的所有符号复杂性（Iedema，2003）。

在多模态文本研究参与度越来越高的背景下，本章将阐述从默片时代至今，字幕对视听文本的多模态结构所做出的本体论贡献。

许多与字幕相关的多模态问题在先前研究中都有涉及，但它们并未明确地将其与多模态研究联系起来（详细情况参见 Pérez-González，2020）。越来越多明确支持多模态理论的字幕研究已经对多模态与视听翻译之间的学科联系展开了更加深入的探讨（Remael，2001；Taylor，2003；Gambier，2006；Pérez-González，2007；Mubenga，2009；O’Sullivan，2011；Desilla，2012；Taylor，2014；Gambier & Ramos Pinto，2016）。本章提出了一种研究字幕实践多模态维度的新方法，跨越连续的媒体文化，在视听内容符号整体内考察字幕的有机交融。这些媒体文化是通过技术、权力、本体状态和社会实践的不断配置塑造而成的。本章旨在深入理解数字文化背景下，西方现代性（modernity）的主导叙事体系向后现代美学的转变对多模态文本性及其翻译的影响。因此，本研究并非基于多模态语境下小规模的翻译转换分析；相反，将涉及翻译、多模态和文化研究中更广泛的理论与方案探讨，以影响这一学科界面未来的反思性实践。

本章以评论字幕在媒体领域中的角色变化进行架构，描绘了这种 96
翻译模态从电影产业的规定中逐渐解放出来，进而服务于与数字文化相关的更为大众、更能吸引观众的媒体“消费”形式。冈瑟·克雷斯和西奥·范勒文对“录制”与“合成技术”的区分，为追溯从“指称本体论”到“解构本体论”的转变提供了必要的概念网络，而这种转变基于产业实践和业余实践之间不同程度的融合。其中，“指称本体论”以霸权叙事体系为基础，“解构本体论”则是数字媒体生态为核心（Kress & van Leeuwen，2006：217）。数字领域的发展（如中国的“弹幕”）被认为是由修辞选择驱动的“设计式表征”（representation-as-design）的当代实例（Kress & van Leeuwen，2006：219），并从“符号软件”（semiotic software）（Djonov & van Leeuwen，2017）的功能及其触发的社会符号实践视角进行分析。最后，本研究将说明在普通修辞者获得了更大可见度及主体性的背景下，其公民身份的体现是如何通过揭示多模态系统的文化与社会构成而涉及表征解构的。

2. 录制技术时代的字幕制作

正如其他多模态文本的使用者一样（如马库斯·托马林在本书中对“艺术家之书”的讨论），主流电影观众们必须理解分布在不同符号系统中的意义。电影创作者运用符号化手段对多股声音和视觉意义进行编码，有效地构成了“感知上简单统一的格式塔”（Stöckl，2004：16）。面对这些统一的符号实体，电影观众必须以一种程序化的、潜意识的方式，在不同类型的符号资源之间建立联系，利用他们积累的观看经验来解码符号类型的常规集合。早在有声电影时代之前，电影符号学就开始扩展其意义建构资源的意库了，这使得电影对观众的要求也越来越高。电影作为一种商品不断提升其自身吸引力，使得默片电影的创作者们试图用各种方式向观众传达无声的剧情言语，这些方式包括但不限于运用电影剪辑技术，以及使用现场旁白、“会说话的演员”、片名卡和插卡字幕（Dwyer，2005；Pérez-González，2014a；O’Sullivan & Cornu，2018）。

20 世纪 20 年代后期，声音的出现进一步巩固了电影作为第一个现代视听娱乐形式的地位，并为字幕与配音的发展铺平了道路，以保护和促进电影在不同语言文化间的商业传播。电影制作者们普遍认为，字幕打破了原始作品的多模态结构，因为在事后将文本片段合并到一部已完成的电影中，需要额外的多模态连接，而观看原始剧集的观众并不需要构建这些连接。虽然一般情况下，商业字幕对原始对话

的翻译不会影响影片的“节奏与韵律”，也会不影响其“知性和情感 97
内容”（MacDougall，1998：168），但这需要观众对叠加在图像上的书面语言进行处理，这是一种额外的认知努力，有可能会分散观众在配音主导的市场中所享受的乐趣。由于篇幅限制，本章将不再探讨配音规约对电影符号资源部署的影响。

虽然电影与字幕的合作跨越了大约一个世纪，但我们才刚刚开始对叠加在图像上的文字片段对字幕电影处理所产生的影响有了可靠认识。观众注视行为的眼动追踪研究方兴未艾，此研究表明，即使观众能够理解所呈现的对话，字幕在屏幕上的移动也总是会吸引观众的注意力（d’Ydewalle & De Bruycker，2007）。阅读完字幕之后（Jensema et al.，2000），观众的注视轨迹通常会在字幕和字幕所在的图像之间交替变化，他们会根据所观看的电影类型来调整自己的处理策略（Perego et al.，2010）。大多数观众花在阅读字幕上的时间比看图像的时间要长，尽管注视点（fixation）——眼球运动之间的停顿，在眼动间观看者的视线会在某一感兴趣的位置保持静止——在图像上的时间通常更长一些（Perego et al.，2010；Kruger，2018）。实际上，一旦观众完整地阅读了字幕，他们会更倾向于把注意力尽可能长时间地集中在关键兴趣点上——主要是人物的面部。因此，眼动追踪研究证实，虽然在字幕占主导地位的视听市场中，观众可以相对轻松地观看字幕节目，但是字幕电影的观众很少有时间探究视觉符号资源，因为他们经常处于这种特定的多模态结构中（d’Ydewalle & De Bruycker，2007）。

至关重要的是，在眼动追踪技术还未出现的 20 世纪三四十年代，电影业正在尝试开发一套字幕实践方法，正如电影学者们所公认的那样，这一方法自那时起就几乎没有改变过（James，2001）。这里所讲的一贯做法就是试图让连续剧情语块的时长与将意义传达至目标语的字幕荧屏显示实现完全同步，假定一系列标准的（尽管可以调整）阅读条件能够与不同的观众相匹配。在电影媒介施加的“时空规约”下，对白必须大幅压缩以适应措辞紧凑的字幕。因此，最终呈现的字幕并不利于观众对字幕电影中人物刻画、幽默、反讽，以及其他文化特异性方面的认知（Mason，2001；Remael，2003；Desilla，2012）。参照施特克尔（Stöckl，2004）对多模态资源的概念化（后面会进行详细阐述），我们可以看出被称为产业字幕的符号转换过程几乎完全围绕同一“模态”（语言）的两个“媒介变体”（书面和口头）展开。除了那些需要用特定文
98 化知识解码非言语符号资源的情况外（参见示例 6.1 Pérez-González，2014a：188–190），一般认为，观众将设法激活字幕电影所需跨越不同类型符号的任何联系，就像最初的电影观众所做的那样。

然而，对字幕实践系谱学感兴趣的批评理论和电影研究学者们认为，严格来说，产业字幕实践并不是与电影媒介相关的时空规约下的必然产物。相反，对同步性的倡导支撑着传统字幕的发展，这与电影制作中的其他符号发展相一致，尤其是从早期表演型电影，即以“戏剧表现压倒叙事吸引”的“吸引力电影”[1]（Grochowski，2007：56），到写实派电影，即试图创造一个由叙事理据驱动的，让观众放下怀疑的独立叙事空间的演变。除了运用复杂的剪辑和蒙太奇手法，构建这个自我封闭式的虚构世界在很大程度上依赖于使用同步剧情

[1] 电影史家汤姆·甘宁（Tom Gunning）基于早期电影研究提出了“吸引力电影”概念，指与叙事电影（cinema of narration）相对的、强调影像本身吸睛能力而非叙事的一类电影或电影段落，尤以梅里埃的一系列戏法片（trick film）为代表。从 20 世纪 80 年代中期至今，该理论不断阐发完善，内涵更加丰富和精细化。参见 Gunning.Tom. “The Cinema of Attraction: Early Film, Its Spectator and the Avant Garde.” Wide Angle 8.3-4（1986）.pp.63-70.

声，因为它提供了所谓的“通向‘剧情’现实的无媒介通道”（Minh-ha，2005：129）。同步的剧情声可以帮助制片人把观众的注意力从制片的方法和关系，即在吸引力电影中看到的影像、声音和文字之间的空间上转移开来，并最大限度地减小主观观影体验的可能性。因此，虽然从表面上看，声音的同步性旨在促进一种客观性审美，但剧情在现代电影制作中的中心地位最终表明，电影业的兴趣在于传播霸权性商业话语，这种商业话语通过线性叙事来控制电影接受度。

格罗霍夫斯基（Grochowski）借鉴贡宁（Gunning，1986）和马瑟（Musser，2006）的观点，探讨了好莱坞电影公司扩张背后的经济和政治驱动力，衡量了它们对巩固叙事体系的影响程度。在格罗霍夫斯基看来，由同步性驱动的从表演型到叙事型的转变是“电影制片人和放映商之间斗争的结果（在这种斗争中，叙事电影的制作仅仅是一种策略，是制片人用来控制放映的‘工具’）”（Grochowski，2007：56）。最终，声音的同步性及其引发的从表演型到叙事型范式的转变，使得美国电影业开始尝试同质化的和更易出口的线型叙事。这已经成为更广泛的、以同步性为引领的倡议的一部分，进而主导全球电影市场。美国的这种做法常常有损于世界其他国家刚出现的叙事规约，这些规约很快被他们进口来的美国规约所取代（了解这一文化适应过程在日本和韩国分别是如何进行的，请参见 McDonald，2006；Chung，2007）。伊朗电影和文化研究学者哈米德·纳菲斯（Hamid Naficy，2003）也研究了电影叙事殖民化的动态，并揭示了这种产业战略的地缘政治意义。纳菲斯认为：

> 20 世纪 50 年代以来，在西方消费主义意识形态中，世界同质化和同步性理念是美国对第三世界进行技术转让和发展援助的核心政

> 99 策。这是早期殖民者推行历时性政策以来的转变，这一历时性政策倾向于将发达国家和欠发达国家区分开来。新兴的后工业资本主义在创造全球市场利益的驱动下，进一步寻求同步性。
>
> （Naficy，2003：193）

好莱坞强行将以西方现代性为主导的叙事体系作为最大限度地控制电影的接受度和商业表现的手段。这一做法需要强化作者与观众之间的等级权力结构，而当时的技术在促进这种等级制度的意义扩张方面发挥了重要作用。斯蒂芬·希思（Stephen Heath）恰当地阐述了技术与社会之间相互影响的关系，他指出“电影并不是先存在于技术之中，而后再成为社会中这样或那样的实践的。其历史是一部技术史与社会史的结合……而意识形态从一开始就存在”（1981：6）。毫不意外的是，美国电影叙事的蓝图正是在“录制技术”兴起和发展的过程中形成的，录制技术是克雷斯和西奥·范勒文指出的三种历史上相继出现的制片技术之一。录制技术主要针对眼睛和耳朵，它能够“或多或少地允许无媒介现实事物的自动类比再现”（Kress & van Leeuwen，2006：217），从而提供理想化的记录工具，促进从历时性到共时性的转变，进而巩固叙事体系。录制技术将同步性置于时空秩序的中心，支持同质化叙事，并在现有的媒体权力结构中维护创作者的权威。作为“缝合线”（suture）的一种形式（Heath，1981），录制技术促进了一种表征本体论，限制了电影与观众之间建立关系的范围，并最终认同基于现实指称表达的客观性美学（Silverman，1988）。实际上，电影制片术（cinematography）强调同步剧情声，以此来隐藏电影制作背后的机器和制片过程，这是典型的“指称本体论，一种建立在表征与世界之间直接指称关系上的表征观”（Kress & van Leeuwen，2006：218）。

为了促进这一产业/商业战略的实施，同步性的重要性必须进一步扩展到美国电影商品的字幕上。郑明河（Trinh Minh-ha）[1]杜撰了“缝合字幕”（suture subtitling）一词，突出了叙事性电影体系的普及对字幕产生的影响，以及它所带来的多模态意义的转换过程（Minh-ha，1992）。在字幕的形成期，权力结构与录制技术之间的相互作用使得电影业“在字幕制作中，包含读、听、看三种感官的活动被压缩成一项单一的活动，就好像它们都是一样的”，进而“自然形成一种主导的、等级统一的世界观”（Minh-ha，1992，转引自 Nornes， 100
1999：18）。在与录制技术相关联的客观性美学之下，字幕有助于维护指称本体论，充当着剧情内、外间的守门员。在录制技术时代，字幕的作用通常仅局限于在目标语中对源文本所编码的言语意义和/或交际意图进行近似的语言表达。因此，影片的重点放在了电影制作者希望通过角色的对话所传达的原始信息上，即译者应该重视电影对白中所要表达的“原始”意义。此外，尽管视觉与听觉符号资源对视听文本整体意义的贡献表面上得到了视听翻译学者的认可（Taylor，2003；Pérez-González，2007，2014a，2014b，2020；Desilla，2012），但在录制技术时代，电影行业的专业字幕人员已经发现其可调控的范围，进而运用自己的专业判断，将其简化为一种单一形式的符号转换，即涉及通过书面语言重新编码口头语言的过程。

3. 本体论转向时期的字幕制作

虽然霸权叙事体系对商业电影的多模态配置持续施加着严格限

[1] 郑明河，生于越南，现为美国加州大学伯克利分校性别及女性研究学系及修辞学系教授。集电影制作人、作家、文化评论家、女性主义及后殖民主义理论学者于一身，著作丰富。

制，但越来越多有关纪录片和民族志的电影实践正在揭示“声轨，与成像追踪一样，包含介质、翻译和将声音带入意识形态领域的表征性实践”（Naficy，2004：141）。因此，将缝合同步框架化为一种商业选择，而不是在电影媒介束缚下的唯一选择。例如，郑明河导演的电影《姓越名南》（*Surname Việt Given Name Nam*，1989）正式的组织形式，通过突破主流制片技术并指出其缺陷的方式“质疑电影的表征特性”，从而阻止观众放下怀疑（越南电影博客，2015）。正如郑（Trinh）的电影风格打破了电影的现实主义准则（如通过使用灯光来扰乱现场气氛、偏离拍摄对象的镜头移动，以及声音重叠技术），它还

> 广泛地、形象地、批判性地利用叠加的标题和字幕。它们数量众多、内容和布局多样，使得这部电影具备真正的书法特色。整部影片的字幕，包括对白与画外音的翻译，以及越南诗歌和谚语的翻译，都依照惯例显示在屏幕的下三分之一处。然而在很多情况下，当剧情中的女性用越南语或浓重口音的英语讲话时，字幕则以不同的布局方式呈现，电影画面的各个区域，包括角色的面部，都可能会出现英文文本块。这些图像型标题，或郑所说的“视觉化
> 101 对白”（visualized speech），都是作为传统字幕来帮助观众更好地理解电影的……尽管它们还具有图形、批判和解构等其他功能。
>
> （Naficy，2004：145–146）

自 20 世纪 60 年代以来，在一些流散的社团成员拍摄的“带有口音的电影”（accented films）中，指称本体论也遭到了批判（Naficy，2004）。利用手工制片技术，这些带有口音的电影创作者们采用涉及主观电影镜头的表演立场（Naficy，2004：136），以及能够表现出自由间接风格的其他技巧。值得注意的是，反霸权电影话语的展开，以

声音错位和去中心化的创作模式为基础——这使得带有口音的电影制片人可以“评论电影与现实，而不只是记录、报告，或是再现现实”（146）——提倡使用丰富的荧屏字幕（on-screen titles）来解决“语言性、电影性及流放性翻译与置换问题”（146）。

虽然在纪录片和带口音的电影中，叙事空间内外界限的侵蚀会通过刻意的不同步字幕而得到加速，但在其他多模态策略中，商业电影也可能通过探索故事与观众之间新的互动形式来逐渐破坏叙事体系。例如，巴勃罗·罗梅罗–弗雷斯科（Pablo Romero-Fresco）探索了新的字幕方法，与传统电影、电视剧不同的是，荧屏字幕的物质维度与功能在其要嵌入的多模态文本产出之前就已经被概念化了。如罗梅罗–弗雷斯科所定义的那样，创造性字幕采用并扩展了民族志字幕的某些特征（MacDougall，1998：第 7 章），主要是其建立新的叙事机制的能力，通过这种机制，作者的声音可以绕过剧情中的角色，直接与观众进行互动（Romero-Fresco，2018）。创造性字幕在文献中被称为“装饰字幕”（decotitles）（Kofoed，2011）、“权威字幕”（authorial titles）（Perez-Gonzalez，2012）、“效果字幕”（impact captions）（Sasamoto，2014; O’Hagan & Sasamoto，2016），或“综合字幕”（integrated titles）（Fox，2016）。这些创造性字幕并不寻求对原对白的翻译实现，而是加强各方面的人物塑造，或以更引人入胜的方式推进叙事（Dywer，2015）。

彼得·科斯明斯基（Peter Kosminsky）[1] 的四集戏剧《理想国》（*The State*，2017）讲述了四名英国男女在 2015 年离开自己原本的生

[1] 彼得·科斯明斯基（1956— ），英国导演、制片、编剧，代表作有《白色夹竹桃》《新呼啸山庄》等。

活，加入“伊斯兰国”的经历。这部电影展示了权威字幕在主流媒体内容中的创新使用。随着新成员们抵达叙利亚并在该组织安顿下来，男性开始在指挥官的指导下接受作战训练，女性则在组织领导者的引领下了解该社团的严格规则。讲英语的角色在执行任务时使用与伊斯兰相关的适于各种仪式和文化习俗的阿拉伯语句子，作为一种表达和加强他们集体身份认证和团体归属感的方式。当这样的表达被使用时，那些看起来“太过唯美而不仅仅提供信息”的风格化字幕（Crawley，2017）会在电影画面的不同区域显示音译的阿拉伯语句
102 子及其英语翻译。例如，一位作为单亲妈妈的英国医生莎基拉·布思（Shakira Boothe）因希望能够在州立医院工作而加入：“伊斯兰国”，当她打算去看她的第一批病人时，却被告知没有“mahram”（男性监护人）[1]她无法工作，这时屏幕上出现了“mahram”（Imale guardian）的字幕。还有一部类似的商业电影也颠覆了叙事和荧屏字幕之间的等级权力结构。保罗·索伦蒂诺（Paolo Sorrentino）[2]的电影《大牌明星》（*Il Divo*，2008）是一部关于意大利最具争议的政治家之一朱利奥·安德烈奥蒂（Giulio Andreotti）[3]的传记体电影，安德烈奥蒂身陷阴谋网络之中，最终导致被起诉。虽然影片的出发点是为了再现重大历史事件，但导演从表演角度出发，运用了多种符号资

---

[1]在伊斯兰教中，每个女性，无论多少岁，都必须拥有一个“男性监护人”，未婚时是她们的父亲，而后是她们的丈夫、儿子，甚至兄弟、侄子。如果没有男性监护人的同意，女性不能外出、旅行、上学、工作、开设银行账户等。

[2]保罗·索伦蒂诺（1970—），意大利电影导演、编剧，代表作有《绝美之城》《年轻气盛》《大牌明星》等。

[3]朱利奥·安德烈奥蒂（1919—2013），意大利著名政治家，先后领导过内政、财政、国库、国防、工商、外交等重要部门，几乎担任过意大利所有重要的政治职位。1972年，首次当选总理，此后20年间又六度出任总理。1993年5月因涉嫌与黑手党有联系被参议院取消豁免权后被拘留。

源。这一手法的运用在片头特别引人注目，一连串的谋杀镜头一闪而过，配上风格化的字幕，提供受害者的详细信息及死亡情况。例如，唐纳德·克拉克（Donald Clarke）将人们的注意力吸引到“飘浮在建筑物后面和从车门上浮现出来的设计巧妙的字幕上，这些字幕对［受害者］在意大利政治堕落中所扮演的角色进行了难以置信的全面描述”（Clarke，2009）。而马克·詹金斯（Mark Jenkins）注意到索伦蒂诺的字幕和丹尼·鲍伊尔（Danny Boyle）的《贫民窟的百万富翁》（*Slumdog Millionaire*，2008）中所使用字幕有相同之处（Jenkins，2009）。正如米利森特·马库斯（Millicent Marcus）所阐述的：

> 索伦蒂诺的字幕充满了乐趣，直接褪去了调查的严肃性伪装。罗伯托·卡尔维（谋杀案的一名受害者）倒挂的尸体与对应颠倒的字幕同时出现，当画面旋转180度到合适位置时，字幕也就相应地翻转到正常状态。同样，在监狱牢房中被下毒身亡的米凯莱·辛多纳的说明性字幕出现在后方，直到镜头绕着这个垂死之人转了一圈，我们才能从左到右地读出他的名字。在整部电影中，字幕以一种自由浮动的符号形式在屏幕上任意舞动。和图像一样，文字也已经脱离了其“所指”的束缚。通过将字幕规约——迄今为止被认为是电影毫无问题且明确的指称性——转变成另一个可以任意操纵的符号，索伦蒂诺指出他对纪录片题材的真实性主张与其在电影《电影政客》（*cinema politico*）中的分支之间的模糊关系。
>
> （Marcus，2010：253；原文重点）

《理想国》和《大牌明星》两部电影中出现的权威字幕，通过热奈特提出的概念“叙事转述”（narrative metalepsis）（1983［1980］）[1]，打破了传统的叙事边界。一旦他们结合“场景调度”，权威字幕就会成为一个附加的叙事平面，与正在展开的剧情事件相互贯通，使用戏剧化的手法模糊虚构与现实之间的界限。《理想国》和《大牌明星》的创作者们利用权威字幕来打破传统的叙事规约，并利用电影传播的“双重性”（double-layeredness）（Vanoye，1985）进一步干预剧情行为。在某些地
103 方，（电影制作者与观众之间）纵向的人际交流会被优先考虑，而非（剧情角色之间）的横向交流，因为字幕通常会为观众提供仅局限于虚拟世界剧中角色的信息和知识。例如，电影《大牌明星》中，电影制片术与转述字幕的结合使用打破了电影叙事中的经典层次结构，削弱了虚构对象的本体地位。正如安布罗斯·霍根（Ambrose Hogan）所指出的那样，对特定个体的刑事指控并非通过剧情对话完成（Hogan，2009）。相反，它们通过视觉符号手段和表现型字幕间的相互作用传达给观众，其中一些“是从中毒的受害者口中吐出来的，或是随着意大利银行家罗伯托·卡尔维冰冷的尸体从黑修士桥下飘荡出来的”（Hogan，2009）。

上述例子展示了字幕设计是如何动摇指称本体论，从而达到各种目的，甚至是在为商业发布而制作的媒体内容中。权威字幕不是简单地促成线性叙事的再现或是“躲在不被承认的旁观者的伪装之后”（Gunning，1993：5），而是评论剧情内外的现实，促进与“吸引力电影”中原始插卡字幕特征相似的“耦合态”（paratactic）阅读体验（Grillo & Kawin，1981）。无论是通过不同步的剧情字幕来传送，或是让字幕出现在电影画面中不寻常的位置，正如郑明河的“可视化对白”（Naficy，2001：123），或通过运用权威字幕来挑战剧情叙事在观众心中所处的特权地位（创造新的观影体验，让创作者直接对话观众），电影和电视连续剧都向观众呈现出新的处理需求。观众面对的不是连贯单一的格式塔，而是多模态产物，通过不同符号手段的并置（而非整合）来传达的意义链必须被独立地剖析和解释，从而增强剧

情叙事主观解释的可能性。

4. 合成技术时代的字幕制作

数字化的兴起使得字幕从媒体行业中解放出来。在数字文化中，随着越来越多的普通人参与媒体内容的使用、加注（包括字幕）、编辑和发布中，产业实践与业余实践之间的融合程度也在不断变化，从而对媒体内容形成了越来越大的影响（Pérez-González，2014a，2017；Dwyer，2017a）。在相关技术工具的全方位推动下，业余（通常是参与性的）字幕制作针对个体观众迅速重新配置，将个体观众作为围绕媒体内容生产和消费的更广泛的社会互动过程的一部分，将“观影式文化转变为参与式文化”（Jenkins，2006：41）。在这种新式后现代主义美学影响下，人们经常通过社交媒体平台观看带字幕的媒体内容，“网络用户（包括业余字幕制作者）对元叙事（内容）越来越不感兴趣，反而沉迷于多重 104
小型叙述（评论）”（Xu，2016：439）。在这种背景下，媒体内容为主体间性的协商提供了机会，也就是说，通过共同活动与社会管理的互动，在虚拟的、不同地区的兴趣群体成员之间实现意义的共享和相互感知。在选择字幕内容和指导字幕重点和措辞的决策过程中，这些机构将原作品的权威性置于字幕承载力之下，通过视频附带的在线评论功能调动政治或娱乐亲和力。简而言之，参与取代了观看。

业余字幕的制作通常由虚拟社团来完成，他们利用网络通信的功能承载力发挥社团成员的集体技能或集体智慧。参与这种“共同创造性劳动”（Banks & Deuze，2009）的字幕工作者主要依靠其语言能力（不一定等同于翻译能力）和激进主义倾向。文献中涵盖的两大主线之一的“美学激进主义”（Pérez-González，2014a）在“粉丝字幕”中得到了充分诠释。“粉丝字幕”这一术语传统上与大量的全球亚文化有关，这种亚文化是由日本动漫粉丝们围绕日漫字幕制作而逐步形成的。最近，这一术语又与一种无形的字幕工作联系在一起，由热衷于商业剧、连续剧或音乐体裁的粉丝们完成（Barra，2009）。粉丝字幕实践通常是粉丝们出于篡改商业翻译媒体内容的意愿而实施的，转作译者的粉丝们认为这些媒体内容“在文化上是索然无味的”（Iwabuchi，2002：27）。粉丝字幕实践已经被证明是对字幕官方维度的实验（Dwyer，2012），这一实践赋予译者高度的可见性，译者能够最大限度地利用数字技术的解构功能，充当文本生产者和框架内用户之间的跨文化中间人。另一方面，媒体内容的归档、加注（通过字幕）和再循环也是从事政治活动的业余字幕网络活动的核心，因为数字文化促进了字幕工作者关系网的兴起和巩固，他们试图“按照他们自己对世界的描述来阐释和践行道德秩序”（Baker，2006：481）。佩雷斯·冈萨雷斯（Pérez-González，2010，2013，2016）展示了字幕制作的参与性网络如何抵制新闻媒体行业的动态，并挑战全球企业对其制作内容的分销和消费的传统性控制。这些参与性社团扮演着自封的翻译专员的角色，有选择地使用他们希望字幕化的内容，并将其重新分发给有战略目标的语言使用者，否则这些使用者们将无法通过主流或商业媒体渠道来访问这些内容。同样，蒙娜·贝克（Mona Baker）研究置身于各种激进社团中的字幕员，看他们如何致力于探索预设原则（包括水平性、团结性和拒绝表征性的实践模式），选
105 择将其媒介曝光，“而不是模糊它，引诱观众陷入一种直接、无媒介的经验错觉”的字幕内容中（Baker，2018：460-461）。

就像美学活动者一样，参与政治的字幕工作者最终与观众合作，共同构建用以协商其个体及集体身份的亲和空间。不受商业与金融利益的限制，普通民众所制作的业余字幕有助于突显基于“平凡日常经

验优先于僵化结构”理念的后现代美学，这正是媒体行业及体现文化与经济霸权的叙事所青睐的（Xu，2016：439）。字幕在视听文本的多模态配置中所起作用的变化与“公民媒体”（citizen media）实践的其他表现是一致的，包括

> 人工制品、数字化内容、实践、行为干预，以及在没有第三方或捐助者参与的情况下，独立公民在公共空间中产生的情感社会性话语形式，这些行为是为了影响审美或社会政治变化，抑或是表达个人欲望与抱负。它还包括一系列影响和推动实践与话语的价值观及议程，通过这种方式，个人与集体在社会内部和社会关系中进行自我定位，并参与创造多元化的民众。
>
> （Baker & Blaagaard，2016：16）

如前所述，“公民字幕员”（citizen subtitlers）这个概念在这里被用来指普通民众转型的字幕员，他们有着不同的工作议程，支持后现代美学的世俗娱乐或政治参与，往往忽视叙事动机的制约，以及随之而来的原版对白及其字幕版本之间同步时空关系的需求。事实上，原版的地位已经被评论文化所颠覆，这种评论文化正是业余字幕实践试图培养和激发的。通过偶合态阅读实践来确立观影主体性与支撑经典电影创作的指称本体论是相悖的，因此需要运用“合成技术”（Kress & van Leeuwen，2006：217）。面对由录制技术向合成技术转变所引发的表征危机，数字化为“设计式表征”的替代形式提供了可能，通过将故事中的世界更接近观众的空间，为更加大众化的观众参与提供了新的可能。因此，与叙事体系相关的指称本体论被解构主义本体论所取代。在解构主义本体论下，普通民众可以观看并创造字幕，剧情世

界不再对观众封闭，观众可以利用数字技术对多模态文本的多模态线路进行实验和公开，“解构其组合的可能性并揭示其文化 / 社会来源”（Kress & van Leeuwen，2006：219）。

106 5. 中国的“弹幕”设计及修辞的多模态内涵

在数字媒体领域，业余修辞者已经获得了较大的可见度和影响力，字幕正逐渐成为一种意义建构实践，它通过暴露多模态线路周围的间隙来解构原文。正如前面小节文献调研中所提到的，业余字幕与其他表现形式的公民媒体日益紧密地联合，需要采用实验性实践以调动一系列符号手段，以非传统的方式使呈现在屏幕上的文本风格化，以达到最佳效果。就他们赋予源文本的本体论价值而言，公民字幕员引导我们避开其专业同行的个人或主体立场，转向涉及世俗或伦理身份的复杂协商的集体翻译话语空间。

技术发展——无论是以专利网络字幕工具的形式进行，如软件 Amara（Amara n.d.），它作为在社团中积累象征性资本的一种方式支持志愿活动，公民字幕组选择在其集体工作流程中实现免费软件编辑与字幕应用程序一体化，还是社交媒体平台提供工具，围绕字幕输出消费来发展参与性评论文化——在实现这一本体论转变方面起到了重要作用。这些方式能够作为“符号软件”帮助用户“从一系列不同的符号资源中进行选择”，同时在公民字幕中“整合并描述如何有效利用这些资源的知识”（Djonov & van Leeuwen，2017：567）。作为与合成技术相适应的软件，符号软件拥有自己的符号体系，只要“软件产品中可用符号资源的使用规则是由其设计外化并默认的”（Djonov & van Leeuwen，2017：571）。值得注意的是，符号软件不仅对于支持多模态的功能及如何部署各种资源（包括但不限于颜色、字体、质地或动画）具有重要意义（van Leeuwenet et al .，2013），而且对作为符号产品本身所具有的影响社会实践的能力也非常重要（Poulsen et al .，2018：596）。通过克雷斯和西奥·范勒文（Kress & van Leeuwen，2006）两个确立已久的分析概念“设计”和“修辞”，我们将在本章的剩余部分继续探讨符号软件的功能和局限及其所带来的社会实践之间的辩证关系。在这项研究中，前者指技术资源的多模态意义建构潜势，这促进了普通人参与到字幕制作的工作中来，而后者将被用来突显社会关系的范围及复杂性，这些社会关系都是围绕带有字幕的媒体内容的生产与消费产生的。

由于与连续的粉丝字幕轮转（Dwyer，2018）及带有政治色彩的字幕（Pérez-González，2010，2013，2016；Baker，2018）相关的实践，在
文献中有较为充分的记录，所以本文的剩余部分将探讨符号技术（设 107
计）与社会实践（修辞学）之间的相互作用，以及它们所带来的解构本体论，以尚待挖掘的中国参与性亚文化中的弹幕为例。弹幕也被称为“弹幕评论”（barrage commenting）（Li，2017；Dwyer，2017b），克雷格·霍华德（Craig Howard）将弹幕描述为一个视频加注系统，该系统于2007年由日本ACG（anime，comic，game，即动画、漫画、游戏）视频共享网站（Howard，2012）首次推出。该系统于2010年由诸如哔哩哔哩（Bilibili.com）等数字平台引入中国，涉及将观众生成的字幕呈现在正在播放的媒体内容的画面上。进一步来说，这些字幕可以向观众传达剧情对白的译文，也可以展现观众对于一系列问题的评论，这些问题或多或少与其评论的视频有直接联系。因此这些字幕会叠加在多模态文本上，而不是像视频网站YouTube那样，显示在一个单独的区域。根据扬尼斯·安德鲁措普洛斯（Jannis Androutsopoulos）的说法，弹幕这一术语既指评论生成和共享的平台，又指评论本身。它形成了一种“参与式

观影”，随着评论的生成与阅读成为观众们关注的焦点，媒体内容反而沦为简单的背景（Androutsopoulos，2013）。事实上，一集剧或一部电影的高潮部分可能会引发很多评论，这些评论可能会形成一个多层的“弹幕”（bullet curtain）（日语中指代这一实践的术语“danmaku”的英译），弹幕可能会变得非常厚实，以至于挡住观众的观影视线（见图 4.1）。

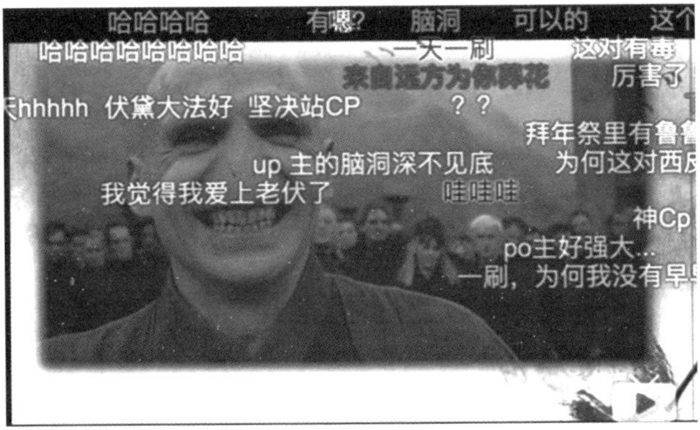

图 4.1　带有弹幕的视频材料截屏
出处：Bilibili.com

108 下文将探讨弹幕美学分析。弹幕美学是一种设计式表述形式，我们将主要采用施特克尔（Stöckl，2004）的多模态资源类型学作为分析框架。尽管这一框架并非主要为了分析视听文本而开发，但它能够提供一套富有成效的、系统的分析工具，该分析工具基于施特克尔对符号资源的概念化，即符号资源是选择层次网络的组成部分。

与主流字幕和公民字幕一样，弹幕文化也有其自己可调动的一系列模态，即“交际者可从中选择用以实现其交际意图的符号的符号系统”（Stöckl，2004：11）。在弹幕环境中，虽然用户生成字幕的重要性清楚地表明：（1）作者与观众之间的传统关系是如何被颠覆的；（2）

“内层（元叙事）相对于观众生成的表层（非叙事）失去主导地位”（Xu，2016：448）的程度，但语言和图像仍是弹幕的核心模态，它们被视为是“深深根植于人们对编码和交际的普遍认知中”的符号化手段（Stöckl，2004：14）。弹幕主要是为了在观众之间协商一种可感知的主体间性，而不是让观众享受媒体内容本身，这就使得在这一过程中通过两种感官渠道传递的信息量明显不对称，观众接收到的书面信息（即在视觉渠道中语言模态的媒介实现）优先于其听觉信息。视听文本之上浮现的弹幕突显了表征体系的危机，更具体地说，体现了字幕从原始叙事中的解放。

就像其他形式的公民字幕一样，带动弹幕文化的符号软件哔哩哔哩平台，通过激活一个或多个字幕子模态，增强了一系列多模态特征，即“模态语法的构建基石”（Stöckl，2004：14）。例如，字体和颜色选择是最有效的子模态之一。观众可用字体与颜色使其书面文本风格化，并在其他观众曾发布过内容的弹幕中为自己构建一个视觉身份。有趣的是，大量的叠加评论在视频中从右到左横向流动，这种情况使得静态的书面文本变得相对突出，并要求更高程度的本体论权威。静态弹幕的功能只能由哔哩哔哩平台的高级用户使用，在画面框架的顶部和底部（Wu et al.，2018）可以分别发布对视频的一般阐释和具体阐释（Ma & Cao，2017），也可以通过传统字幕的方式传递剧情对白的译文（Wu et al.，2018）。

弹幕亚文化的成员利用符号软件的功能，充当修辞者发挥作用，在任何给定的时间点上，在可选用的子模态网络中，对符号资源的部署做出积累性决策。因此，在设计阶段，用户的决策塑造了弹幕这一复合产品，就像其他形式的公民字幕一样。例如，马（Ma）和曹（Cao）指出，扮演特定角色的用户（如上传视频者）“在视频中反复 109

评论时”，所发布字幕的颜色可以保持一致；有着相同任务的消息发布群体，如通过弹幕将一首剧中歌曲的歌词翻译成不同语言和方言，他们可以选用相同的颜色与字体模式来展现共同的视觉身份；作为某一独立群体的一部分，想要进行交流互动的个人用户，可以通过在他们的弹幕前面加上一串文字来表示他们的共享成员关系（Ma & Cao，2017：779）。在这些情况下，字体和颜色的选择可能会试图反映所谈论的内容，或成员之间的关系，就像其他形式的公民字幕一样。但是，合成技术在弹幕平台上发挥的解构作用也带来了一些解放效应：子模态的选择并不受最佳可视性和可读性条件的制约，因为在无序的弹幕评论环境下，“对元叙事（剧情）的消费被抛弃，取而代之的是不切题的、狂欢式的”用户弹幕（Xu，2016：439）。

从时间上看，位于画面底部静态的、字幕式的弹幕与非翻译式的弹幕是有区别的，前者与剧情中的对白同步呈现，后者则占据了整个屏幕，并常常会遮挡住真正的视频。想要发布弹幕的用户可以将其评论显示的时间连接到视频某一时刻的具体时间编码上。观看时，新的弹幕可以随时添加进来，但以前载入的弹幕会在每次观看视频时被再次播放，这样一来，界面就变成一个不断增长的由用户生成的评论档案。李吟颖解释道，“由弹幕界面结构决定的短暂性带来了‘虚拟现场’的集体用户体验”，所有之前的弹幕都是同时显示的，尽管弹幕的发布可能存在很大的时间差，用户也不可能进行现场对话。回应之前评论的弹幕可能永远不会被之前评论的作者看到，因此在这种环境中的有效互动就相当于与一个“过去说话，但其话却总出现在当下”（Li，2017：248）的人辩论。

在超越叙事空间内外界限的过程中，受上一节讨论的解构本体论的驱动，弹幕体现出许多与其他基于字幕的媒介形式的相似之处，包括权威字幕（被认为是录制技术与合成技术之间的过渡体系）及公民字幕（由影迷或政治亲和力激发的社团完成）。虽然公民字幕参与者之间所形成的社会关系网已经在某种程度上被理论化（Pérez-González，2014a），但对弹幕修辞层面的探索还尚未展开。在本节的剩余部分，对弹幕修辞建构的讨论将仅限于一个特定维度，即“互相认同”的政治（Thrift，2009）。

我们发现业余字幕翻译社团与在公民媒体文化中运作的其他参与
性网络相似，因为他们将“自我参照属性”与其首选的“价值观、信 110
仰与实践”相挂钩（Deuze，2006：71）。因此，提高业余产销者的可见度，使其具备代表字幕制作者及其观众所共有的集体身份的能力，对参与式字幕的发展至关重要。从本质上讲，促进字幕员与观众之间相互认同的审美或政治驱动力使得业余译者网络采取一种干预主义的媒介方式，塑造媒体体验以迎合观众预期。利用合成技术的功能，反射性地参与操作和循环于其中的媒体内容，普通民众也能够建立一些新的参与性网站来表达个人观看体验并促进“新形式的大众娱乐、批评性话语和世界性团结”（Chouliaraki，2010：227），其他以自媒体形式参与的不涉及翻译工作的民众也是如此。

通过大量观众对背景视频的投入及参与的文本痕迹，我们可以看出，弹幕进一步推进了认同政治的发展。证据表明，观众出于不同目的而依赖弹幕（Wu et al.，2018）。在某些情况下，他们会发布与传统字幕功能相同的评论，也就是发表中文版本的原始剧情对白。如前所述，这类评论最后往往出现在画面接近底部的位置。吴等人（Wu et al.，2018）记录了弹幕制作过程中的协作性，他们报告了用户群组通过在相关片段上撰写弹幕，为同一段视频的不同部分协作制作中文字幕的过程。然而，视频策划者利用弹幕对即将发生的情节转折发出预警，通常就这些情节可能引起的情绪反应设计高潮事件。例如，“‘前方高能预警！！！’（即下面的情节将非常刺激），‘前方高能预警，请戴好安全头盔！！！’（即下面的情节将非常紧张、刺激，请做好心理准备），以及‘啧啧，从这里可看出结局’”（Wu et al., 2018：212）。执行社团规则、规范，并参与“准社会互动”（parasocial interaction），与假想的对话者或剧中人物进行对话，这是弹幕可能达到的其他目的。然而，任何视频中大量的弹幕都有助于某一网站的物质化，实现一种互相认同的审美，让观众在学习外语、分享笑话或评论，以及其他或多或少有些平淡的体验中，彼此都是可见的。弹幕是一种在文本上和形式上都具有颠覆性的产物，由设计与修辞之间的相互作用塑造而成，弹幕环境有助于表达性空间的形成，并通过剧情内（翻译的）字幕和剧情外发布的共存来促进干预性媒介的发展。在寻求相互认同的过程中，数字文化中的媒体内容的浏览者通过探索符号软件的功能、衡量弹幕评论的潜力与局限，建立属于修辞者的社团。

111 6. 结语

随着指称本体论被解构本体论所取代，合成技术也暴露出字幕在传统视听体系中的“表征性”地位正在受到威胁。虽然主流媒体内容中也可以看到一些实验性的字幕实践，但公民字幕实践的兴起与参与性平台（如弹幕）的发展，都突显了由审美和/或政治驱动的对多模态文本的干预式重构。此外，数字文化中的字幕动态也在一定程度上引起了人们的注意，即符号软件本身就是一种符号产物，它正在影响观众选择与文本及其他观众互动的实践。

弹幕平台的流行给字幕研究者提出了一个重要问题，即与翻译字幕功能相同的弹幕与其他更多准社会评论之间的相互作用。弹幕及其对多模态文本的遮挡使得业内人士长期以来的争论（即他们认为字幕是对视听系统的一种入侵）出现了问题。关于商业字幕是否要优先考虑清晰度和易读性的争论，尤其是通过放弃对主流观众可直接访问的视觉符号资源的言语参照，应该衡量观众建立跨模态连接的能力是否受到影响，以及在多大程度上受到影响。即使我们承认，弹幕正在开辟“一种后现代美学形式，这种形式偏爱折中的、用户驱动的体验，而这种体验与其真实消费的产品的实际意义或叙述是分离的”（Xu，2016：447），但是（1）了解文字满溢和观看饱和的具体影响，（2）研究中国以外弹幕文化的潜在传播会如何影响原始视听叙事的制作，必然会成为重要的学科关注点。

如前所述，这些新文本性的发展使字幕的协同制作与评论成为可能，这可能为迄今为止尚未得到开发的翻译众包模式的发展开辟出新的途径。同样重要的是，在研究社团形成过程中所涉及的方法论方面的挑战时，该方法通过追踪和连接那些作者及身份还无法获取的书面文本的多个叠加层实现。除了这些具体问题，到目前为止，仅在中国出现与普及的弹幕，将为那些对学科话语国际化感兴趣的翻译学者们提供机会，以“超平面美学”（Xu，2016：447）为基础，受东亚艺术传统的启发，从而将新的意义体系理论化，东方艺术传统不仅“是对元叙事的直接颠覆，也是中国后现代意识的起源”（Xu，2016：449）。

注释

1. 有关字幕如何实现这种形式转喻的详细分析，参见奥沙利文（O’Sullivan，2011）和佩雷斯·冈萨雷斯（Pérez-González，2014a）。

5

翻译“I”：但丁、文学性及语言的内在多模态性

马修 · 雷诺兹

5

翻译“I”：但丁、文学性及语言的内在多模态性

马修·雷诺兹

1. 亚当、语言及多模态概念

在但丁的《神曲》天堂篇中，书中角色“但丁”（第一人称叙述者）遇到的第一个人就是亚当（Adam）。似乎有点不怎么得体，但丁这样直呼亚当：“O pomo”（噢，苹果）（Alighieri，1975a：383）。但亚当并未对此生气，尽管我们可能认为但丁所说的话正是亚当最想忘记的事情。事实上，亚当甚至都没有注意到这一点。书中的人物似乎生活在一个沟通顺畅的世界里，在这里，潜在的误解与失礼（faux pas）都消失了。像天堂的其他灵魂一样，亚当与他的旧（quondam）罪自在相处，因为现在他已经完全与上帝的计划和谐一致了。

与这种天堂般的存在方式相一致，亚当被一束盘旋的光所围绕，拥有读取（就像我们所说的）但丁思想的能力。他能够捕捉到但丁想要问他的那些问题，因为他可以通过拥有上帝智慧的“真相之镜”（veracespeglio）将其映射出来：亚当在伊甸园待了多久？人类堕落的真正原因是什么？他所使用的是什么语言，或言语（idiöma）？然而，就在但丁一定是以第二人称构想，却被亚当以第一人称说出的最后一个问题的措辞中，一丝涟漪打断了这场我们所期待的完美交流：

e l'idïoma ch'usai e che fei.
我所使用和我所建立（或“创造”）的语言（或“言语”或“习语”）。

（Alighieri，1975a：384）

这一丝涟漪是“e che fei”，书中角色但丁不可能知道是亚当创造了伊甸园的语言，所以那些词不可能出现在但丁的脑海里。如果但丁脑海
118 里有比“你使用什么语言？”更多的问题，那可能只有“它是如何被创造出来的？”。因为这在中世纪语言学中曾是一个生动的问题，并且在但丁的一部早期作品《俗语论》（*De vulgari eloquentia*）中，他已经表达了不同观点：

Dicimus certam formam locutionis a Deo cum anima prima concreatam fuisse.
我们坚信一种确定（或“特殊”）形式的言语（或“语言”）是和第一个灵魂（或“人”）同时被上帝创造出来的。

（Alighieri，1996：1.6）

所以，亚当的话中有一股修正的力量：“that I made，that was made by me.”（“我创造的，被我创造的。”）。我们读到此处可能会把它当作一种诗歌的戏剧因素：角色亚当纠正了角色但丁。或者我们可以从思想传记的角度来解读：作家但丁修正了他早期的观点。无论从哪种角度，在他人思维中以不同媒介所呈现的不可思议、近乎完美的话语重复，用一个人的言语表述他人的思想，总归会产生显著的变化。这种思想在亚当的话语中出现时，也必然会有所不同。在但丁还在构思

问题时，亚当已经开始回答了。

这一时刻指向了德里达后来所阐述的一种观点，即看似仅仅是重复的事情总是蕴含着一些变化的元素，重复之中总有重复（Derrida，1982：325）。它也给出了探讨现在我们称之为“模态”的定义的理由。用冈瑟·克雷斯的话说，“模态是一种社会塑造的、文化赋予的用以建构意义的符号资源。图像、文字、版式、音乐、姿态、口语、动态图像、配乐和三维物体都是模态的例子。”（Kress，2010：79）。但是“思想”呢？思想是一种模态吗？思想的确是“社会塑造的”，但把它称为“文化赋予的”似乎有点不太合适。文字或图像与文化密不可分的说法也许有道理，但我们有可能设想出一种我们想要称之为“思想”的东西，它独立于任何我们所定义的文化之外。也许有些思想（如用语言思考）是文化赋予的，而有些思想（如对瞌睡的感知）却不是。所以，或许存在不同模态的思想。或许思想言语（thought-speech）与有声言语（vocal-speech）属于同一模态，而与非言语化的思想不同。那么，这种从角色但丁的思想到亚当的语言的转换是跨模态的翻译实例，还是某一模态内的重复？我们可以认为，如果那些思想在但丁的思维中被言语化了，那么它更接近同一模态内的重复；而如果没有，它就更接近跨模态翻译，但实际上我们并没有正确答案。我们无法为“言语”划定一个明确的界限。因此，我们无法给出模态的明确定义，也因此，跨越两种模态的翻译与在一种模态内的重复并没有绝对的区分。

克雷斯已经认识到模态定义的模糊性：“对于‘字体是一种模态吗？版式是一种模态吗？颜色是一种模态吗？’这类问题，没有简单直接的答案。”在该问题上，他的观点是“一个社团决定作为模态来 119
看待和使用的，就叫作模态”（Kress，2010：87）。当然，观察一个社团的实践与假设有助于决定将某物称为模态是否有意义。有些人的工作是平面设计，这一事实支持了“版式”应该被视为一种不同于“文字”的模态。同样，许多人可能都赞同言语与姿态是有区别的，这一事实也支持“姿态”和“口语”是不同模态的说法。尽管如此，值得强调的是，某个社团通常不会决定将任何东西都视为“模态”，因为“模态”是一个专业术语。事实上，克雷斯及其他多模态理论学家决定了什么是模态，而他们之所以以这种方式来分割意义建构的图景，其原因就在于概念化行为的解释力。既然“手写”是一种模态，“机打”是另一种模态，“文字处理”也是另一种模态，那么“在线聊天编写”又是另一种模态吗？用“圆珠笔”“钢笔”“羽毛笔”“粉笔”“白板上用的记号笔”，抑或是“智能手机上用的电子笔”所写的又如何呢？我们可以说，这些都是不同的模态，都是意义建构的独特资源，都是由社会塑造及文化赋予的，用于不同的语境和目的。或者我们可以将他们都算作是“文字”这一种模态。选择哪一种分类取决于我们想要提出的论点。还有一个重要的问题是区分“子模态”，这是由马库斯·托马林在本书章节中提出的。

这种阐释之所以重要，在于它影响了我们对“多模态”的理解。就像“多语制”一样，“多模态”并未给大量被称为“模态”的实体命名，而这些模态是独立的、可计数的。相反，它指向了一个不断变化的意义建构资源的连续统，可以用不同方式进行划分。社会实践将其中的一些集合在一起，因此很明显，它们应该被定义为一种模态（如“文字”）。同样，语言也是如此（如“意大利语”）。但如果仔细观察，你总能找到将这些分支区分开来，并将其视为不同模态的理由（同样，语言也是如此，它们有不同的方言、习语、语域和风格）。

回到但丁的《神曲》，我们发现了一幅语言的图景，以及语言在不断变化的意义建构连续统中的位置，这都说明了上述观点。当亚当在《天堂篇》第 26 章继续他的阐述时，他解释道他在伊甸园所说的语言甚至在巴别塔灾难（当然，传统上这是语言多样性开始的时刻）之前就已经完全消失了。原因源自他独自创造了这种语言。人类智慧的每一个产品（“effetto ... razïonabile”）都是变化的，因为人类的欢乐或选择（“piacere”）会像天空一样不断地自我更新（“rinovella/seguendo il cielo”）。他给出了一个例子：

> Pria ch'i'scendessi a l'infernale ambascia,
> *I* s'appellava in terra il sommo bene
> onde vien la letizia che mi fascia;
> e *El* si chiamò poi: e ciò convene, 120
> chél'uso d'imortali è come fronda
> in ramo, che sen va e altra vene.

（Alighieri，1975a：384）

> 在我陷入地狱这令人窒息的痛苦之前，/ *I* 是人间至善之名 / 包围着我的快乐从何而来；/ 后来有人叫他 *El*，这是必然的方式，/ 因为凡人的工作就像一片叶子 / 在树枝上，一片去了另一片又来。

既然亚当关于语言变化的观点是正确的，那么任何一种语言都可以被用来举例说明他所提到的重复和变化的过程：它们无所不在。但是这段内容的实质，就像亚当对但丁思想的表达一样，似乎是为了将其多样性与复杂性展现出来。表示“上帝”的这两个词以有差异的重复的形式串联起来，与诗行中的语音和字母交织在一起，一个在前一行中找到呼应，另一个在后一行中找到呼应：

Pria ch'***i***'scendessi a l'infernale ambascia,
I s'appellava in terra il sommo bene
...
e ***EL*** si chiamò poi: e ciò convene,
ché l'uso d'imortali è come fronda

fronda（叶子）这个词，连同其形象，从其起源的贺拉斯的《诗学》（*Ars Poetica*）开始，消失了又出现，通过许多不同的表现形式，在整个《神曲》中有着不同的内涵。在这一章的前 60 多行中，角色但丁把创造的所有生物都描述为永恒园丁花园里的树叶或复叶，"le fronde onde s' infronda tutto l' orto/de l' ortolano etterno"，然后他把自己在被介绍给亚当时的反应描述为像是一片树叶（*fronda*）在风中卷曲然后又弹回来（Alighieri，1975a：382-383）。此外，这段文字也代表了作者但丁思想的转变，因为在《俗语论》中他就已然认为亚当的语言在巴别塔时期之前是没有变化的，即希伯来语，并且上帝的名字是"El"（Alighieri，1996：1.4-6）。根据这种对不断变化的解释，可被称为"外来"语的语言并没有被标记为不同，而是被组合成一种灵活的语言结构。正如詹弗兰科·孔蒂尼（Gianfranco Contini）[1]、齐格蒙特·G. 巴兰斯基（Zygmunt G. Barański）以及其他人所观察到的，维吉尔（Virgil）[2] 的拉丁语、教堂的拉丁语、阿尔诺·丹尼尔

[1] 詹弗兰科·孔蒂尼（1912—1990），意大利学者、语言学家。

[2] 普布留斯·维吉留斯·马罗（前70—前19），通称维吉尔（Virgil），他开创了一种新型的史诗，脱离了在宫廷或民间集会上说唱的口头文学传统和集体性。代表作有《牧歌》《农事诗》《埃涅阿斯记》等。

（Arnaut Daniel）[1]的普罗旺斯语，以及许多方言形式都与但丁的主要是佛罗伦萨式的意大利语融为一体，创造出了一种不断变换语域和语类的语言（Contini，1970：171；Barański，1986：8）。

可能被认为是处于口语和文字两种不同模态之间的翻译，更像是一个连续统，而非跳跃式的存在。这首诗关注的是运动转化为声音，声音转化为文字的时刻，因此它自己寻找语言（口头和文字）的过程 121
被分层为一个想象的世界，其中的人和物不断地变成语言。我们可以举出许多这样的例子：《天堂篇》中描绘了这样一个时刻，那些被保佑的灵魂们发出闪亮之光，唱歌、跳舞使自己成为有意义的形象，如正义之鹰、生命之河，或字母表里的字母；在《炼狱》（*Purgatorio*）第10章中，但丁认为浅浮雕被做得如此逼真，以至于他的耳朵都能听到人物说话了；在《地狱》（*Inferno*）第26章中，尤利西斯（Ulysses）的灵魂被惩罚的火焰像说话的舌头一样来回跳动，直到最后吐出话来。或是《地狱》第13章中，但丁和维吉尔在黑暗、多节、多刺的树林中，但丁轻轻伸出手（“porsi la mano un poco avante”），收集了一节小树枝（“colsi un ramicel”）。一个声音跳了出来：“你为什么打我？”（“Perché mi schiante？”）。语言和鲜血从裂缝中涌了出来，就像一根绿色的棍子，一端燃烧着，另一端随着空气的喷涌而发出呻吟声和呼啸声（geme/e cigola per vento che va via）。受到惊吓的但丁扔掉树枝，变成一个“害怕的人”（stetti come l’uom che teme）（Alighieri，1975a：54）。

我们可以借鉴纳尔逊·古德曼（Nelson Goodman）的《语言的

[1]阿尔诺·丹尼尔（1180—1200），12世纪普罗旺斯的一位游吟诗人，被但丁誉为“伟大的作家”，被彼特拉克（Petrarch）称为“伟大的爱情大师”。

艺术》(*Languages of Art*)和米切尔(W. J. T. Mitchell)的《图像学》(*Iconology*)中的理论著述来理解这一片段。如其所述,“语言”和“非语言”意义之间的区分是模糊并持续交融的。符号不能简单地分为“标志”(icon)、“指数”(index)和“象征”(symbol),相反,“符号类型之间的区别在于其使用、习惯与规约”(Mitchell,1986:56-69)。因此,在《地狱》第13章中,我们可以选择将其称为痛苦“指数”——血液和呼吸的流动——的状态通过呼啸声和呻吟声无缝发展成为声音和字母,这些声音和字母具有与文字一样的“象征性”意义(“Perché mi schiante”),尽管它们也以自己的模式提供了一幅口吃树枝发声的“标志性”画面:“ché ... chi”。但丁的反应是一种惊吓的“指数”,也是一种恐惧的“标志”,还是一种很容易被“象征性”语言意义所唤起的反应。身体模糊成肢体语言,而这种语言是口头暗示与视觉模式的混合。一串字母在诗行间画出了一幅图,描绘了但丁随意而犹豫地把手伸向树枝的情景:“porsi la mano un poco avante/e colsi”,但当然,这些字母也会唤起声音,对声音的感觉占据了嘴巴,伴随着舌头、嘴唇的运动,也许还有姿态,最能唤起所描述的运动的物理性。最近神经科学对阅读的研究已经认识到语言中视觉与声音之间关系的复杂性。在阅读中,我们可以通过默读词获得意义,而不需要在心里念出来,但隐含的声音总有被激活的潜势,与拼写时而一致,时而冲突(Dehaene,2010:26)。但丁的文本提供了丰富的多模态层次的例证,当语言既有书面形式又有口头形式时,它总是横贯语言:从视觉到画面,到图案,再到文字;从文字到想象的言语,到说出的言语,再到声音。

2. 翻译实践与语言多模态 122

因为语言不是一种简单而明确的模态，因此翻译也不是一项简单而明确的活动。然而，语言内在的、复杂的多模态性促生了大量的翻译实践。在职业培训和就业的宏观层面上，口头翻译（一般称为“口译”）与书面翻译（一般称为“笔译”）之间有着广泛的差异。这种既定的、实际的分工由于众多跨模态实践而变得复杂。字幕（在之前章节讨论过）是这些实践中最为突出的，其他一些情况则出现在同声传译员为了准备口头任务而从书面文件中突击背诵预期使用的单词、短语和论证要点，或交替传译员在法律语境中的口头言语被记下来，形成书面记录之时。这种广泛差异的另一方面是，笔译人员，尤其是文学领域的译者，通常会考虑他们所阅读和再现的文本的隐含声音，而戏剧或政治演讲的译者则会产出专为演讲而设计的书面文本。诗歌可以以复杂的方式混合书面语体和口语语体，正如德国诗人乌尔丽克·桑迪希（Ulrike Sandig）最近的一次诗歌表演，诗人对着音箱用德语和英语两种语言朗诵诗歌，使其循环往复，并在此之上加入更多语言，翻译桑迪希作品的卡伦·利德（Karen Leeder）也会时不时以书面平行文本生动的口头扩展与变化的方式插上几句。[1]

笔译领域也时常被隐喻形式的口头语言所困扰。高质量的翻译通常是从声音方面来描述的。如安托瓦纳·贝尔曼（Antoine Berman）[1] 赞扬

---

[1] 安托瓦纳·贝尔曼（1942—1991），法国当代著名理论家，拉美文学及德国哲学的翻译家，以其一贯的哲学立场而闻名译学界。他提倡异化翻译和通过“直译”的翻译策略来实现异化翻译，保持文化的异域特征。

萨福（Sappho）[1] 的成功翻译是“des poèmes rendus parlantes（一些能够使之开口说话的诗篇）”，或是约翰·德莱顿（John Dryden）[2] 著名的旨在让维吉尔“说这样的英语，如果他生在英国，活在当代，他自己也会这样讲话”（Berman，1999：84；Dryden，1987：330−331）。这些声音意象暗示了译者通常所说的某种程度的“自由”。它们常常与用写作专用术语描述的翻译形成对比，并被认为更“贴近”源文本，“直”译（即从字面上看，“与文字有关的”），或“逐字”翻译或“逐行”翻译，这些都是表明对部分书面文本进行评估的表达方式。与德里达所追溯的普遍存在的语音中心（phonocentric）[3] 假设相一致，笔译中对“口头言语”隐喻性诉求的“自由”通常表现为一种更高程度的忠实。通过倾听作者的“声音”，并在你的翻译中进行模仿，也就是说，你正在追寻一种更深层次的意义，而不是从人们对印刷文字的关注中获得的意义，这些印刷文字正是维多利亚时期的译者佩里（F.A.Paley）所说的它们“仅仅只是文字而已”（Aeschylusm，1864，v.）。另一个对比是“文字”（letter）与“思想”（spirit），它们也进入了同样的隐喻性暗示模式，正如“spirit”一词是由拉丁语中表示“呼吸”的词衍生而来的一样。

毫无疑问，“意”译有时比“直”译更容易大声朗读出来。尽管如

[1] 萨福（约前 630—约前 560），古希腊著名的女抒情诗人。

[2] 约翰·德莱顿（1631—1700），英国诗人、剧作家、文学评论家，是英国戏剧史上戏剧评论的鼻祖人物。从王政复辟（1660）到 17 世纪结束，他一直是英国文学界的主导人物，1668—1688 年，担任桂冠诗人一职。他影响了亚历山大·蒲柏和其他年轻的作家，被这些人称为“光荣约翰”（Glorious John）。

[3] 西方的语言理论认为，语言是思维的表征，文字只是语言的记录，而不是语言。这一理论的哲学基础是西方的逻格斯中心主义，即在场先于而且优于不在场，说出的言语是在场，书写的文字是不在场，因此，言语比文字重要，文字是言语的奴仆。这种认为文字附属于口语、口语优于文字的观点，就是语音中心主义（phonocentrism）。

此，重要的是要认识到在翻译类型这一广阔领域中，并不存在从书面的更为视觉化的模态到口语的更为口头化的模态的简单分级。在特定的翻译实践中，与口语和文字相关的隐喻并不与实际的口头性或书写性相一致，而且这些元素可以以出人意料的方式结合在一起。这里我们面对的不是一方面关注“文字”、另一方面关注“口语”的对比，而是各种各样的解释实践，而所有这些实践都是多模态的。例如，当布朗宁（Browning）[1] 在 1877 年翻译《阿伽门农》（*Agamemnon*）[2] 时，其目的是产出希腊语文本的一个（英语）“抄本”，而这其中所有能听到的“豪言壮语”都荡然无存了，剩下的只有“每句话的转折都是我们英语能够承受的希腊风格”。对埃兹拉·庞德（Ezra Pound）[3] 来说，结果是“生硬的、不易表达的行话”（Reynoldsm，2013：153）。然而，托尼·哈里森（Tony Harrison）翻译的《俄瑞斯忒亚》（Oresteia）成为 20 世纪 80 年代最具吸引力的有声戏剧体验之一，对他来说，布朗宁的作品似乎充满了噪音，他说：“我所做出的主要选择的根源从一开始就可以在布朗宁身上找到”（Reynoldsm，2011：53）。这种语音伏击文字的极端例子便是路易斯（Louis）和塞莉娅·祖科夫斯基（Celia Zukofsky）对卡图鲁斯（Catullus）[4] 逐字逐音的翻译，正如他们解释的那样，“遵循其拉丁语的声音、韵律和句法，就像人们所说的，试图和他一起呼吸‘字面’ 123

[1] 罗伯特·布朗宁（1812—1889），维多利亚时代第二大诗人，著有诗集《男男女女》《剧中人物》等。

[2]《阿伽门农》是古希腊剧悲剧诗人、作家埃斯库罗斯（Aeschylus，前 525—前 456）的作品。阿伽门农是远征特洛伊的希腊联军的统帅，该剧是《俄瑞斯忒亚》（*Oresteia*）三部曲之一。

[3] 埃兹拉·庞德（1885—1972），美国诗人和文学评论家，意象派诗歌运动的重要代表人物，美国艺术文学院成员。庞德和艾略特同为后期象征主义诗歌的领军人物。他从中国古典诗歌、日本俳句中生发出“诗歌意象”的理论，为东西方诗歌的互相借鉴做出了卓越贡献。

[4] 卡图卢斯（约前 87—约前 54），古罗马诗人。他传下 116 首诗，包括神话诗、爱情诗、时评短诗和各种幽默小诗，至今仍被广泛阅读并影响着一代代诗人。

意义”。例如，他们翻译的第 70 首诗中的这行诗：

in vento et rapidascribereoportet aqua

译成英语：

in wind o wet rapid a scribble reported in water.（在风里、雨里快速画出水中的涂鸦。）

（Catullus，1969：n. p.）

我们可能将这样一个字母接一个字母被转录过来的情况，视为最“书面”的翻译形式，或者我们也可能将其看作最主要的口头表达形式，即拉丁语在英语音系中被发音并模仿，然后被记录在纸上。事实上，这两个过程是同时进行的，也是不可分割的。因此，一个专注“口头言语”的译者也必须注重视觉结构。德莱顿对维吉尔诗歌的模式至少给予了与想象中的语调同样多的关注。当然，在现实中他根本没有让维吉尔说话，而是让他写了这样的英语，就像他如果生在英国，活在当代本来就能写出的这样的英语。

正如我在其他地方所提到的，在德里达、酒井直树（Naoki Sakai）、罗伯特·杨（Robert Young）等人的工作基础上，我们在研究翻译时需要考虑不断变化的语言连续统。翻译在不同“语言”之间传递所谓“意义”的观点是一种过分的简化——我称之为“翻译的僵化构思”（Translation Rigidly Conceived）（Reynolds，2016：18）。如酒井直树所述，翻译这个概念或“表述”与国家支持的语言标准化进程相协作，使人们相信有一种语言叫作（比如说）“英语”，它既内部同质又独立于其他语言（比如说“法语”），这些独立的语言可以排列成行以揭示其平行意义，正如双语词典所呈现的情形（Reynolds，

2016：18–23；Reynolds，2019）。事实上，可以算作英语的交际要素和实践，与可以算作法语及其他语言的交际要素和实践是相重叠、 124
相混合的。被简单称为“语言之间”的翻译，其实就是“跨语言”翻译，它涉及使用语言不断变化的连续统上不同位置的材料来创造具有新意义的新文本。然而，这些新的意义将与第一个文本的意义非常相似，甚至在某些方面是相同的，这使得我们能够说我们读过普鲁斯特（Proust）[1]，而实际上我们只是读过普鲁斯特的译本，或者理解我们正在通过我们称为的“海关”，而实际上则是“外国的海关”。译本虽然与其源文本明显不同，但在某些方面其使用却似乎一样。这就是我们如何将译文一方面与书的印刷本（几乎所有目的都是一样的）区分开来，而另一方面与改编和衍生的或相关的作品区分开来，尽管它们可能与原文相似，但通常其使用并不相同。

对多模态的关注与这一说法相一致，并为其增加了一些复杂性。这有助于我们牢记，译者可能不仅身陷在“形式”和“内容”这两个长期存在的二元结构之间，而且还被困于口头和/或书面文本的诸多意义创造方面，如声调（实际的或想象的）、节奏、韵律、版式、视觉结构、声音模式、字体、姿态、音色、笔迹等等。相较于其他类型的翻译，这些考虑似乎与文学翻译，尤其是诗歌翻译关联性更大。但是，正如我们在但丁身上所看到的那样，这种在文学中蓬勃绽放的复杂性，在所有的语言使用中都是潜藏的。任何一位笔译或口译人员都会或多或少地遭遇文学翻译人员所集中面临的挑战。

[1]马塞尔·普鲁斯特（Marcel Proust，1871—1922），20世纪法国最伟大的小说家之一，意识流文学的先驱与大师。

3. 个案分析：但丁的“I”

尽管翻译总是在多模态之间进行，但一个根本性的多模态符号仍有可能导致翻译短路。事实上，这很可能是由于翻译普遍的多模态性造成的。当遭遇根本性的多模态符号挑战时，通常隐藏着的“开心混日子”的复杂性便被迫暴露出来，在这里，翻译的既定理念（或“表征”）与意义建构实践的现实发生了激烈的冲突。但丁为亚当写下的“I”就是这样。

再来看一遍：

Pria ch'i'scendessi a l'infernale ambascia,
I s'appellava in terra il sommo bene

《神曲》虽然没有作者手稿，但早期的证据显示乔治·彼得罗基（Giorgio Petrocchi）在1966—1967年根据爱德华·穆尔（Edward Moore）早在1889年发表的著作进行了权威性的校对。他们一致认为但丁所写的一定是一条垂直的，或者可能是略微倾斜的竖线
125 （Alighieri，1966–7：1.245；4.440）。但它代表什么意思呢？是字母还是数字？如果是字母，是哪一个，又为什么？或许它根本就不是字母，也不是数字？

最近编辑但丁作品的安娜·玛丽亚·基亚瓦奇·莱奥纳尔迪（Anna Maria Chiavacci Leonardi）列举了早期评注者探讨过的一些可能性：“I”可能是一个单字母名词，因其极简性（massima semplicità）而被选中，它堪比神性的极简，或与神性统一相对应的数

字。她更倾向于另一种阐释：但丁采用了圣·杰罗姆罗列的上帝的名字中的一个，即“Ia”。中世纪词典编纂者将其理解为发音为“Ia”的辅音“I”，但只写了一个首字母（Alighieri，2015：731）。吉诺·卡萨格兰德（Gino Casagrande）的一篇文章详尽记录了这一观点，他指出将“Ia”纳入“哈利路亚”（alleluia）[1]是一个论据（“哈利路亚”在《天堂篇》中被反复吟唱）（Casagrande，1976）。罗伯特·霍兰德（Robert Hollander）在其编辑的一篇长文中指出，还有一种可能性——1936年埃内斯托·特鲁基（Ernesto Trucchi）首次提出——“I”可能代表“Iesus”（耶稣）（在英语中书面形式十分相似的“I”和“J”在意大利语中是同一个字母）（Hollander，2007）。

各种解释的可能性在手稿上留下了痕迹。竖线可以用明确的字母形式书写，如科尔托纳（Cortona）中第14C“代码076（88）”中给出了小写字母“i”。也可以用构成意大利语中的数字1发音的字母“un”表示，如佛罗伦萨（Florence）“代码304（里卡迪亚诺1010）”。另一份由乔万尼·薄伽丘（Giovanni Boccaccio）[2]整理的佛罗伦萨手稿“代码321（里卡迪亚诺1035）”，正文中有“un”，页边加上了“I”（Alighieri n. d.）。这些变化揭示了在阅读与传播过程中，偶然与阐释的融合。“un”一词之所以出现，可能是因为某位誊写者思考了这个难题，并选择澄清其所认为的意义，但更可能是因为文本被大声朗读了出来，以便于誊写者进行听写记录，乔治·彼得罗基注意到由于《神曲》十分受欢迎，它经常通过听写来复制（Alighieri，1966–7：1.94）。

---

[1] 哈利路亚，用于宗教唱诵和祷词中，意在赞美和感谢上帝。

[2] 乔万尼·薄伽丘（1313—1375），意大利文艺复兴运动代表，人文主义作家、诗人。其代表作有《十日谈》《菲洛柯洛》《苔塞伊达》。

朗读者只是简单地发出了一句该符号最简单的口头对等语，或许甚至没有意识到它还有其他可能性。相反，即使该符号以这种方式被无可非议地转录成字母“I”，其发音仍模棱两可：要么是简单的意大利语/i/（像英语的“if”），要么更像/y/（像英语的“yes”），如果读者与卡萨格兰德、霍兰德和莱奥纳尔迪有着相同的偏好。

并非只有这些变体而已。还有一种可能是这一竖线表示字母“L”，它可以代表“El”这个词，因为它们的发音是相同的。正如我们所看到的，当但丁写《俗语论》时，他确实认为亚当称上帝的名字是“El”，他让其书中的角色亚当在《天堂篇》中纠正了其早先的观点。但这出充满智慧的剧情很可能没有打动那些倾向于相信权威的誊写者，他们可能对这样的前后不一致感到不安。尽管如此，如果有人把竖线读成了“El”，并写下字母“E”和“l”来表明这一点，那么它就必须更改亚当提到的上帝的第二个本来就是“El”的名字。许多
126 手稿把“El”作为第一个名字，而将“Eli”作为第二个。为了回避这个竖线付出如此之大的努力。但这又是为什么呢？

因为这些誊写者和评注者希望垂直的（或稍微倾斜的）竖线有意义。他们的工作就是誊写意义或澄清意义，因此他们把根本性的多模态符号放到一个或另一个符号系统中，包括数字，或拉丁语和意大利语在形式上共有的字母表。而且评注者引证（并继续引证）大量的神学权威来证明其选择是正确的。

然而，其中有一个人利用了我们所探讨的所有歧义背后的根本不确定性。1794年，维罗纳学者乔瓦尼·雅各布·迪奥尼西（Giovanni Iacopo Dionisi）出版了一部学习纲要，题为《葬礼的抚慰还是基督教葬礼的欢呼》（*De' Blandimenti funebri o sia delle acclamazioni sepolcrali cristiane*）（事实上大部分是对但丁文本的研究）。第二章是首字母缩略

词和缩略语列表，例如，“A. B. M.”代表“*anime benemerenti*”（仁慈的灵魂）（Dionisi，1794：15）。“I”的词条列举了“无辜（innocens）、公平（justus）、冰（ispes）、伊斯泰萨努斯（Istesanus）、在……里（in）、专横（imperante）、帝王（Imperatore）、指示（indictione）、六月（junius，o junias）、无与伦比（incomparabili）、1（数字）（unus 或 numero）”。他还在亚当所叫的上帝名字之处给出了大量的注释作为支撑。迪奥尼西认为“El”和“Un”这两种解读都很荒唐，他指出亚当所说之话的全部意义在于他曾经说过的语言已经消失了：这是一种“可笑的想法，居然认为人类的第一位父亲可能会说一种现存的语言”（“ridicolosa finzione，che il primo Padre abbiaparlato secondo la moderna favella”）。迪奥尼西随后详细阐述了竖线的象征性暗示：在发音上，它向上延伸，好像通向天空（“all’insù，quasi al cielo”），而其视觉形式却是最简单的（“la più semplice di tutte”）。因此，它既适合表达灵魂对上天的爱，也适合表达至高存在的简单性。他补充到，它也恰好能表达各种合适的词的首字母，如“imperio （nomecaro al Poeta）”［“帝国（诗人所喜爱的一个词）”］（Dionisi 1794：18）。

迪奥尼西开始探索亚当无法将某个词从伊甸园语翻译成意大利语的事实，更确切地说，是探索亚当引用了失传的语言这一事实。这意味着我们不知道这条竖线属于哪一种书写系统，也不知道该书写系统（不管它是什么）所对应的发音系统。如果“I”在伊甸园语的书写系统中可以是一个数字，那么它就没有理由与阿拉伯数字“1”相对应。它可能是100万，或者是无穷大，甚至是17。而如果“I”在伊甸园语的书写系统中可以是一个字母，那么它可能读成“a”“u”“o”“q”“s”“b”“r”或者任何一种方式。很明显我们不知道。伊甸园中究竟有没有文字？如果没有，我们就不得不想象亚当说了一个未知的词，他只是在意大利语书写系统中用“I”来表示罢了。但同样可能的是，亚当同时创造了口语和文字，他一给动物命名，就知道这些名字怎么写，因此他说出这个词的时候就能视觉化出这条竖线。在这种情况下，竖线的形状将是他所说单词的内在的一部分。从一开始，语言在根本上就是多模态的，分为口语、文字、图像
127 等层面，或许也伴随着姿态。也许对亚当来说，发音和竖线的意义可能与 12 世纪苏菲（Sufi）神秘主义[1]者的猜测有些共同之处，比如萨赫勒·图斯塔里（Sahl al-Tustari）[2]、穆哈西比（Muhasibi）[3]和尼法里（Niffari）[4]，他们都猜测这个垂直符号构成了阿拉伯语书写系统的一部分——Alif[5]。正如安娜玛丽·斯希梅尔（Annemarie Schimmel）所解释的，人们认为 Alif 是最主要的和最完美的能指，所有其他的字母形状都是通过它变形产生的：

> 对苏菲主义者来说，了解alif意味着知道神圣的统一性和单一性。记住这个简单字母的人不再需要记住其他任何字母或单词。在alif中所有的造物都能被理解。
>
> （Schimmel，1977：417）

欧美学者的共识是但丁并不知道这些观点。但是正如斯希梅尔所说，

---

[1] 苏菲神秘主义，伊斯兰神秘主义派别的总称，亦称苏菲派。

[2]萨赫勒·图斯塔里（？—896），伊斯兰教逊尼派教义学家和神秘主义者。据说是哈拉智的导师之一，被认为苏菲派中最早的《古兰经》注释者。

[3] 穆哈西比（781—857），中世纪伊斯兰教苏菲派著名学者、圣训学家和教法学家。

[4]尼法里（？—965），伊斯兰教苏菲派哲学家。阐明知识与认知的关系，认为知识经过揭示而被认知；认知分心知、耳知、学知。主张教法和礼拜皆为象征，视礼仪为支柱如同依靠尘埃。

[5]Alif 是阿拉伯语的第一个字母。

因为“在从土耳其到印度尼西亚的穆斯林世界中，几乎没有一个广受欢迎的诗人不在详细阐述这个话题”，所以但丁有可能听说过这些信息（Schimmel，1977：418）。即使他没有听说过，我们也可以想象到这些观点与和竖线有关的讨论紧密相关，毕竟当但丁的头脑沉浸在这个神奇的想法上时，在伊甸园的语言里指代上帝的名字早在巴别塔之前就已经完全消失了。正如迪奥尼西认识到的那样，笔下简单的一画似乎超越了已知语言的密码，它很简单，且指向上方，这就足够了。就像艺术家迪安娜·佩斯布里奇（Deanna Petherbridge）在《绘画的首要地位》（*The Primacy of Drawing*）中所描绘的图像化的线条一样，它“强调其抽象性、方向性和能动性”（Petherbridge，2010：88）。但丁也许不知道他创造了一个让誊写者很难复制的符号，以至于使得其文本参与了亚当所描述的语言变化过程中，每一份手稿都是一片叶子，走了一个又来一个。

4. 翻译“I”

作为一个重写过程，翻译在誊写和评注两个方面都有连续性（尤其是当评注是用另一种语言撰写时，如许多早期对但丁的论述都是用拉丁语写的）。人们常说“每一个翻译都是一种阐释”。但是正如笔者在其他地方所指出的，翻译与阐释之间的关系是复杂的（Reynolds，2011：59–72）。例如有人对某文学文本进行解释，目的是阐明并澄清其意义，而译者的目的是创造另一个文学文本，以同样的方式维持解释。像但丁的“I”这样的词或符号解释起来可能很复杂，但翻译起来却很简单。

但正如我们所发现的，“I”确实并不“存在于”意大利语中，也不在任何其他已知的语言里，我们真的可以在一开始就说“翻译”“I”吗？在这里，对多模态的关注可以增加我们对翻译复杂性的理解。如果你以一种笔者称之为“翻译的僵化构想”的方式来看待翻译，即把
128 “意义”从一种语言中提取出来再插入另一种语言中，那么“I”就不能被翻译了。但如果（如笔者之前所建议的）你认为翻译是创造非常相似文本的过程，其所使用的资源来自一个不断变化的连续统（即语言）上的不同位置，那么“I”当然就可以被翻译。在这一点上，它就像德里达在其论文《巴别塔之旅》（*Des tours de Babel*）中引起人们注意的其他专有名词一样（Derrida，1985）。像“Babel”（巴别塔）或“Paris”（巴黎）这样的名字不属于任何语言，就像“oui”（是、对）属于法语，“yes”（是、对）属于英语，所以它们不能在翻译的僵化构想模型中被“翻译”。当然如果你对翻译有更好的理解，它们是可以被翻译的，你只需在新的位置写出相同的字母序列，也许发音会略有不同。事实上，德里达的观点也适用于许多非专有名词。“table”（桌子）是英语还是法语？即使是“yes”和“oui”，也可以在语言变体的连续统中出现并被理解为完全不同的点。

然而，但丁的“I”也不同于“Babel”或“Paris”这样的例子，因为它是实实在在的多模态。正如我们所看到的，它带有“图像”和“姿态”，以及“文字”和“口语”的模态特征。但这并没有使它脱离语言，或超越翻译的范围，就像它是一个专有名词一样。相反，这是一个极端的例子，是语言中潜藏的标志性暗示的密集缩影，经常以更大规模的结构特征表现出来，比如项目符号或诗歌形式。在考虑如何处理“I”的时候，译者会像往常一样对诸多多模态因素做出反应。

最明显的反应就是再写一遍“I”。这是在伊比利亚半岛所展开的第一批翻译中所发生的情况。1427 年，唐・恩里克・德・阿拉贡

（Don Enrique de Aragón）和塞纳·德·比列纳（Señor de Villena）用卡斯提尔语（Castilian）提供了这句话的一个直译版本，该版本被抄写在意大利语文本手稿的页边。但丁写“I”的地方，比列纳也写了“I”（Alighieri，1427）。同样的情况也出现在约翰尼斯·德·塞拉瓦莱（Johannis de Serravalle）1416—1417 年的拉丁语译本和安德鲁·费布雷尔（Andreu Febrer）1429 年的加泰尼罗尼亚语（Catalan）译本中（Serravallen.d，1416–1417；Alighieri，1878：553）。然而，这些精确感知行为是脆弱的，它表现在这样一个事实上，即比列纳的“I”已经从佩德罗·M. 凯泰德拉（Pedro M. Cátedra）所完成的前者作品的学术版本中删除，就像许多但丁作品的誊写者和评注者一样，似乎凯泰德拉也无法处理这个符号（Villena，2000：977）。

后来的翻译依赖于手稿或印刷版，其中“I”已经被更直接的语言和 / 或数字取代。巴尔塔扎尔·格朗吉耶（Balthazar Grangier）1597 年的法语译本用了“UN（一）”；莱布雷希特·巴钦斯万斯（Lebrecht Bachenschwanz）1769 年的德语译本用了“der Eine（一）”（Alighieri，1597：529，1769：194）。18 世纪末，当翻译但丁作品的事业终以英语展开时，情况也是一样。《神曲》第一个完整的英语译本于 1802 年出版，译者是一位住在唐郡的名叫亨利·博伊德（Henry Boyd）的爱尔兰教会牧师。其中，关于我们所感兴趣的《天堂篇》，英译本的开篇如下：

> By one mysterious Name the Lord of all（有一个神秘的名字叫万物之主）
> Was known, before I heard the awful call（在我听到可怕的召唤之前就已经知晓）
> That led me downward to th'accursed clime.（它把我引向了下面这该

死的地方。)

XXVII.

'To ELI then the nations learn'd to pray: . . .(向着ELI，各民族学习祈祷……)

(Alighieri，1802：305–306)

就像格朗吉耶和巴钦斯万斯一样，博伊德一定是使用了一个选择将其读为“un”的版本，也许就是1727年朱塞佩·科米诺(Giuseppe Comino)在帕多瓦(Padua)出版的版本，和博伊德的翻译一样，该版本使用了英文大写字母“UN”和“ELI”(Alighieri，1727：426)。

第二部完整的《神曲》英译本，也是第二次尝试用英语表达这条竖线，是由英国国教牧师、诗歌作家和语言学者亨利·弗朗西斯·卡里(Henry Francis Cary)完成的。他的翻译在整个19世纪受到了极大推崇，他被埋葬在威斯敏斯特教堂的诗人角，其墓碑上刻着“但丁的译者”。卡里的译本是：

Ere I descended into hell's abyss，(在我跌入地狱的深渊之前，)
El★ was the name on earth of the Chief Good，(El★是人间至善的名字，)
Whose joy enfolds me: Eli then't was call'd.(他的快乐将我包围，他随后被叫作Eli 。)

(Alighieri，1819：239–240)

被标记“★”的注释提示读者语篇的难点：“有些人读作UN，即‘一’，而不是El，”但随后指出该问题是参照《俗语论》中提到的“El”而决定的。卡里肯定是使用了某个可以与科米诺相匹敌的版本，也许是由巴尔达萨雷·隆巴尔迪（Baldassare Lombardi）编辑的（Rome，1791），因为该版本也采用了相同的“El”和“Eli”，并且也在注释中指向《俗语论》（Alighieri，1830：672–676）。

在这个时代，我们是有可能读到准确的文本的。出版于1796年的迪奥尼西的版本采用了“I”（Alighieri，1796：162）。然而，这个版本似乎并没有进入英语译者的手中。整个19世纪，“El”仍然占主导地位，包括卡尔·路德维希·卡内吉塞尔（Karl Ludwig Kannegiesser，1825）和卡尔·施特雷克富斯（Karl Streckfuss，1854a）的德语译本；欧仁·阿鲁（Eugène Aroux，1842）的法语译本；D. 胡安·德拉佩苏埃拉（D. Juan de la Pezuela，1868）的西班牙语译本，以及查尔斯·凯利（Charles Cayley，1854b）、约翰·代曼（John Dayman，1865）、朗费罗（Longfellow，1867）和弗雷德里克·内勒·哈塞尔福特（Frederick Kneller Haselfoot，1899）的英语译本。在1889年，比哈塞尔福特的译本早几年，牛津学者爱德华·穆尔出版了《〈神曲〉文本批评文稿》（*Contributions to the Textual Criticism of the Divina Commedia*），其中重申了迪奥尼西所青睐的理解方式，尽管有些歪曲：

> 我们这里有很多变体，但所有的变体似乎都能够很容易地通过对原始“I”或“J”的误读来解释，表示希伯来语文字“Jod”，代表Ps.lxviii. 4，&c.中的“Jah”（是）或“Jehovah”（耶和华），甚至更有可能（因为亚当说他的原始语言是“tutta spenta”，这可能是其中的一个片段，1.124）被认为是文字“Jod”，即上帝神秘的象征。
>
> （Moore，1889：488）

130 我们可以在 1908 年人人文库（Everyman's Library）再版的卡里译本的新注释中看到这种阐释的痕迹："对于 El……我们应该读成 J，"还有另一位牛津学者查尔斯·兰斯洛特·沙德韦尔（Charles Lancelot Shadwel），其 1915 年的版本采用了"Jah"（附带拼写 Yah），就像 1943 年劳伦斯·比尼恩（Laurence Binyon）和 1962 年芭芭拉·雷诺兹（Barbara Reynolds）所完成的著名的多萝西·L. 赛耶斯（Dorothy L. Sayers）译本一样。

但还是没有"I"。为此，英语读者不得不等到 1975 年查尔斯·辛格尔顿（Charles Singleton）的散文译本，该译本来源于乔治·彼得罗基 1966—1967 年建立的权威文本：

> Before I descended to the anguish of Hell the Supreme Good from whom comes the joy that swathes me was named *I* on earth; and later He was called *El*.（*在我落入地狱的痛苦之前，包裹着我的快乐来自至善，他在人间被命名为I，后来他被称为El。*）
>
> （Alighieri，1975b：297）

将但丁的"I"翻译成英语的一个新的、不可动摇的障碍随即变得明显。但丁文本中的这个符号具有如此含糊不清的多模态性，同时具有文字、口语、姿态、图像等模态特征，转换到英语中却是如此的平淡无奇。正如我们所看到的，在但丁作品中"I"呼应了前一行意大利语"pria ch'i'scendessi"中"io，""i，"的缩写形式，这听起来像是一种发人深省的半回声和 / 或一种淡淡的言语旋律。在英语中，亚当更直截了当地称自己为"I"，在同一句话中称上帝的名字也是"I"。这种不做改变的译法让人无法接受。

那该怎么办呢？1984年艾伦·曼德尔鲍姆（Allen Mandelbaum）选择把这两个“I”的位置隔得尽可能地远：

> Before I was sent down to Hell's torments,（在我被打入地狱之前,）
> on earth, the Highest Good from which derives（人间至善——从中获得）
> the joy that now enfolds me was called I;（包围着我的快乐——被称为“I”；）
> and then He was called El.（之后他被称为“El”。）
>
> （Alighieri，1984）

罗宾·柯克帕特里克（Robin Kirkpatrick）在2007年采取了一种截然不同的策略，连接了这两个不变的表述：

> Before I sank to Hell's deep agonies,（在我坠入地狱之前,）
> the Highest Good—from which derives the joy（人间至善——从中获得快乐）
> I'm swathed in here—was known on earth as 'I'.（我被裹在这里——在人间被称为“I”。）
> Then afterwards we called it *El*.（之后我们把它称为*El*。）
>
> （Alighieri，2012：446–47）

一个额外的作为第一人称代词的“I”被插入进来，并强调性地把“I”放在一行的开头，又以作为上帝名字的“I”放在行尾。2013年，克莱夫·詹姆斯（Clive James）的做法恰好相反：

Even before I went down to Hell's vat（甚至在我下地狱之前）
Of pain, the Good Supreme that radiates（关于痛苦，那是至善传播的）
131 The endless joy that swathes me now was named,（现在包围着我的无尽快乐被命名了，）
On Earth, in several ways, and that was fit（在人间，它适合不同的方式，）
For human usage can no more be blamed...（因为人类的作用再无可指责……）

（Alighieri，2013：488）

他简单地省略了但丁的“I”，并且回避了这个挑战。我的个人建议是寻找另一个存在歧义的多模态符号，这个符号在英语中有着类似于“I”在意大利语中的作用，它可能是一个数字，可能是一个字母，或者它本身并不是一个词。这个符号便是“O”。当然这会带来许多与但丁的“I”截然不同的暗示——上帝是零！？上帝是一个惊讶的表情！？——但它仍是一个图像，蕴含着一个姿态，同时又是一个字母和一个数字，其形式又可以被视为完美的象征。

在所有这些作品中，我们可以看到翻译活动多变的领域，不断变化的语言连续统，同时也是多模态的连续统。“I”——与语言的所有要素一样——在英语和意大利语中都具有内在的多模态性。但其多模态性的比重是不同的。在英语中它被进一步拉入语言的编码区，它更像是一个日常词汇。但这并不意味着它是“不可译的”，因为任何事物的翻译都会带来一些差异，创造差异是翻译目标的一部分。相反，但丁的“I”是一个特别明显的多模态渗透有语言的实例，因此会影响每一个翻译行为。

注释

1. 本次活动在2018年6月8日的“牛津翻译日”(Oxford Translation Day)举行，由圣安妮学院牛津比较批评与翻译研究中心主办。

6

文学翻译的多模态维度

马库斯·托马林

6

文学翻译的多模态维度

马库斯 · 托马林

1. 引言

威廉·赫兹里特（William Hazlitt）[1] 在其 1828 年的散文《论大众舆论的成因》（On the Causes of Popular Opinion）中坦言，“直到我开始学习绘画之前，或者说，在我结识《古舟子咏》（*The Rime of the Ancyent Marinere*）的作者之前，我既不会写也不会说”（Hazlitt, 1828：312）。这句话听起来有些令人困惑，其中的转折连词暗示了他成熟的语言能力的来源所具有的不确定性：是因学习绘画而被触发，还是因结识诗人塞缪尔·泰勒·柯勒律治（Samuel Taylor Coleridge）[2]［著名的《古舟子咏》收录于其 1798 年的《抒情歌谣集》（*Lyrical Ballads*）］，抑或是两者均有影响？其句法难以理解，但尽管有歧义，赫兹里特的话却表明了视觉艺术、文学和语言间的密切联系。他知道 134

[1] 威廉·赫兹里特（1778—1830），英国散文家、评论家、画家。1799—1804 年主要创作肖像画。1804 年起则以写作为生。先后结识诗人塞缪尔·泰勒·柯勒律治、威廉·华兹华斯，在柯勒律治的鼓励下写出《论人的行为准则》，随后又写了更多的散文作品。后因对法国大革命的见解不同而与他们决裂。

[2] 塞缪尔·泰勒·柯勒律治（1772—1834），英国诗人、文评家、浪漫主义文学的奠基人之一。

自己所言为何。十几岁时，他对绘画产生了浓厚的兴趣，随后于 1802 年 10 月至 1803 年 1 月旅居巴黎，在那里临摹了早期绘画大师，如提香（Titian）[1] 和普桑（Poussin）[2] 陈列在卢浮宫的多幅画作。[1] 在写作生涯开始之前，他曾在返回英格兰途中做了三年的街头肖像画师。尽管中年投画笔从写作，他却从未失去过对视觉艺术的热爱与精晓。在其著名散文《作画之乐》（*On the Pleasure of Painting*）（1821）中，他反思了这两种艺术形式之间的差异，坦言自己从未经历过“写散文或而后读散文的诸多乐趣”，他对散文创作的失望与其创作视觉图像的乐趣形成了鲜明对比：“一个人从不会对绘画感到厌烦，因为它记录下的不是你已知的东西，而是你刚刚发现的”（Hazlitt，1821：7）。

赫兹里特着迷于文学作品和绘画间的联系与脱节，这也许与众
135 不同，但绝非独一无二。其他许多作家也都察觉到了语言、文学和视觉艺术间的密切联系——有些人还创造性地参与了所有领域。其实，比赫兹里特稍年长的同时代诗人、版画家威廉·布莱克（William Blake）[3] 就是一个典型的例子。他的精印插图本，包括《阿尔比昂的女儿们之幻想》（*Visions of the Daughters of Albion*，1793）、《纯真与经验之歌》（*Songs of Innocence and Experience*，1974）、《弥尔顿》（*Milton*，1804—1810）和《耶路撒冷》（*Jerusalem*，1804—1820），就是用图文结合的浮雕蚀刻铜版印刷而成。因此，其诗歌本质上是绘画性的，其字体本是书法化的，其对色彩、线条、版式和设计的运用都

---

[1] 提香·韦切利奥，（1488/1490—1576），意大利文艺复兴后期威尼斯画派的代表画家。

[2] 尼古拉斯·普桑（1594—1665），17 世纪法国巴洛克时期重要画家、17 世纪法国古典主义绘画的奠基人。

[3] 威廉·布莱克（1757—1827），英国第一位重要的浪漫主义诗人、版画家，英国文学史上最重要的伟大诗人之一。

促成了每一部作品的整体意义（Bindman，2009）。作为一名训练有素的艺术家和版画家，布莱克已然意识到文学中将语言形式与视觉设计相结合的伟大传统，并因此得到灵感。浪漫主义下的古籍亚文化使得古老的绘画表现的传统（如插图手稿和文艺复兴时期的木版画）更加为人熟知，而其他类型的同时代图画（如儿童读物中的插图）也越来越普遍。图像与文本的交织，在接下来的几十年里持续蓬勃发展。仅举两例：查尔斯·狄更斯（Charles Dickens）[1]小说中的插画是由乔治·克鲁克香克（George Cruikshank）[2]、哈洛特·奈特·布朗（Hablot Night Browne）[3]、约翰·利奇（John Leech）等艺术家创作的，而特立独行的英国作家史蒂维·史密斯（Stevie Smith）则在其20世纪30年代后出版的许多诗作中都创作了类似涂鸦的素写作品（Cohen，1980；May，2015）。这些例子以千差万别的方式构成由（某种形式的）文字和图像序列交织或并列的文学作品，并以此创造有美学价值的多模态整体（multimodal ensembles）。本章在使用“整体”（ensemble）一词时，将始终以绪论部分所定义的方式为准；即指包含两种或两种以上模态的表现或交际被有目的地结合在一起，以产出共同且相互关联的意义。进而，负责创造该整体的人（或人们）通过确定各组成部分的组合方式来“精心组织”（orchestrate）它［尽管这一既定术语在考虑音乐实例时显得不太恰当，因为音乐作品可能涉及另一种“管弦乐编曲”（orchestration）］。从文学批评的角度来

[1]查尔斯·狄更斯（1812—1870），英国作家。主要作品有《大卫·科波菲尔》《匹克威克外传》《雾都孤儿》《老古玩店》《艰难时世》《我们共同的朋友》《双城记》等。

[2]乔治·克鲁克香克（1792—1878），英国画家、漫画家、插图画家，以画政治讽刺连环漫画开始绘画生涯，后为时事书刊和儿童读物作插图。

[3]哈洛特·奈特·布朗（1815—1882），笔名费斯（Phiz），英国插画家。

看，多模态整体本身就具有相当重要的意义，但本章的重点将主要集中于翻译此类文学“文本”时所出现的困难。警示性引号中的内容有效地暗示了在接下来的讨论中所需面对的困难。一般来说，我会（尽可能）少用“文本”之类的词，因为它被认为暗示语言元素在多种模态结合的文学作品中占据主导地位。对此类问题的敏感性是至关重要的，因为正如本章稍后强调的那样，在特定的多模态整体中，模态的层级顺序比通常认为的要复杂得多，而涉及翻译的情况尤为如此。

因此，本章将提出一个框架以解决多模态作品的翻译难题，这些多模态作品既包含文本与图像，也包括一切可被归类为“文学”的模态。再次说明，此处的警示性引号是有其益处的，原因如下：引号提
136 醒我们要避免将文字凌驾于其他所有模态之上这一值得质疑却又由来已久的传统，但同时也要认识到，在实验性多模态小说[1]、视听艺术装置[2]等大行其道的当今时代，“文学”的外延从未像现在这样不稳定（Gibbons，2012）。谨慎处理这些问题的重要性不言而喻。尽管在过去的几个世纪里，文学翻译无疑受到了过多的批判性关注，为圣·杰罗姆、约翰·德莱顿、弗里德里希·施莱尔马赫、尤金·奈达、安德烈·勒菲弗尔、雅克·德里达、劳伦斯·韦努蒂等理论家提供了中心关注点（Venuti，2000）。相比之下，译者如何处理多种模态结合的文

[1] 实验性小说是与传统的现实主义小说相对而言的一个小说类型，其在创作理论上打破现实主义小说所立下的规范，比如故事要有现实可能、情节要有因果关系、人物刻画力求逼真等等。其素材是以人的意识为主，行动为次，其结构也不是依赖理性的逻辑，而是感性的效果。实验性小说是 20 世纪的产物，是与 20 世纪的哲学、科学、美学、心理学、语言学和其他艺术形态相应发展起来的一种文学形式。

[2] 视听艺术装置是以视听为场景体验的新媒体艺术装置。空间、时间、声音、图像汇集为一个以身体直接感知的场，体验不仅仅是视觉的观看，声音的震动波传递过每个细胞，共振之上，人的感知被解构，与场域的氛围融为一体。

学作品则很少受到关注。然而，近年来多模态理论的兴起，使得人们迫切需要重新思考，究竟哪些特定的转置和意义（重新）构成过程应该被专门划分为翻译实例。[2] 尽管该话题无疑可与广泛的各类交际实践（从久负盛名到看似平庸）联系在一起，但对文学作品的关注揭示了其独特的复杂性，值得格外仔细地审查。这在一定程度上是由于某些作者有意地试图动摇特定文化的模态本体论，而这些模态本体论是在某一特定时代传统上假定的。因此，在特定诗歌、小说和戏剧中，区分图像与文字、文字与口语、口语与音乐等等之间的界限逐渐变得模糊，直至成为不可见的程度——这对从事多模态文学作品翻译的人来说是不可避免的。因此，这种情况下的翻译常常以有趣的方式探讨交际与意义建构的局限性，而且往往具有创造性才华。

因此，本章的其余部分将详细探讨多模态文学作品翻译所带来的挑战，并将重点放在"艺术家之书"上。正如李忠庆（Tong-King Lee）所强调的那样，这项工作涉及确定翻译在"不同表征符号计划的相互作用"中所扮演的角色（Lee，2012：242）。此处概述的具体框架既非前无古人，也不够面面俱到——当然，还远不及此。相反，它只是提供了一种初步的邀请，以期有学者能够更详尽地思考本章探讨的各种问题，粗略之处在所难免。

2. 多模态文学翻译

正如冈瑟·克雷斯及其他学者近年来一再强调的，"交际一直是多模态的"（Kress et al.，2001：2）。无论我们考虑的是信件、日记、建筑规划书、医学教科书、自发会话、手语讨论、漫画、科学论文、地图册、电视广播、视频博客，还是其他任何事物，总会涉及口语、

文字、图像、姿态、音乐等多模态的结合。既然文学只是一个不完美
的总称，涵盖了广泛的交际形式（如小说、短篇故事集、布道辞、散
137 文、十四行诗、史诗等），那么很自然地，文学也一直是多模态的。
然而，多模态的程度显然不同，一些文学作品肯定比其他作品更具多
模态性质。例如，1609 年出版的四开本莎士比亚（Shakespeare）十四
行诗的第一首（Sonnet 1），就可以用作涉及其形式与内容问题的各种
形式的传统文学分析：

From faireſt creatures we deſire increaſe,
That thereby beauties Roſe might neuer die,
But as the riper ſhould by time deceaſe,
His tender heire might beare his memory
But thou contracted to thine owne bright eyes,
Feedſt thy lights flame with ſelfe ſubſtantiall fewell,
Making a famine where aboundance lies,
Thy ſelfe thy foe, to thy ſweet ſelfe too cruell
Thou that art now the worlds freſh ornament,
And only herauld to the gaudy ſpring,
Within thine owne bud burieſt thy content,
And tender chorle makſt waſt in niggarding
Pitty the world, or elſe this glutton be,
To eate the worlds due, by the graue and thee.

（我们愿最美的人繁衍生息，/娇艳的玫瑰才会永不凋零，/成熟的总要死去，/柔弱的后代自会把他放在心间；/而你，却只与自己明亮的眼睛为伴，/燃烧自己，培育那眼里的火焰，/把丰收的地方变成一场饥荒，/你与自己为敌，对甜美的自己未免过于残忍。/你是当今世界最新鲜的装饰品，/你是灿烂春天里的唯一信使，/你在自己的蓓蕾里埋葬了你的子孙，/你这个爱财如命的家伙，/你越是吝啬情况就越糟糕。/怜悯这个世界吧，否则你就是个贪得无厌的人，/你把世界

应得的一份吃了，只剩下你和坟墓。）

（田伟华译，2011）[1]

这首诗使用了一种特殊字体及一套特定的早期现代正字法规范来印刷（如第6行中“fewell”的拼写）。结构上，该文本可分为三个四行诗和一个对句，其押韵格式为ABAB CDCD EFEF GG。主题上，它包含《创世记》（*Genesis*）中伊甸园的典故、美学、生育，以及浪费的自我消费的不可取性。这些属性和特质都可通过主要关注作为文字的文本的文学批评回应来展开研究。由于文字是多模态分析中公认的模态之一，因此对这些问题的考虑来自单模态占主导的阅读。当然，像大多数书面文本一样，十四行诗可以大声朗读或凭记忆背诵，当这种情况发生时，口头言语的符号供用特征（semiotic affordances）就开始发挥作用了（如重音、语调调型、声音类型）。因此，即使是最初以静默的打印形式出现在页面上的十四行诗第一首，也有可能成为多模态实体。这突显了存在于特定模态之间的关系，这种重要关系值得投入比迄今为止更为细致的研究。例如，大部分书面文本都可以大声朗读，因此口头言语（从某种程度上说）是一种隐性模态，因为无论何时当我们遇到一连串书面文字时，它都是潜在可用的。[3]不过其隐性程度取决于所涉及的模态。为初步探讨此话题，本章稍后将定义具体的子类型，即近端（proximal）模态和远端（distal）模态，并反思它们是如何参与多模态整体翻译过程中的。

因此，像大多数书面文本一样，1609年出版的四开本莎士比亚

[1]［英］莎士比亚著：《莎士比亚十四行诗》，田伟华译，中国画报出版社2011年版。

十四行诗中的第一首，如果被大声朗读，就可以成为一种多模态实
138 体。不过也许在口语模态介入之前，它在一开始就已经具备多模态性质？任何这样的声明都必须预先假定特定社团所认可和调配的特定模态具有一定程度的确定性。例如，含有插图的印刷书面文本就揭示了其创作背后的一种有目的的多模态意图。类似的例子近年来急剧增长，部分原因就是普遍的技术进步改变了书写传统。在线网络文学互动作品，诸如玛丽亚·门西亚（María Mencía）的《温尼伯：希望之船》（*El Winnipeg*: *El barco de la esperanza*，2017），有意地结合了图像（如地图、照片）、文字［如巴勃罗·聂鲁达（Pablo Neruda）[1] 的文本、信件摘录，以及动人的词汇］等模态。它采取多模态整体的形式，讲述了一艘名为“温尼格”（Winnipeg）的轮船的故事：这是一艘 1939 年抵达智利的轮船，船上载有 2000 多名西班牙乘客，他们都是逃离弗朗西斯科·佛朗哥（Francisco Franco）[2] 独裁政权的移民。[4] 这种组合的意义源于不同多模态特征间的相互作用。它们结合在一起，也能够结合在一起，使读者（再）建构一系列意义。很明显，这类作品本质上比四开本文本——莎士比亚十四行诗的第一首更具多模态性质，但这仍然是很重要的一点。正如稍后所言，任何既定源整体的多模态维度都可以被翻译过程所改变，其结果便是，较之于源实体，目标实体会拥有一种不同的多模态维度。这一现象在以往的研究中很少被深入探讨，但将是本章的主要关注点。

---

[1] 巴勃罗·聂鲁达（1904—1973），智利当代著名诗人，代表作有其早期的爱情诗集《二十首情诗和一首绝望的歌》。

[2] 弗朗西斯科·佛朗哥（1892—1975），西班牙内战期间推翻民主共和国的民族主义军队领袖，西班牙国家元首、大元帅、西班牙首相、西班牙长枪党党魁。1936 年发动西班牙内战，自 1939 年开始到 1975 年独裁统治西班牙长达 30 多年。

考虑这一包罗万象的主题，引入一种可以指示任何既定客体（无论是文学作品还是其他）多模态维度的简单符号系统将大有裨益。例如，如果 P 是一个特定的多模态整体，比如一首包含文字、图像和音乐的网络诗歌，那么，P 的多模态维度可以用一种模态量化上标来表示：P^3。这个标记仅仅表示 P 是一个包含三种不同模态的整体。因此，如果我们有两个多模态整体，P^3 和 Q^5，我们就能很容易地看出前者的多模态维度低于后者，这有助于我们比较并对比这些整体。稍后，在本章更为直接地集中探讨文学翻译过程时，这种标记法的作用会更为明显。

3. 同一性和 / 或差异性?

我们应该清楚，此处引入的基本符号系统有如下预设：（1）各模态皆是明确、完善定义的（至少对特定社会群体用户）；（2）存在一个确定各模态间关系的本体论。事实上，尽管我们对模态及其符号目的（无论是孤立还是作为整体的一部分存在）已达成共识，但在任何既定社会群体的任何既定分析中，却常常无法就具体一套模态
的作用达成共识。正如绪论所述，某些理论家将语言视为一种特殊的 139
模态，而其他学者（尤其是克雷斯）则认为此用法是将两个不同的模态，即口语和文字，进行了误导性合并。这些分歧通常源于诸多文化传统，这些文化传统或隐或显地影响着我们对特定模态符号供用特征（affordances）的思考。如前所述，在西方世界中，口语和文字往往是紧密相连的。在英语、法语、意大利语、西班牙语和德语（仅举几个备受注目的例子）等语言中，通常可以在其各自的组成单位之间建立一一对应的关系（如口头单词和书面单词；口头短语和书面短语），因

此其各自的框架也共享这种对应形式。[5] 即使自然口语中的缩略及不流畅使其稍显复杂，如“gonna”（将要）由一个词项还是两个词项组成，我们仍可以将口语与文字看作近端模态。也就是说，从近端模态中的一种到另一种的结构映射是通过在相对较大的社会群体中（如将英式英语做母语或第二语言的那些人）流行的主流使用规约建立起来的。口语（或文字）和基于姿态的手语也是如此，只是程度不同罢了。

从理论的角度看，涉及近端模态的单语模态间翻译过程还根本未被普遍地归为翻译，这一点很有趣。这就解释了为什么即使书面文字的意义是通过具有不同符号供用特征（如音量、重音、语调调型、旋律轮廓、节奏、音高、音长）的不同模态（再）建构的，但大声朗读文本却通常并不被视为对源材料的翻译。事实上，涉及近端模态的意义（重新）构成通常只有当其与语言相关，并涉及语言系统的改变时，才会被视为恰当的翻译实例。[6] 例如，如果一首印刷版的英式英语诗歌是用法式法语大声朗读出来的，那么至少在通常用法中，口语版本将毫无争议地被归为书面语来源的翻译。尽管加入了双语维度，但该例所涉及的模态仍是近端的。我们拥有很多将书面英式英语映射至口头法式法语的广为接受的方式，即使译者在许多方面都有着不同的选择，如根据语境，〈sorrow〉（悲伤）可翻译为法语口语中的 /tʁis.tɛs/ 或者 /ʃa.gʁɛ̃/。[7] 相比之下，口语和图像间则很少有约定俗成的映射单位。比如，在音素序列 /aɪ laɪk ðɪs ˈpəʊɪm/ 和除书面字体外的视觉设计语法（即线条、色彩、形状、纹理、构图）中，则没有建立完备的对应关系。这就是为什么如果让 100 个人画一幅表达前面提到的用国际音标标记的话语的图画，就会产出 100 幅千差万别的画。事实上，近年来关于符象化（ekphrasis）的若干研究都强调，在由长期存在的习惯用法所建立的体系中，图像在口头话语中并无框架化的对等物（反之亦然），这就是为什么口语和图像可以被归类为远端模态。[8]具体来说，与近端模态不同，从一种远端模态到另一种远端模态的结 140
构映射并不是由特殊社会群体间盛行的主流用法建立的。

说来奇怪，本书中海伦·朱莉娅·麦那兹在其章节中指出，涉及远端模态的意义（再）建构（如一首诗被改编成芭蕾舞）在传统上也无法归类为翻译实例。人们常借用该术语的隐喻用法来暗示根据某诗歌编排的芭蕾舞就像是翻译过程。由于不可避免的相对主义是模态使用的特征，这就使得情况更加复杂了。如克雷斯所言，“模态是某社团视作并使用的模态”（Kress，2010：87）。因此，具有特殊文化的特定群体，可能开始以某种方式使用 X（X 可以是某种颜色或声音，或任何其他种种），以使其他的使用它的群体发挥某种模态功能，即使没有别的社团以同样的方式看待并使用它。因此，重要问题——“X 是一种模态吗？”的确切答案将完全取决于所考虑的社团。正确答案有时是“否”，有时是“是”。显然在某些情况下，某一群体社会活动中所出现的惯例可以传播到其他群体，直至它们被更广泛地采用。这种情况并非静止的、一成不变的，而是动态的、流动的。当然，基本的潜在假设——所有模态都彼此离散、可分，也因此可以用正整数毫无疑问地计数——只不过是一个粗略的简化抽象。正如接下来我们将详细讨论的那样，演讲和音乐可能看起来是明显不同的模态，但歌唱和说话却并不容易区分，如诵唱（sprechgesang）。因此，德里达富于挑衅性的方法论质疑对多模态理论学家来说显得尤为切题：“一个人应该通过抽象来拯救自己，还是将自己从抽象中拯救出来？”（Derriada，2002：42）。

最近关于字体的多模态理论很好地阐释了这些范畴化问题。大多数法语读者会认为都是由法国先锋派诗人纪尧姆·阿波利奈尔

（Guillaume Apollinaire）所创作的诗 1（Poem 1）和诗 2（Poem 2）有着完全相同的意义：

Poem 1:
Le Dromadaire
Avec ses quatre dromadaires
Don Pedro d'Alfaroubeira
Courut le monde et l'admira.
Il fit ce que je voudrais faire
Si j'avais quatre dromadaires.

Poem 2:
Le Dromadaire
Avec ses quatre dromadaires
Don Pedro d'Alfaroubeira
Courut le monde et l'admira.
Il fit ce que je voudrais faire
Si j'avais quatre dromadaires.

这两首诗有着相同的拼写、相同的标点规范、相同的换行符、相同的大写模式、相同的语义内涵、相同的句法、相同的词汇等等，由此得出它们在效果上等同的结论。唯一的区别在于字体的风格与大小，诗 1 为新罗马体（Times New Roman），11 磅；诗 2 为西文正体（Calibri），
141 14 磅。尽管这些特征可以很容易地成为与文字模态相关联的字体包的一部分（即任何印刷书面文本必须使用特定的字体和字号），但大多数法语读者对此并不重视，并且基本上会忽略它们。相比之下，某平面设计师社团可能既会共享既定用法规范，也会共享关于不同字体意义内容的假设。因此，对专业社团来说，新罗马体和西文正体很可能经常传达不同的意义。[9] 事实上，一些字体已经获得了相对稳定的语义内涵，这些语义内涵现在已经超出了少数具有特定知识和专业技能的专业人员的限制。如字体中的赫多兰朵体（Helldorado），它与其他一些从 20 世纪 30 年代起在西方电影标题和演职人员名单中被广泛使用的字体具有相同的类型特征。诸如《碧血烟花》（*Destry Rides Again*，1939）、《关山飞渡》（*Stagecoach*，1939）、《岗山最后列车》（*Last Train from Gun Hill*，1959）、《黄金三镖客》（*The Good, the Bad and the Ugly*，1966）等电影，都使用了源于 19 世纪中后期所谓的蛮荒西部（Wild West）的海

报印刷规范。因此，以下两个句子也有着不同的（自我指涉）意义，即便是对许多既不懂印刷规范，也不懂西部片的读者来说：

句 1：This sentence makes me think of Clint Eastwood.

句 2：THIS SENTENCE MAKES ME THINK OF CLINT EASTWOOD.

（这句话让我想起了克林特·伊斯特伍德[1]。）

像赫多兰朵体这样的字体的使用习惯已经如此牢固地确立，以至于现在几乎任何一种横向比纵向粗的字体都能传达某种（模糊的）作为一种文化体裁的西部片概念。因此，句 1 使大多数人感到费解——为什么这一连串的词会引发人们想到演员、导演克林特·伊斯特伍德？句 2 则更能说得通——它暗示了“克林特·伊斯特伍德”，因为文本的字体与伊斯特伍德众多最著名的牛仔电影中使用的字体相似。认识到特定字体能够以此种方式传达意义，西奥·范勒文、尼娜·内尔高（Nina Nørgaard）、弗兰克·塞拉菲尼（Frank Serafini）、詹妮弗·库尔松（Jennifer Culson）等人近来主张，应该将字体本身视作一种模态（van Leuwen，2006；Nørgaard，2009；Serafini & Culson，2012）。更多地关注这些问题对文学研究有着重要影响。内尔高特别指出，“在文学批评中有一种普遍倾向，即无视文学作品中字体的语义潜势，而只单一模态地关注字面意义。”（Nørgaard，2009：141）。这种普遍的无视反映了特定文学批评传 142

[1] 克林特·伊斯特伍德（Clint Eastwood，1930 —）：美国电影导演及演员，以牛仔形象为人们所知。

统中以语言为中心的倾向，而多模态方法不可避免地挑战并动摇了这种态度。不同的出版商有不同的印刷风格，因此我们已经习惯了所阅读的文学文本中字体的微小变化，并假设这样的改变对印刷材料的影响无足轻重。因此，如果字体确实是创造文字模态的众多捆绑在一起的特征之一，那么它也通常被认为是可忽略的，尽管在某些情况下这种立场显然是不稳固的。

尽管如此，我们通常不会把诗 2 归类为诗 1 的翻译（用克雷斯的术语，转导或转化）。[10] 通过文字创造的意义材料并没有以任何方式被移动或（再）建构。但如果字体本身被视作一种模态（至少对某一既定社团而言），那么与模态相关的改变显然已经发生了，继而某种意义建构资源的转置也就发生了。如果是这样的话，那么诗 2 大概就构成了诗 1 的一种模态内翻译（即转化），尽管这样做会把“翻译”这一术语的传统外延延伸至其极限。当字体难以与图像模态分离时，情况也同样复杂。华丽的、装饰的、具有书法效果的、被称为“花式”（flourishes）的装饰字体产出了使用高度风格化的色彩、轮廓、线条和构图的书面文本（Hildebrandt，1995；Lupfer，2003）。当从多模态角度考虑此类文本时，文字和图像往往界限难分。而当创造此类实体时，模态的精确本体再一次变得不透明且 / 或不清楚。尽管如此，这些考虑强烈地强调了：任何整体（尤其是文学作品）的多模态维度在多大程度上必然取决于特定社团的意义建构实践。因此，为了进一步扩展上节所介绍的形式体系，我们可做如下表述：若实体 P 对于特定社团 c_1 的多模态维度为 3，则可记作 P^3c_1。若同一实体在另一不同社团 c_2 中被考虑，且 c_2 的成员只将三种模态中的两种视作模态并加以使用，则可记作 P^2c_2。换言之，某一整体的多模态维度只能根据某一特定社会群体来确定，而这往往会影响其所采用的分析模式。这一形式体系为探索当 c_1 和 c_2 的成员就多模态整体（如

P）通过诸如翻译过程等进行交互时可能产生的种种交际复杂性提供了一个较为严格的框架。在下节中，我们将更为详细地探讨这一话题。

4. 翻译文本和 / 或图像

相比诗 1 与诗 2 间的复杂关系，我们将诗 3 视为其中一首（或两首）诗的翻译则显得不那么奇怪了：

诗3： 143
The Dromedary（单峰驼）
With his four dromedaries,（带着他的四头单峰驼，）
Don Pedro of Alfaroubeira（彼德王子）
Went all around the world, admiring it.（环游世界，观光赏玩。）
He did the very thing I would have done（他做的正是我要做的事）
If I had four dromedaries.（如果我也有四头单峰驼。）

此处诗 1 的书面法语文本被转换成了书面英语文本，因此，模态内翻译就以熟悉的方式发生了。如前所述，这是一种我们在讨论翻译时通常认为的单模态意义（再）建构。从本质上讲，这是典型的翻译。尽管都使用文字模态，但涉及两种语言的事实意味着诗 1 和诗 3 在词汇、句法、韵律结构等方面都有所不同，因此，它们调配了不同的语言系统——目前为止，这都不过是老生常谈。不过考虑阿波利奈尔诗歌的首次印刷，这一传统情形将变得更加复杂。这首诗发表在题为《动物寓言集或俄耳甫斯的随从队列》（1911）的短篇诗集上，看起来是这样的：

阿波利奈尔短诗配图的木版画都是由法国野兽派画家拉乌尔·杜菲创作的。该卷作为一个整体构成了“艺术家之书”，它是作家和视觉艺 144

术家合作完成的。在此意义上，它可以算是阿波利奈尔毕生作品中的经典了。阿波利奈尔曾与画家安德烈·德兰（André Derain）合作创作了散文诗《魔法追逐者》（*L' Enchateur pourissant*，1909），他对文字与图像之间相互作用的持久兴趣，近年来也已开始得到仔细的研究。克莱夫·斯科特（Clive Scott）专门探讨了阿波利奈尔对书法、涂鸦、绘画、水彩、字母、文字系统和签名的痴迷，并指出在其文学创作中“书法与绘画能够轻松交流”（Scott，2015：21）。因此，作为阿波利奈尔的经典文学作品，《单峰驼》具有明显、刻意的多模态性。它结合了文字和图像（毋庸赘述字体和口语的近端模态）。而图像相对于文本的放置位

LE DROMADAIRE

Avec ses quatre dromadaires
Don Pedro d'Alfaroubeira
Courut le monde et l'admira.
Il fit ce que je voudrais faire
Si j'vais quatre dromadaires.

图6.1 单峰驼

置是相当有趣和重要的。它既未独页出现，也未在同页诗后的页脚出现，而是出现于标题和第一句诗行之间。因此，就排版布局而言，图像与诗歌文本占据了相同的物理空间，这就强调了在这一特定作品中，文字与图像的结合程度。然而，尽管该实例所具有的多模态维度（至少）为 2，但诗歌的翻译通常集中于书面文本，只提供目标语言的一个版本，这就意味着原作中使用的两种模态可以进行无害地分离。因此，如果《单峰驼》被翻译为诗 3 的英文版本，那么其多模态维度就低于源文本。暂且假定 *S*（代表“Source”）表示图 6.1 中的“单峰驼”，*T*（代表“Target”）表示诗 3，同时和分别表示（例如）法式法语和英式英语读者社团，我们就能够按下列方法表示翻译过程（→）的效果：[11]

$$S^2_{f_1} \rightarrow T^1_{e_1} \quad (1)$$

如（1）所示，从 2 到 1，这一模态内翻译的实例（即从文字到文字）将原诗的多模态维度从 2 降低至 1：诗歌文本从与其附随的图像中分离出来，目标文本仅仅（再）建构了前者的意义。出于一些或意识形态或实践方面的原因，多年来这一直是文学翻译的标准做法。在其《阿波利奈尔诗选》（*Selected Writings of Guillaume Apollinaire*，1971）中，罗杰·沙特克（Roger Shattuck）仅呈现了一个只有文本而无附随图像的英译版本；尽管现代印刷技术的进步使图像更容易与文本结合，但仍存在着将其分离的趋势（Shattuck，1971）。X. J. 肯尼迪（X. J. Kennedy）2011 年的《单峰驼》译文也包含杜菲的木版画，但诗歌文本（法英双语）出现在第 20 页，图像单独出现在第 21 页（Kennedy，2011：20–21）。沙特克将木版画放置于诗文之外也是合情合理的。在 20 世纪 70 年代，将图像纳入印刷文本的成本和技术难度要大得多。另外，《动物寓言集或俄耳甫斯的随从队列》的版权保护也限制了其他可能性。至于肯尼迪所青 145

睐的这种版式，我们也可认为是合理的，因为文字和图像毕竟是由不同的人创作的。尽管这样的回应在意义建构的公共方面做出了相当天真的假设，但值得一提的是，几十年来，威廉·布莱克的插画书（之前曾简要提到过）一直采用同样的方法。举例来说，在诸如杰弗里·凯恩斯（Geoffrey Keynes）的《布莱克：全集解读》（*Blake：Complete Writings with Variant Readings*，1972）这一颇负盛名的版本中，其作品也只以文字形式出现，即使原作中的文本和图像是由同一个人创作的。直到20世纪70年代后期，布莱克诗画集有了优秀的学术版本后，文学批评研究才更加重视其文字与图画之间的关系。正如大卫·埃德曼（David Erdman）在其划时代著作《发光的布莱克》（*The Illuminated Blake*，1974）序言中所指出的那样，“布莱克的读者正在成为有素养的观众”（Erdman，1974：13）。但这是一个渐进的过程。

不过，关键是要承认，还有其他可归类为翻译形式并有着不同影响的意义（再）建构过程。例如，考虑采取其他方法研究如诗3所示的文学翻译的标准形式。一种不同的“翻译”会分离木版画及其附随的文本，进而通过创造一种以不同方式使用图像模态符号供用特征的新的视觉对等物来（再）建构其意义。在这种情况下，我们将不再处理典型的语言翻译，因为目标文本的特征模态既不是口语也不是文字，也不涉及特定的语言系统，显然，这种“翻译”会优先考虑图像（作为一种模态），具体例子见下方诗4：[12]

146 图6.1中的图像和诗4都描绘了骆驼（具体说是单峰驼），但它们表达意义的方式不同（至少对拥有特定的与图像相关的共享符号规约的群体中的读者/观众来说）。原始插图是一幅黑白木版画，这不可避免地将其与西方世界中悠久的凸版印刷传统联系在一起。这种特殊的版画技术从公元1400年起开始使用，并在阿尔布雷特·丢勒（Albrecht

图6.2 诗4

Dürer)[1] 和乔瓦尼·瓜里尼·帕伦巴(Giovanni Battista Palumba)[2] 等大师的手下发展改良。随着单叶图像的频繁产出，这种方法从文艺复兴时期开始就被广泛用于在书籍中呈现独特的图画，该技术于19世纪90年代在保罗·高更(Paul Gauguin)[3] 的作品，如《诺阿诺阿》(*Noa Noa*，创作于1893—1894年，出版于1901年)中得到了复兴。在1897年的一篇文章中，画家兼蚀刻师费利克斯·布拉克蒙(Félix Bracquemond)指出，活版印刷与插画之间的和谐在"艺术家之书"中必不可少；因此，如果每一页都保持黑白效果会更好——也就是使用木版画的优势(Bracquemond，1897)。受这些艺术潮流的影响，1909年，阿波利

[1] 阿尔布雷特·丢勒(1471—1528)，德国画家、版画家及木版画设计家。

[2] 乔瓦尼·瓜里尼·帕伦巴(1639—1709)，意大利油画艺术家。

[3] 保罗·高更(1848—1903)，法国后印象派画家、雕塑家，代表作有《我们从何处来？我们是谁？我们向何处去？》《黄色基督》《游魂》《敬神节》等。

奈尔深信“[i]ntimement liée à l’ invention de l’ imprimerie，la gravure sur boisestcelledont le style se marie le plus heureusement à l’ aspect d’ un feuilletimprimé”（“与印刷术的发明密切相关，木版画的风格最适合印刷品的外观”）（Apollinaire，1977：1071）。在为《动物寓言集或俄耳甫斯的随从队列》创作插图时，杜菲既有意地暗示了久负盛名的木版画传统，也显示了近年来的审美偏好——尽管他的方法较之于同时代的法国后印象派实验作品，与文艺复兴时期的插图有更多共同之处。[13] 他的单峰驼图像具有鲜明的设计和构图特征。这头二维反自然主义的单驼峰骆驼的场景让人联想到沙漠绿洲。高度风格化的棕榈树和其他形式的植被清晰可见（和《动物寓言集或俄耳甫斯的随从队列》中许多其他木版画类似）。相比之下，诗 4 中的彩色图像是由数码相机拍摄并经后期处理形成的。这头骆驼具有更强的三维立体感（如腿部的阴影），以纹理为背景，可能是岩石的表面。没有任何绿洲的迹象。与图 6.1 中的单峰驼不同，这头单峰驼佩戴马鞍（或至少是一条毯子）和缰绳，暗示它已经得到驯化并所属于人类。

虽然我们可能很快（太快？）就能接受诗 3 是“单峰驼”的一个译本，但当诗 4 也被视作一个“译本”时，我们可能会感到极大的不安。即使我们将“语言翻译”和“视觉翻译”进行区分，这种不安仍会持续。这种反应上的差异很有意思，因为在一个抽象水平上，两种情况所涉及的基础过程是相同的：

$$S_{f_1}^{2} \rightarrow T_{e_1}^{1} \qquad (2)$$

147 公式（2）抓住了这样一个事实，即一个双模态整体被分离了，然后经单模态翻译得到诗 3 和诗 4 两者。最起码认识到这一点，我们对两者如此不同的分类倾向（即前者构成了恰当的翻译，而后者不是）将变得有趣起来。据推测，这种正统立场植根于我们对语言和意义建构的（以语言为中心的）文化预设。尽管在原始材料中，两种模态是互相结合的，但当从文学视角考虑图 6.1 时，我们更倾向于认为我们从根本上遇到的是基于文本的诗歌。因此，尽管只是多模态整体的一部分，但文字模态却仍被赋予了某种优先权。假若诗 4 以“图 1”为标题，我们的期待会大不相同。这表明此类文学作品的读者 / 观众 / 译者并不会认为整体中的每一种模态都具有同等地位。我们能够感知到层级顺序（无论是有意识地还是无意识地），因此一种或多种模态会被赋予优先权。虽然当该整体仅被特定社团成员阅读 / 观看时，这种层级顺序可能是隐性的，甚至是不可察觉的，但在翻译时它常常变得非常明显，因为感知到的层级结构部分地决定了在相关联的目标文本（即译本）被创造时源文本意义是如何被重构的。早在 20 世纪 70 年代早期，米歇尔·福柯（Michel Foucault）就在反思文字与图像的关系时关注了多模态整体的这一方面：

> *ou bien le texteestréglé par l'image (comme dans ces tableaux oùsontreprésentés un livre, une inscription, unelettre, le nom d'un personnage); ou bien l'imageestréglée par le texte (comme dans les livres où le dessin vientacheverce que les mots sont chargés de représenter, commes'ilsuivaitseulement un chemin plus court). Il estvrai que cette subordination ne demeure stable que bien rarement car il arrive au texte du livre de n'être que le commentaire de l'image et le parcourssuccessif, par les mots, de sesformessimultanées. Il arrive aussi au tableau d'être dominé par un textedont il effectue, plastiquement, toutes les significations.*
>
> 要么图像统领文本（如那些在其中再现书籍、题词、信件或人名的画作）；要么文本统领图像（如在一本书中，图画完成了文字所承担表达的信息，就像走了捷径一样）。诚然，这种从属关系很少能保持稳

> 定。这本书的文本所发生的变化是它仅仅变成对图像的评论，以及其同步形式通过文字表达的线性通道；而这幅图画所发生的变化是它由文本主导，文本的意义是由图画比喻性地图解的。
>
> （Foucault，1973：39−40；Foucault，1983：32−3）

着重主从属性的模式切换，这一分析表明多模态（文学）翻译过程涉及
148 转置和意义（再）建构的多个阶段。首先，作者通过精心组织某一整体（源文本）来建构某种（或多种）意义，然后译者 / 出版商转置意义建构资源，通过精心组织相关实体（目标文本，可能是也可能不是多模态的）为（多种）意义的（再）建构提供机会，再然后，译本的读者 / 观众在其译本解读中（再）建构目标文本（和 / 或源文本）的意义。[14] 因此重要的是，多模态整体的翻译是一个转置和意义（再）建构的过程，该过程常常揭示译者 / 出版商所感知的模态层级。在多模态源材料中，一种模态可能会被优先考虑或前景化，而这一判断可能会受到错综复杂的文学因素（如语类、风格、形式）和主观个人信念及能力（如在处理文字工作方面的信心强于图像）的影响。显然，当诸如图 6.1 的整体转换为诸如诗 3 的单模态目标文本时，很明显一种模态被永久地优先于另一种。译者创建一个比源实体具有更低模态维度的目标实体的决策暗示了模态的可感知层级顺序。然而，为指出诗 3 与诗 4 产出过程之间的差异，我们需要修改该符号系统，以便指示优先化的模态（当然，在某些情况下，可能不止一种模态被优先化）。如果 w 表示“文字”（writing）模态，i 表示“图像”（image）模态，那么两个翻译过程可有效地公式化为如下形式：

$$S_{f_1}^{2} \rightarrow T_{e_1}^{1^{w}} \qquad (3)$$

$$S^{2}_{f_1} \rightarrow T^{1^{i}}_{e_1} \tag{4}$$

（3）中 T 上的第二个上标表示主模态为文字，而（4）则表明主模态为图像。从形式上看，此公式显示出了这些过程由于译者/出版商对多模态源文本中某一模态的优先而导致的差异，尽管两过程是相似的。在实践中，这种优先顺序可能完全是主观的，也可能由于运筹方面的制约（如版权限制）而产生。无论何种原因，在（3）和（4）中模态数量从 2 降低至 1 意味着这些过程都可以被广泛地归类为次模态间翻译（hypointermodal translation）的实例。

为了进一步探讨这些想法，我们以图 6.3 和图 6.4 为例。这两例中，该多模态源文本（即图 6.1）的某些特定方面得到了翻译，而其他方面则完全未曾改动。

在图 6.3 中，诗歌文本较之源文本完全没有改动，但单峰驼的照片却被转换成一个完全不同的目标图像。这对整体的意义有着重大影响，因为（之前讨论过的）木版画图像的历史和美学内涵已经被丢弃，转而被一种具有色彩、纹理和准三维成型的图像所取代。相反，在图 6.4 中，源图像保持不变，但诗歌文本已经从法语翻译成了英语。显然，这 149
再次使得目标文本的意义不同于源文本。我们再次假设图 6.3 是为法式法语读者社团所准备的，而图 6.4 是为英式英语读者准备的，那么此处列举的两个翻译过程将分别体现为如下形式：

$$S^{2}_{f_1} \rightarrow T^{2^{i}}_{e_1} \tag{5}$$

$$S^{2}_{f_1} \rightarrow T^{2^{w}}_{e_1} \tag{6}$$

在这两种情况下，文学作品的多模态维度都没有改变，但通过考虑译者选择的那些多模态整体的成分，我们可推断出某种模态被认为

图 6.3　新图像

图 6.4　新文本

优先于另一种模态。重要的是，这并不意味着被优先化的那一种（或多种）模态一定会被读者 / 观众认为是最终整体中作为主导或最重要的模态。例如，理查德·波塞特－达特（Richard Pousette-Dart）的水墨水彩画《哥特式花园》（*Gothic Garden*）的法国复制品可能题为 *Jardin Gothique*。此例中，假定这幅画的复制品完全没有改变，那么标题将是译者优先考虑的，但大多数说法语的观众可能仍然会认为图像是该整体
150 中最重要的部分。在例（5）和例（6）中，两种模态在翻译中都得到了保留，但图 6.3 中的图像被译者活动改变，图 6.4 中的文本也被以另一种形式呈现。在这些例子中，译者对特定模态的优先化并不能代表读者 / 观众决定某一层级顺序。个体仍一如既往地按照自己的意愿阐释多模态整体，当然也有可能（确实有可能）在阐释过程中，这些模态的相对主 / 从关系会发生转换和改变（如福柯所认为的）。

5. 音乐维度

目前提及的例子仅涉及在源整体中包含的模态（子集）在目标整体中也包含的情况。然而，其他情况我们也同样应该仔细研究。例如，1919 年弗朗西斯·普朗克（Francis Poulenc）把六首《动物寓言》（*Bestiaire*）诗改编成音乐，该系列中的第一首歌就是《单峰驼》（Poulenc，1920）。事实上，这首歌有两个不同版本。起初，普朗克用长笛、单簧管、低音管、弦乐四重奏（即两把小提琴、中提琴和大提琴）和人声谱曲，但随后他又发布了一个只有人声和钢琴配乐的版本。这两个版本与阿波利奈尔和杜菲的诗画间的关系都值得我们深思。在普朗克的设置中，（和以往一样）原始的书面文本已经从其关联的图像中分离出来。转置已经发生，书面文本的意义材料现在可以借助音乐模态符号资源而进行（再）建构。不过，我们必须马上注意一些问题，因为“音乐”就像“语言”一样，在潜势上是种看似无理的模态。如果这个词被宽泛地用于所有形式的音乐——从印刷乐谱到 mp3 录音，再到现场表演——那么可以说它把本应被正确分开的不同的物质性和逻辑性合并在了一起。因此，我们最起码应该区分书面音乐（written music）和表演音乐（performed music），即由纸张上符号的书面系统默声表现的音乐（如一首弦乐四重奏曲的乐谱）与由听觉声波表现的音乐（如一场使用乐器的弦乐四重奏的实际表演）。这类似于前文提到的文字与口语之间的区别，因此不言而喻，紧密的传统用法关联将书面音乐和表演音乐两种形式的符号供用特征联系起来。在弦乐四重奏乐团里，小提琴手通过阅读乐谱并通过肢体姿态（如手指在指板上的放置，以及琴弓的移动）阐释乐谱产出所需的听觉声波。用之前引入的术语，书面音乐和表演音乐是近端模态，因为就像口语和文字，它们各自提供可用的特定结构单位（如降 E 大调和弦、四分音符、二分休止符、变格终止）之间已经建立的一对一的映射。鉴于这一初步区分，我们有望将书面音乐和表演音乐再细分为两种子模态——歌唱与伴奏，因为两者具有不同的供
151 用特征。歌唱通常包括印刷乐谱中由文本所提供的语言元素（如单词、短语、句子），并且在特定的语境中，可以与口语模态混合在一起，因此存在诸如“诵唱”和“说唱”（sprechstimme）等技巧。这表明歌唱和口语是一对近端模态 / 子模态，因为它们有着极其密切的关系。相比之下，伴奏通常涉及无语言音乐（如钢琴曲部分），这意味着口语和伴奏形成了一对远端模态 / 子模态。[15]

考虑所有这些情况，如果我们专注于普朗克“单峰驼”的现场演出（为了简化问题，专指有人声和室内管弦乐队配乐的原始版本），那么这首歌可以被视为源材料的一种听觉语言的模态间翻译（即转导）。假定欣赏普朗克歌曲的社团与阅读“单峰驼”（图 6.1）的讲法语的社团是同一个，我们以 p 表示表演音乐模态，那么该翻译过程的本质可以表现为如下形式：

$$S^{2}_{f_1} \rightarrow T^{1^{p}}_{f_1} \qquad (7)$$

这一例子揭示了在此开发的符号系统的又一限制。更准确地说，（7）无力地掩盖了这样一个事实，即 T 中所包含的模态在 S 中根本没有。同样，该系统可以很容易地进行修改，以表明何时源文本和目标文本中的模态或子模态是相同的，何时又是不同的。此后，我们将上标 n［x］添加至代表目标文本的符号中，以表示目标模态 n 中的 x 同时存在于源文本中。有了这个符号，公式（1）和（7）可重新写为：

$$S^{2}_{f_1} \rightarrow T^{1[1]^{w}}_{e_1} \qquad (8)$$

$$S_{f_1}^{2} \rightarrow T_{f_1}^{1[0]^{p}} \qquad (9)$$

简而言之，（8）说明源文本（图 6.1）和目标文本（诗 3）拥有相同的文字模态，而（9）则说明在普朗克歌曲（即表演音乐）中优先化的模态在阿波利奈尔和杜菲的原始版本中根本不存在（尽管歌唱的子模态和图 6.1 中隐藏的口语模态是近端的）。[16] 与 p 模态有关的加号（+）简单指明了这一优先化的模态并不存在于 S 中。然而如上所述，在某一整体中只标出一个被优先化的模态，通常是有误导性的简化，因为当听众（再）建构目标文本的意义时，尤其是当该整体有时距（temporal duration）时（如演奏歌曲），不同的模态会在不同的时间凸显出来。举一个具体的例子，在阿波利奈尔诗歌文本的普朗克设置中，声乐部分开始前有 10 个小节的音乐。因此，伴奏子模态在这些小节的持续中必然凸显，因为并未涉及其他模态或子模态。然而，从第 11 小节开始，歌唱和伴奏两 152
个子模态同时出现，层级结构就有了重新调整的潜在可能。

虽然目前所举之例仅仅涉及目标文本的多模态维度小于或等于源文本多模态维度的情况，但其他翻译过程是可能产生多模态维度更高的目标整体的。因此，如果在网站每次被访问时，都在线呈现图 6.1，并播放普朗克歌曲的录音，那么读者 / 观众 / 听众就会遇到一个包含法语诗歌文本、木版画图像，以及诗歌文本的音乐化实现的多模态整体。如此一来，目标整体的多模态维度将大于源整体。其中所涉及的两种模态是相同的（即文字和图像），而另一种模态则是全新的（即表演音乐）。这可用公式（10）表示：

$$S_{f_1}^{2} \rightarrow T_{f_1}^{3[2]^{p+}} \qquad (10)$$

由于在现有多模态整体中加入了表演音乐模态，这一过程可以被归类为一种超模态间翻译（hyperintermodal translation）。尽管此例涉及三种模态，但表演音乐已经被整体组织者优先化，仅因为它被添加至现有复合体之中。然而和以往一样，读者 / 观众 / 听众在阅读、观看和 / 或倾听网页时，可能感知迥然不同的模态优先级的切换模式。这类例子迫使我们面对那些没有得到应有重视的理论问题。正如西蒙·麦克雷尔（Simon McKerrell）和林登·C.S. 韦（Lyndon C. S. Way）近期所提醒我们的："多模态分析和切实的音乐社会符号学处理已经被理论化了，这种理论化主要基于静态和相互联系的书面文本与图像模态。"（McKerrell & Way，2017：8）鉴于此，任何导致创建包含静态和动态元素的多模态整体的过程都确保了其焦点不能完全落在非时间配置上。这也是为什么对翻译如何将整体转化为整体的研究值得认真和持续关注的原因之一。

6. 结论

克莱夫·斯科特在他那本引人深思的关于如何翻译阿波利奈尔的书中，试图将翻译研究的焦点从对源文本解释的关注转向他所说的对"阅读现象学"的探索。他敦促我们将阅读视为"一种对文本的心理一生理体验，一种在阅读中意识和感知的冒险，并将这种体验、这种意识和感知，写回到［源文本］的翻译中"。至关重要的是，正如他所指出的，这种工作"需要增加和扩宽译者的语言、图形和图像资源"（Scott，2015：18）。从该角度看，译者可以自由地在书页上以他们认为合适的
153 任何方式呈现其体验。语言不受句法规约的限制；源文本的线性序列可在表格安排中重新加工，以传达同时性和语义扩展；印刷形式可用来暗示表演姿态；照片片段可作为页边注释出现，以补充书面文本，并进一步动摇传统的线性和秩序。阿波利奈尔的作品为发展这种也许是独一无二的翻译理论框架提供了丰富的语料。

虽然此处简要总结的探索肯定可以适用于所有形式的翻译，但词汇中却时常体现出斯科特对文学翻译的持久关注。其理论可处理涉及“阅读”某一“文本”并创造某一新“文本”的翻译情景，而源文本促进而非限制了这一过程 —— 这种创造性阅读行为的产品主要通过“文字”表达出来，尽管“图像”也同样发挥着重要作用。在这个充斥着超文本小说和动画诗歌的时代，这种形式对文本和语言支配一切的强调似乎有些过时，但在讨论多模态翻译时，（广义上的）文学无疑值得我们仔细研究。这在一定程度上是因为，几个世纪以来，无数作家试图动摇我们认为是模态的符号资源之间存在的关系。例如，在本书“翻译‘I’：但丁、文学性及语言的内在多模态性”一章中，马修·雷诺兹就研究了但丁在《天堂篇》（26 章，134 行）中所使用的作为上帝名字之一的一条竖线（或略微倾斜的线）。正如雷诺兹所认为的，这条线在其文学语境下制造了重重困难。由于韵律的原因，它必须具有一定的（潜在）语音形式（如它必须至少与某一音素和音节相联系），然而由于字符“I”不是传统书面或口头意大利语语言系统的一部分，因此很难知道它应该采取哪种特定的形式。这使得文字和口语这两个近端模态之间的关系变得复杂。事实上，比起别的，这条线似乎与图像的关系更大，但图像应该如何用意大利语表达？鉴于这一切的不确定性，这条神秘的线又该如何翻译？

虽然但丁对上帝的称呼提供了一个特别值得注意的实例，但它也仅仅是众多实例中的一个。绪论中提到在劳伦斯·斯特恩的《项狄传》中，特里姆下士挥舞的手杖引发了诙谐的复杂性，正如其所讨论的，这个小细节给所涉及的模态带来了异常的符号负担。在独身主义的主题上，特里姆的形体姿态被描述为具有和三段论一样的说服力，这一点相当有趣，但在小说中需要印刷页面来表现所涉及的肢体动作的事实却进一步增强了其荒谬性（Sterne，1767：17）。因此，翻译再次变得棘手。模仿姿态的潦草线条在所有语言中都是一样的吗？还是需要在不同的文化语境下重新表达？最后，再举一例，詹姆斯·乔伊斯（James Joyce）[1] 的《芬尼根的守灵夜》（*Finnegans Wake*）是一部冷峻的实验小说（experimental novel）[2]，广泛地融合了口语和文字两种模态。非常规的正字法和无处不在的新词使得乔伊斯创造了一个定制的语言系统，
154 他赋予这一语言系统"cellelleneteutoslavzndlatinsoundscript"的特点，其中"-soundscript"根据读音立刻反应的是"Sanskrit"（梵文），但同时也是"sound"（声音）+"script"（文字系统）的合成词（Joyce，1939: 217）。[17] 在像这样的双关造词中，正字法和音系学结合在一起创造了同音异义的可能性，这些可能性展现了隐藏含义的时机，其中一些含义在看到时就显现出来，而另一些只有在听到时才会显现。因此，翻译这部独特的小说成为西方文学史上最艰巨、又最令人生畏的任务之一也就不足为奇了（O'Neil，2013）。

在充分认识到这些有趣的案例研究之后，本章试图就多模态文学作品的翻译方法展开讨论，尤其是前文所发展的准数学分析形式，它为探究翻译过程对整体的多模态维度的影响提供了一个更精确的框架。尽管如此，重要的是要确保"翻译"这一术语的含义不会变得太过荒谬地包罗一切，以至于实际上毫无意义。因此，作为一个预备步骤，本章主张

---

[1] 詹姆斯·乔伊斯（1882—1941），爱尔兰作家、诗人，20世纪最伟大的作家之一，后现代文学的奠基者之一，其作品及"意识流"思想对世界文坛影响巨大。

[2] 实验小说，与传统的现实主义小说相对，是20世纪的产物，它是与20世纪的哲学、科学、美学、心理学、语言学和其他艺术形态相应发展起来的一种文学形式。其在创作理论上打破了现实主义小说所立下的规范，试图发掘生活中隐藏在物质现象背后的种种无形的可能，塑造想象力和回忆在人的意识形态中所占据的地位，披露人物内心的生活的实质，表达人物内心的需要。因此，实验派小说的素材是以人的意识为主，行动为次，其结构也不是依赖理性的逻辑，而是感性的效果。

对于在既定情况下更具体地考虑转置和意义（再）建构的确切实例。例如，与涉及如音乐和舞蹈的形式相比，涉及口语和文字的近端语言模态的翻译可被归为一个不同的子类型。对各种（子）模态本体论更清晰的认识将有助于明确应该如何对不同类型的翻译进行分类。对此的分析必须包括对原作者、译者 / 出版商及读者 / 观众 / 听众所采纳的观点、策略和偏好的细致评估。有时，如我们所见，源整体被分解，某些（子）模态被丢弃；有时整体的某些部分完全不曾改动，而其他情况下，新的（子）模态被添加到目标文本中，从而促使整个整体的重新配置。在此过程中，某些（子）模态在特定时刻可能会被优先化，而翻译行为可以揭示这些优先化的本质。理解并阐明这些复杂性是一项艰巨而细致的工作，而且将一如既往地存在着广泛的各种对立观点和阐释。尽管如此，正如本章试图证明的那样，在这些令人着迷的基于翻译的场景中，将多模态整体的某些方面形式化和量化是完全可能的，并且通过这种做法，这些源材料的译者所采取的策略可能会变得更加明显。

注释

1. 参见 Graying，2000，第 4 章；Wu，2008，第 4 章。

2. 见克雷斯在本书“意义转置：多模态符号景观下的翻译”一章中引入的术语，笔者所指的翻译既包括意义建构资源的“转置”（如从文字符号功能到舞蹈符号功能的转换），也包括意义“（再）建构”（如观看舞蹈的观众所创造的意义）。但是，我对后者加上括号的用法源于对前缀“（re-）”的不安。因为我还不清楚源意义在何时及如何变得充分解离以致需要再建构的。此外，我也不清楚目标意义是否仅仅是源意义的再创造。这两者往往是截然不同的，有时甚至是有意为之的。

3. 这与本书中马修・雷诺兹在其章节中所提到的“思想言语”（Thought-Speech）密切相关，即未说出的言语：当某人在默读文本时，脑海中默默听到的言语。

4 玛丽亚・门西亚:《温尼伯：希望之船》(2017)：http://winnipeg.mariamencia.。

5. 显然，并非所有语言都是如此，因为很多语言并没有书面形式。参见迈克尔・卡希尔（Michael Cahill）和克伦·赖斯（Keren Rice）的《无书面语言正字学》（*Developing Orthographies for Unwritten Languages*，Dallas: SIL International，2014）。显而易见，我在这里使用的是技术意义上的“框架”（frame）一词，即无论是在物质意义上还是在概念意义上，标记和/或定界一个空间，以确定一个特定水平的意义范围。参见Kress，2010：149-154。

6. “语言系统”的外延比“语言”更广泛。例如，杰弗里・乔叟（Geoffrey Chaucer）的《坎特伯雷故事集》（*The Canterbury Tales*，1387—1400）多次被“翻译”成现代英语（最著名的是20世纪70年代内维尔・科格希尔的译本），尽管中古英语和现代英语严格上说只是同一种语言的不同版本。但由于它们有不同的代词、形态学规约、句法规则、音位集合等，所以它们也可以被归类为不同的语言系统。

7. 遵循确立已久的规约，尖括号（即〈〉）表示既定单词的正字法形式，而斜线括号（即//）表示语音形式。本例中使用的法语单词是〈tristesse〉和〈chagrin〉。

8. 此处措辞有意暗示克雷斯和范勒文2006年的《视觉语法》（*The Grammar of Visual Design*）的副标题。斜线括号中的符号给出了句子“I like this poem”（我喜欢这首诗。）的国际音标转录。更多关于符象化的信息，请参见Heffernan，2004。

9. 相关讨论参见Kress，2010：87-88。

10. 克雷斯的术语在绪论中有所讨论。

11. 与斯科特不同，本章中我将使用“S”和“T”（即“Source”和“Target”）而不是“ST”（Source Text）和“TT”（Target Text）（参见Scott，2015：18）。如前所述，因为此处聚焦于多模态文学作品，所以我不希望让主要与文字有关的传统术语（即“文本”）占据不必要的主导地位。

12. 本书克雷斯在其章节中将这一现象称为“前景化”（foregrounding）。

13. 有关阿波利奈尔和杜菲的诗画集的详细讨论，参见Read，2013：17-30。

14. 此处使用“译者/出版商”的术语是因为在实际情况中，专业译者的作品通常由与其合作的出版商决定，甚至以各种方式进行限制。

15. 显然，在特定类型的合唱音乐，尤其是清唱（capella）中，可能有涉及语言元素的演唱伴奏。然而，这类例子可以合理地归类为只涉及歌唱的子模态。

16. 关于子模态的进一步探讨，可参见Stöckl，2004。

该复合名词一语双关式地指印欧语系的各个成员：凯尔特语、古希腊语、日耳曼语、斯拉夫语、波斯语、拉丁语和梵语。

7

音乐与舞蹈间的翻译：20 与 21 世纪舞蹈作品中舞蹈音乐姿态互动分析

海伦 · 朱莉娅 · 麦那兹

音乐与舞蹈间的翻译：20 与 21 世纪舞蹈作品中舞蹈音乐姿态互动分析

海伦 · 朱莉娅 · 麦那兹

1. 翻译与多模态：语言、感官和文化

在我们努力接受、学习并积极参与的多元社会，多模态翻译是与当下高度相关的话题。当代音乐与舞蹈艺术使我们能够共享某种身体体验。关注表演艺术（尤其是音乐与舞蹈）语境下的翻译有以下三个关键原因：

1. 音乐舞蹈研究在机构中的地位正在下降，正如史蒂芬妮·乔丹（Stephanie Jordan）在其最近研究中强调的，好像“吊桥即将升起”，这进一步将艺术隔离。为了重振艺术，我们迫切需要对多模态翻译如何促进创造性实践与批判性反思进行重新评估。

2. 艺术发生了文化转向，我们也意识到我们是通过隐喻来体验和阐释这种转向的。换句话说，在共同创作音乐舞蹈作品时，艺术家们以他们理解的方式来体验事物：音乐家将对音乐的理解应用于舞蹈，反之亦然（Minors，2012a，2012b）。

3. 不同艺术形式、不同文化、不同民族之间的互动是一种必要且重要的体验，它“从动态互动”（Cook，2013：v）中汲取意义。笔者认为，生活交流的动态性依靠翻译过程。艺术家与艺术媒介之间的对

话、交流和转换是一个双方都努力理解彼此的过程。所有解释性和创造性行为都包含一定程度的翻译（Minors，2013a）。

159 显然，类比产生于语言。意义是建构的（尽管不仅通过语言，还通过其他艺术媒介的回应行为）。对于没有音乐背景的舞者，抑或是没有舞蹈背景的音乐人来说，存在着阻碍理解的障碍，因为他们处在自己不熟悉的语境中，所以产生了对翻译的需求。不同语境会突出不同语言（打个比方）本身，也就会出现不同的理解方式。该问题是本章关注的重点，因为艺术家与观众会通过其自身不同的经验（翻译）背景以多种方式去理解艺术。艺术通过并依靠语言来理解，且某种语言只针对特定的艺术形式，尽管二者存在对等关系，比如音乐和舞蹈都存在动态性，但这种动态性在音乐中指音量的变化，而在舞蹈中指肌肉强度的改变。正如乔丹所言，这既有语言问题（Jordan，2000），也因此意识到我们需要学习“外来词汇”才能参与多模态讨论。大多数音乐舞蹈学者认为，不同的符号系统恰是创作过程共享的一个重要障碍。其他舞蹈学者也用类比语言的方式来评论舞蹈：舞蹈是“文化编码的且有意义的人类行为”（Buckland，2007：187）。

除了口头和书面语言之外，我们还拥有现场表演艺术的身体体验（类似于通过盲文表达的语言），我们可以通过并依靠感官理解艺术，就像口头话语一样，我们听音乐（或言语语言）、观看舞蹈［形体姿态（physical gesture）］。在我们阅读、聆听和感受姿态的过程中，视听互连通过认知系统映射到我们对作品的整体体验中，这些表演在我们对该作品进行个人的解释翻译时极为重要（Minors，2012b；Zbikowski，2012a）。正如彼得·达扬（Peter Dayan）在分析 20 世纪早期作品的跨艺术美学（inter-art aesthetic）时所言：“没有直接的翻译，也没有毫无问题的合作”（Dayan，2011：3）。乔丹（与语言类比相关）和达扬（与跨艺术及艺术之间的感官转换相关）所提到的这个问题实际上是创造性交流的核心。正如爱因斯坦（Eisenstein）在早期电影中观察到的那样，“这种关系并非一种相似性，而通常是一种问与答、肯定与否定、表象与本质的关系”（Albright，2004：93）。乔丹在其最近的舞蹈音乐学研究中提出了一个重要观点，该观点提醒我们不仅应着眼于差异，而且应着眼于共同之处：

> 尽管我们仍然能够追溯这两种媒介的独立发展史，但如今这两种感官平面交会、相互影响，并从其交会中创造新的身份。现在看来，像一致性与非一致性、相似性与差异性这些陈旧的术语已经显得不够用了。

回到多模态翻译领域，人们已经认识到语言和音乐能够提供特定的理解形式：“‘逻各斯中心主义’（logocentrism）[1] 与‘音乐中心主义’（musico-centrism）之间的对决已经风行了数百年，而且还远未结束” 160
（Apter & Herman，2016：6）。在此笔者要补充一点，艺术家们特定的背景及视角提供了其各自内部的对决，实际上这可能是“舞蹈中心主义”（dancentrism），由除了音乐、口头—书面语言之外的另一种体验和交流方式占据了主导地位。正如苏姗·巴斯内特所言，翻译存在于“多元语言和多元文化语境”之中（2014：1）。

借鉴跨文化艺术研究可能会给以下问题提供新的见解：音乐与舞蹈以何种方式融合、在哪些地方融合、如何共同发挥作用、它们产出

---

[1] 逻各斯中心主义，亦称逻辑中心主义，是20世纪20年代由德国哲学家路德维希·克拉格斯（Ludwig Klages）提出的哲学概念。逻各斯中心主义指的是把词汇和语言看作是对外部现实的根本表达的西方科学和哲学传统。

了什么，以及如何共同产出由不同元素结合而成并融为一体的作品。在考虑这些表达与交流模式时，我们要问的是如何能够跨越界限传递感官，这些感官可能存在于艺术、语言和文化领域内部，也可以跨越其间界限。翻译行为要求译者具有创造力。韦努蒂的结论是“任何解释行为都不具备确定性”，这就说明了创造力的必要性，强调了译者的个体性（Venuti，1998：46）。在舞蹈音乐研究的背景下，笔者必须强调译者不是无形的，而是深刻可见并可听的。艺术是通过并依靠文化来理解的。在通过翻译重新评估音乐和舞蹈之间的相互关系时，笔者与帕梅拉·伯纳德（Pamela Burnard）等人一样，利用翻译来探究研究领域，以探求舞蹈音乐作品是什么，以及它们如何表达自己。“跨文化翻译是通过合作共同构建的”（Burnard et al.，2018：232）。合作问题对于多模态创造力至关重要，因此对多模态翻译也至关重要。此处探讨的所有音乐舞蹈作品都是共同创作的，且都依靠对协作和表演的理解交流来完成最终作品。

任何作品的文化背景及创造性行为的表现都与意义建构相关。特定的可识别动作，如阿拉贝斯克舞姿（arabesque）[1]，都具有特定的文化指涉。值得注意的是，该舞蹈动作的法语名称意为“阿拉伯风格”。该动作通常用脚尖完成，其中一只腿抬高 45 度或 90 度，称为“à demi hauteur”（半高）或“à la hauteur”（高）。体态动作的意义取决于其所在的语境。在音乐中，阿拉贝斯克同样反映出阿拉伯风格，装饰华丽的阿拉伯建筑风格在高度美化的旋律中得到了很好的体现。无论意义是通过语言、声音，还是姿态进行传递，它们都是在某一文化语境之内，抑或是在跨文化语境之中创建的。与达扬的观点类

[1] 阿拉贝斯克舞姿是芭蕾术语，该芭蕾舞姿独脚站立，手前伸，另一脚一手向后伸。

似，冈瑟·克雷斯在讨论多模态交际时这样表述：

> 我认为在某一文化中的跨模态“翻译”既是可能的，也是十分困难的。（但）跨文化翻译，无论是同一模态之内……抑或是在不同模态之间，也都是有可能达成的，尽管其中的选择总是很困难，也极为笼统，并且会不可避免地在意义上发生重大改变。
>
> （Kress，2010：10）

综上所述，音乐与舞蹈翻译作为交际活跃媒介的三种关键途径：感官、 161 语言和文化。艺术协作、语言传递、意义转换及表达交流的问题本质对于所有形式的多模态艺术协作来说都是必要的。事实上，这也是为什么在这种语境下的翻译值得被评估的原因。意义交流的这三个类别也是艺术与人文研究委员会资助的研究项目“翻译音乐”（Translating Music）的研究成果。[1] 然而，本章的不同之处在于，我们考虑的是音乐舞蹈作品的身体体验，以及这种多模态作品的视听维度。

克雷斯将模态定义为：

> 一种社会塑造、文化赋予的用于建构意义的符号资源。图像、文字、版式、音乐、姿态、口语、动图、配音和三维物体等都是用于表达和交流的模态实例。作为社会工作产物的现象和实物，在其所处的文化语境中具有意义。
>
> （Kress，2010：79）

这里所列出的模态对于此讨论很是有趣，因为舞蹈贯穿了所有这些模态。它存在于姿态和图像之中，并通过姿态和图像而存在，如作为多维度体存在于音乐间、屏幕上，且正如马修·雷诺兹在本书中的相关研究所提出的那样，一种模态在哪里结束，另一种模态在哪里开始并不总是那么清晰明了的。舞蹈跨越所有这些模态发挥作用的能力表明了其作为一种媒介（一种在协作整体中发挥作用的艺术媒介，该媒介在有形媒介中表达设计作用）被运用于翻译过程（Kress & van Leeuwen，2001：6）。同样，音乐与口语和书面语并存，嵌入姿态，再展现于屏幕之上。作为对克雷斯的回应，笔者认为舞蹈和音乐是可以作为模态参与到翻译中的："某一社团决定将其视作并使用的模态才是模态"（Kress，2010：87）。这三个类别（感官、语言、文化）为我们提供了评价音乐和舞蹈间翻译过程的方式。因此，翻译的概念引导我们探索音乐与舞蹈之间相互交流的方式，以及它们采纳彼此过程或与彼此形成对比的方式，从而在特定的表演空间内，针对特定的表演活动，形成跨艺术的积极对话。

为了探索这个跨学科领域，笔者借鉴以下三个方面的研究背景：（1）音乐与舞蹈研究，通常被称为舞蹈音乐学（choreomusicology）（Minors，2006，2009，2012a，2012b）；（2）音乐与翻译研究（Minors，2013a，2019）；（3）跨文化艺术研究（Minors，2016）。利用这些不同领域，笔者试图解决克雷斯提出的问题，即"跨模态'翻译'"（2010：10）、跨多元文化翻译可能会削弱观察结果。通过对多个领域的探讨（尽管并不详尽），笔者将音乐与舞蹈翻译分为三个类别，这三个类
162 别间确实存在相似性与差异性。在此基础之上，笔者将从现场感的角度来阐释这三个类别，即对作品的现场体验进行阐释，无论是从创意合作艺术家的视角，还是从对作品感受的视角（即在表演中阐释作品的现场体验）。舞蹈音乐研究将受益于对翻译概念的探索，以便进一步评估这些艺术媒介间的意义转换。该方法将翻译视为理解音乐舞蹈

作品的一种方式，还用于了解音乐舞蹈之间的对话与互动，并探讨如何通过引入这三个类别（感官、语言、文化）为舞蹈音乐研究提供新的认识。首先，本章将在舞蹈音乐研究背景下探讨翻译，而后使用三个案例研究说明翻译如何为阐释音乐舞蹈作品提供新的视角，即翻译如何促进对音乐舞蹈作品创作与接受维度的新理解，以及翻译能否揭示出作曲家与编舞家在合作过程中做出的一些创造性选择。

2. 音乐舞蹈翻译的新路径

对于舞蹈音乐学而言，动作艺术的时间特性由于其视听特性而变得不那么明显，这就要求我们将视听转换理论化。为了做到这一点，必须再次提出对语言问题的认识。正如谢布内姆·苏萨姆－萨拉耶娃（Şebnem Susam-Saraeva，2008：189）在其对音乐与翻译的开创性研究中所指出的："对许多研究者和从业者来说，仅仅是在音乐语境中提及翻译就带来了巨大的难题。"当我们同时考虑舞蹈和音乐时，这个难题就变得更加棘手。翻译与许多音乐文本相关（Minors，2013a），在探究"音乐如何表达"（Albright，2009）时，有必要问清楚向谁表达、如何表达，特别是它对舞蹈和音乐表达了什么。尽管在跨媒介翻译方面存在困难，但本章中的实例具有共同的实践基础，即笔者选择了为剧院创作的具有音乐舞蹈作品文化的芭蕾舞实例。因此，这里所探讨的音乐与舞蹈领域是由其在芭蕾舞流派中的位置，尤其是在 20 世纪西方芭蕾舞实践中的位置所塑造的。

由于我们创造和体验这些艺术的方式之间存在根本差异，因此音乐舞蹈的合作作品也十分复杂。虽然存在感官上的鸿沟，但这并非是一面无法逾越的墙。我们认为之所以会存在不同，部分原因是我们赋予这些艺术的名称不同，但某些文化却存在一个词，可以同时包含两种艺术形式。理论家们认识到许多艺术是相互重叠的，丹尼尔·奥尔布莱特（Daniel Albright）在泛美学（panaesthetics）的重要作品中提出，艺术并非是分离的，实际上“所有艺术都铭刻在我们的身体上”（2014：281）。此外，罗宾·科林伍德（Robin Collingwood）在创作《艺术原则》（*The Principles of Art*，1923）时称“舞蹈是所有语言之母”（in Copeland，1983：371）。奥尔布莱特指出“舞蹈是对音乐的回应，是其自身音乐的创造”（2014：284），这强调了这些艺术的交互性质。本质上，奥尔布莱特主张沃尔特·佩特（Walter Pater）被广泛引用的观点，即“一切艺术都追求达到音乐的境界”（Herzog，1996：122）。无论处于什么条件（文化语境、表演地点或信息），一种艺术
163 都可以在另一种艺术形式中发挥作用，为了交流姿态而采纳其过程及等效性。尽管艺术形成了相互依存的关系，可以传递内容、风格和姿态，但它们不能“在物理上转换、翻译成另一种媒介”（Dayan，2011：21）。然而，早在语言和形式语义结构出现之前，我们的身体便是一直在运动的，在许多方面，我们在体验多模态作品时所形成的视听认知映射可以说是早于语言的，因此它是语言的基础，也是所有形式的翻译研究的中心。

我们有必要提出以下问题：听觉和视觉维度是如何相互作用的？翻译不仅提供了一种交流内容的方式，而且还提供了艺术家根据自己的选择相互做出反应的方式。作曲家为舞蹈，尤其是 20 世纪及以后的芭蕾舞创作做出了哪些选择？编舞家在为音乐编排舞蹈方面做出了哪些选择？（他们是选择预先创作的音乐，还是实时协作？）音乐与舞蹈之间的协作行为是如何真正依赖翻译过程的？音乐与舞蹈都有其各自的词汇和语法（此处为隐喻的说法），并以此将其艺术

融合起来，这里的词汇和语法是一种音乐的韵律感或舞蹈的节拍感（此处仅为举例），这与口头语言不同。亨利埃塔·班纳曼（Henrietta Bannerman）发现，这种语言是“元运动的（metakinetic），而非元语言的（metalinguisitc）”（2014：66）。语篇语言和音乐舞蹈语言之间的差异基于运动体验及非语义音乐体验。这并不是说音乐不具有指称意义，但它无法表达特定单词或句子的细微差别。从根本上说，许多等效性是从时间经验中得出的，因此也取决于韵律、节奏、乐句和节拍。

鉴于视听翻译研究的文化转向（Apter & Herman，2016），以及对文化音乐学的持续关注，本章需对这种特殊音乐舞蹈语境中的翻译进行理论概述。音乐姿态（musical gesture）的概念（Minors，2012b）作为一种分析方法，在探索音乐与舞蹈如何形成有意义的关系上至关重要。姿态分析（gestural analysis）是在概念映射领域提出的，在该领域中不同域（domain）的整合是根本。我们清楚各自独立的艺术形式，了解其内容与结构，但此刻我们将作品作为一个整体来体验。正如马西米利亚诺·洛坎托（Massimiliano Locanto，2018：38）所述，许多网络系统是从不同概念域（conceptual domains）形成的，这些域间的映射形成了音乐舞蹈间互动及交流的新视角。这一观点也回应了笔者之前关于音乐舞蹈表演的研究（Minors，2012b）。

为了构建模型以开始探讨音乐与舞蹈之间的翻译，笔者扩展了在他处提出的模型（Minors，2012b：171），其中音乐与舞蹈空间通过维恩图[1]展现，以图解两个域的整合空间。该模型阐明了三个类别，通过它们可以在翻译方面（感官、语言和文化）探索音乐与舞蹈的映射

[1] 维恩图（Venn diagram），英国逻辑学家维恩制定的一种类逻辑图解。

（参见图 7.1）。其映射可能是由创意艺术家在合作时，以及理论家与观众在接收作品时完成的。翻译视角（无论是对语言、感官或是文化
164 的探索）为我们解读音乐与舞蹈的映射提供了依据，为我们探讨这些关系提供了见解，确保我们超越传统的相似性与差异性概念（如前所述）。体验是在特定的语境（时代、地点、国家）中进行的。但值得注意的是，如果翻译能够使创意艺术家和理论家将音乐与舞蹈的关系视作是相互依存的，那么该模型就需要认识到在创意过程和表演过程中，其内容之间存在持续的相互交流与转换，其中每种艺术都会相互改变。我们听到的内容会被看到的内容所改变，所以我们看到的内容也会改变我们听音乐的方式。

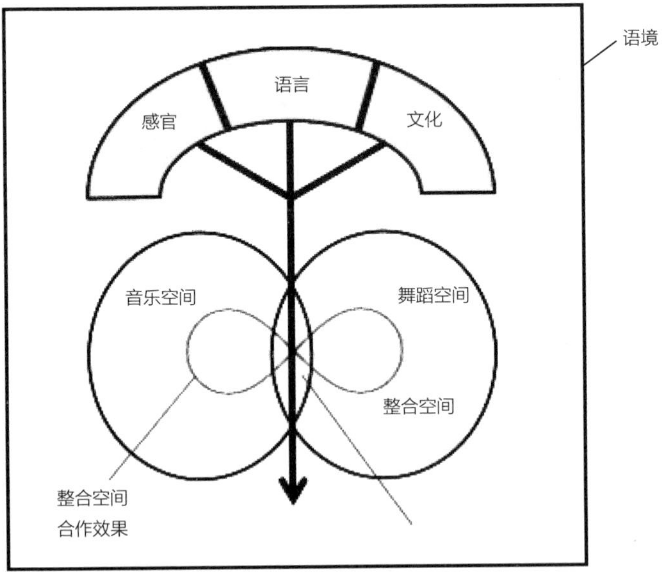

图 7.1　通过语言、感官和文化翻译映射音乐与舞蹈的相互依存关系

如今在跨文化研究领域，也提出了类似的问题。伯纳德等人

（Burnard et al.）提出音乐和乐事（musicking）[1]如何能够“充当翻译技术，使我们理解并概念化各种音乐创作实践”（Burnard et al ., 2018：233）。因此，该方法考虑了所有涉及作品创作和接收的元素的参与。另外，在书面与口头语言之外，它还考虑了音乐如何被翻译以及在何种程度上能够被翻译；舞蹈如何被翻译及其如何翻译其他模态的问题。

3. 翻译与音乐舞蹈的姿态艺术

为什么翻译概念对音乐舞蹈作品，尤其是不断发展的舞蹈音乐学领域具有重要意义？在这种语境下将翻译理论化的目的在于说明其作为舞蹈音乐学的一种新路径的重要性，并完善这样一个事实，即音乐 165
翻译不仅是对各种音乐文本（如乐曲简介、歌词或乐谱）的翻译，而且还要求舞蹈和音乐本身具有翻译其他艺术媒介内容的能力。通过以下三个个案研究，笔者提出如下问题：当编舞者使用预先创作的音乐时，翻译过程能被解读吗？或相反，作曲者和编舞者在共同创作新音乐舞蹈作品时，如何利用翻译与转换过程？考虑创作过程，我们转而针对其产出的作品提问：我们如何解读视听元素间的新意义？需要注意的是：翻译这个术语有被过度使用的危险，除非对其进行完善，否则可能会丧失其用途。这一术语在音乐中与意义转换、艺术改编、编排、翻唱、改写、乐曲译谱（transcription）及变化（transformation）

[1] 乐事（musicking）一词是由音乐研究学者克里斯托弗·斯莫尔（Christopher Small）创造的一个生造词，指与音乐有关的事件，如音乐会、音乐节、唱片发售、讲座传播、演奏音乐、聆听音乐、教音乐、读音乐，以及各类环境背景音乐，如音乐喷泉、广告音乐、促销伴奏乐，甚至清扫音乐厅、张贴音乐海报等。

等概念相重叠（Minors，2013a）。作为一个过程，翻译促使研究人员质疑创意合作者的选择，绘制该领域的发展图景，并找到分析视听作品的方法。因此，它本质上是质问性（interrogative）的。它需要域的映射，但它不会将一个音符换成一个动作（或将一个词换成另一个），即它不要求意义或句法的正确性。

翻译对音乐舞蹈作品有何意义？例如，如果一个编舞者试图将乐谱的内容翻译成舞蹈，那么其结果可能仅通过元素对等（如有节奏的模仿）来模仿音乐吗？或者，视听域间的那些对等是否会产生更多种类的相互关系，从而揭示一种相互依存的状态（即一种相互依赖的共存状态，但每个元素都在整个短暂的体验中保有其自主性）？

值得注意的是，笔者专注于叙事性芭蕾舞作品，以完善本实例的范畴。笔者利用三个个案研究来说明之前概述的音乐与舞蹈翻译的三种路径：（1）以作曲者与编舞者共同合作，以及同一位编舞者选择预先创作的乐谱的例子来说明跨越视听障碍的感官之间的翻译（感官翻译），这与克雷斯在翻译中提出的“移动意义”（moving meaning）的概念相关（2010：124）；（2）利用音乐视觉化解释如何将音乐与舞蹈的语言翻译理解为相互之间的翻译，即一种符际翻译，通过类比来寻求语言翻译，最终将音乐视觉化或将舞蹈听觉化，这与克雷斯提出的翻译的子类型“转导”，即“意义资源从一种模态转移到另一种模态”（2010：125）相关；（3）用时隔一个世纪被二次解释的某乐谱的文化（间）[（inter）cultural]翻译，显示音乐与舞蹈在新的文化语境中被重新挪用，从而赋予新的意义，但同时也有一些意义被延续。如前所述，对克雷斯的交叉引用是可能的，因为“元素的重新排序”发生在“跨文化的同一模态中”，因此也代表了他所提出的翻译的子类型“转化”（2010：129）。

笔者所选取的例子是专门针对音乐与舞蹈之间进一步研究与讨论这一需求的：前两个个案研究是因其在舞蹈音乐研究领域的热度及音乐与编舞的质量而被选中的。通过列举一些前人已研究分析过的例 166
子，试图用新的翻译视角来论证解释性翻译过程可以更好地促进跨学科的理解和参与。选择最后一个个案研究是为了确认，除协作之外，还有其他意义可与同时代的文化、政治及社会互动。该例子介绍了一个经过再次阐释和现代化改编的作品，它根植于文化历史，不仅适合舞蹈与音乐研究中的文化转向，而且让笔者能够反复强调将翻译视为一种探索音乐舞蹈作品的合适且独具魅力的工具的重要性。因此，经过深思熟虑，我们选择了一些已经从不同角度被广泛探讨过的个案研究，将翻译概念加入这些开创性的作品之中，为舞蹈音乐研究提供一个新的视角。

4. 作为研究路径的感官翻译

正如本书绪论中简要提到的那样，瓦斯拉夫・尼金斯基是谢尔盖・佳吉列夫带领的著名俄罗斯芭蕾舞团的首席舞者，佳吉列夫委托他为两部作品重新编舞：第一部是 1912 演出季为克劳德・德彪西已经获得成功的《牧神的午后序曲》所编的舞；第二部是 1913 演出季为伊戈尔・斯特拉文斯基（Igor Stravinsky）的《春之祭》所编的舞。德彪西的作品是 1894 年为回应斯特凡纳・马拉美的同名象征主义诗歌而创作的，而斯特拉文斯基的作品则是根据他梦见的一场祭祀仪式而创作的，祭礼上他看到一位年轻的处女跳舞至死。

德彪西的选择很是特别。同该诗歌一样，其音乐也可说是象征主义的，他以音乐的 110 个小节回应散文诗的 110 行（Wenk，1976：

161）。他也在 A 大调的不同音调中心设置了重复旋律（第 23 小节），就像该诗中同样指示将音调调至 A 大调一样（第 37 行）。此处，音乐与文本直接相关。诗中排箫的意象通过长笛独奏表现（如 94—99 小节），正如双管所指示的那样（第 20 行）。在该乐曲前段还使用了两个合奏长笛（这并没有明显的音乐方面的影响，因此似乎可以肯定是回应了文本，从将其间动机（motive）[1] 分开转变为自乐句高潮处的合奏，第 26—29 小节）。同样，性的追逐通过模仿号角来表现（以 19 世纪狩猎歌剧中的表现形式而闻名）。此外，重要的是通过音乐与舞蹈之间的独特方式所感受到的运动感，这种瞬间的运动感是感官翻译的一部分，因为这依赖于身体体验和对音乐短暂性的体验。

笔者认为该例子是音乐和舞蹈之间的一种感官翻译（且可扩展到德彪西音乐的符象来源，即其同名诗歌），因为与诗歌的共享反应及共享涌现意义（emergent meaning）是通过不同艺术过程发展而来的，
167 但其最终感官的共享是连贯的。不同感官间的整合是非常重要的。该诗歌将梦境的概念与现实对立起来，独奏的农牧神 [2] 爱慕神话中的仙女，似乎跨越了这两种存在状态。音乐通过两种关键方式来唤起这两种可变的存在状态：（1）独奏旋律避免了所有形式的传统调性和声，避免了调的确立，以及任何封闭的终止音节——音乐似乎悬浮在音调中心（$C^{\#}$）[3] 周围；（2）开场陈述（opening statement）（长笛独奏，第 1—4 小节）重复了很多次，第 1 乐节包含五个陈述（第 1—29 小

[1] 动机，音乐术语，又称“乐汇”。它是乐段内部可划分的最小组成单位。动机必须包含一个或一个以上的重音，两个或两个以上的乐音。动机具有独立的表情意义，是音乐主题的代表，是主题或乐曲发展的胚芽。

[2] 农牧神（faun），古罗马神话中半人半羊的神。

[3] $C^{\#}$，比 C 调升高半个调。

节）—— 乐节 A1 使用了修改后的主题材料，但在进一步展开主题材料之前两次使用了开场修改后的陈述（第 31—36 小节）。接下来是夜曲部分。原陈述在第 79—82 小节重奏，之后又有四个重奏陈述。主题材料的重现可理解为记忆的再现。

重要的是，节奏、乐句与陈述长度的变化会改变时间体验。德彪西创作的是陈述慵懒且无规律的节拍，但在一个乐句中音高两拍与三拍模式并列出现，使得陈述产生了即兴感。持续的开场音符在第三个陈述（第 21 小节）及其后再次持续出现。重奏陈述使用新的拍号（time signature）[1]，重点放在两拍和规律节奏模式上（第 79—82 小节，见图 7.2）。重奏陈述 3 与开场陈述相似，但是 4/4 拍，而非 9/8 拍（第 94—99 小节）（参见图 7.3a 第 1 小节和图 7.3b 第 94 小节）。这很有意义，因为德彪西在努力改变我们的时间体验，但又努力纳入持续的乐动。尼金斯基对马拉美的诗及德彪西的音乐的回应确保了这种不确定状态，即（标题中的）农牧神究竟是亲身经历过该情境，还是实际上他仅是在做梦。这种无法确定的存在状态在尼金斯基依据德 168
彪西音乐的编舞中得到了进一步发展。德彪西用不断变化的二、三拍节奏制造持续律动，而尼金斯基则提供了一种静态的舞蹈形式，以农牧神侧卧于土堆之上作为开场陈述。物理上的停滞给音乐带来了一种静态感，但实际上这却能使观众发现音乐的相似点，并非在音乐停滞处，而是在开场陈述的重复处（同一音符的下降与上升，紧随其后的第 2 小节对第 1 小节的完全重复）（Nijinsky，2013，时间码 00：00—02：07）。农牧神也手握一支笛子并假装吹奏的场景统一了视听域之

[1] 拍号是在乐谱中使用的符号，用分数的形式来标画。每一个乐谱前面都有拍号，中间如果改变节奏会标出改变的拍号，拍号如同分数，如 2/4、3/4 等。

间的联系，让观众误以为是农牧神在演奏这段旋律。这样，该主题就与农牧神关联了起来，而乐曲的重复也就因此与其变化的状态联系在了一起。

图 7.2　第 79—82 小节

图 7.3a　第 1 小节

图 7.3b　第 94 小节

为了运用音乐与舞蹈之间的差异来投射静止状态与梦境状态的特定感官体验，我们探讨了音乐与舞蹈语言的等效性。由于不同感官模态的传递方式不同，观众会因此“承认每种媒介的自主性”（Duerden，2007：77），但这并不仅仅造成了差异。对比鲜明的艺术特征通过其间映射产生了一致的浮现意义（emergent meaning）。过程与作品的差异性能够产生意义的相似性。让我们来进一步验证：仙女的徒步行走以近似二维的侧面呈现，像极了古埃及的象形文字，这增加了停滞感，尤其是在呈现主题的第 5 陈述时（第 26—30 小节；Nijinsky，2013：02：53—03：30）。领头仙女慢慢解开围巾，将其放在地上，通过放下物体进一步增加了明确而具体的静止性。同样值得注意的是尼金斯基对重复长笛回音主题（第 27 小节）的处理，即农牧神生硬而不流畅的头部动作。微小的体态动作伴随着两种长笛的复杂交替，使他这一对比鲜明的动作进一步增强了音乐的流畅感。尽管如此，在仙女和农牧神彼此注视时，视听差异再次汇集，在一整合空间相遇，从而提供了一种统一感。视听元素间的错位转换是传达梦境与现实二元关系的必要条件。该舞蹈有种与音乐“拒绝合作”的意味（Albright，2000：7），这对于结合这些艺术形式的不同基本特征来产出单一叙事至关重要。此外，音乐与诗歌的艺术媒介之间也有一个类比之处，即在两支长笛第一次合奏时，舞蹈也提供了信息的统一。当考虑舞蹈如何翻译音乐的感官体验时，我们可理解的复杂程度说明这样一个事实，即尽管律动有所不同，但其统一的等效性仍可利用。只有音乐与舞蹈一起才能形成最终的视听影像。

克劳迪娅·高伯曼（Claudia Gorbman，1980：189）提出了互蕴涵（mutual implication）的概念，尽管这一概念年代较为久远，但在探讨视听媒介间感官转换与思想交流的相关研究中发展迅速。传统
的翻译概念依靠口头与书面语言，而艺术翻译则部分依赖于感官体 169
验、各种“表达”或发布内容的方式，以及各种记录内容的方式（如乐谱、录音、舞谱、录像）。因此，米歇尔·希翁（Michel Chion）的电影理论也与当前的背景高度相关，该理论指出“跨感官感知”（transsensorial perception）的必要性（Chion，1990：137）。各媒介间的持续交流进一步强调了梦境与现实的对比关系，因为观众被引导着去质疑我们是从谁的角度来看待这一活动的。甚至农牧神都在质疑：“Aimai-je un rêve？”（“莫非我爱的是个梦？”）（Mallarmé，转引自 Austin，1970：23）。马拉美对德彪西音乐的回应进一步强调，感官翻译可能为作品提供更多帮助，他指出该音乐“延长了我诗歌的情感，设定的乐谱比色彩更为生动”（Austin，1970：13）。

尼金斯基与作曲家的合作方式诚然不同，与伊戈尔·斯特拉文斯基合作创作《春之祭》时，他便致力于创作新的韵律结构和截然不同的编舞形式。他无视传统的芭蕾姿态，反而更喜欢膝外翻、平足、角动作，以及身体形态的扭曲（Nijinsky，1987）。斯特拉文斯基的乐谱是根据他自己梦见的一场祭祀仪式而创作的，祭礼上一位处女跳舞至死（这是斯特拉文斯基在访谈和纪录片中常提到的故事）。尼金斯基似乎已经感受到了该场景的多重人物角色，年轻姑娘、圣贤和年长者们在仪式中以各自的角色展开较量。为回应故事冲突及众多音乐结构层次，在有着高音大管独奏的第 2 个陈述（这基于立陶宛民间音乐，Stravinsky，1947，彩排图 12），大幕拉开时我们首先看到的并非独舞者、二重奏或芭蕾群舞演员，而是一个有着不同群体的场景，在左后方有一群男人，还有一位膝外翻的老妇人独自弓腰前行，一群女孩跪在中央，另一群在右后方，还有一群蹲在右前方（Stravinsky，2008：02：38）。斯特拉文斯基的音乐以韵律结构为基础，运用规律的节奏抵消切分音。此处，2/4 拍在一小节中提供了四个规律的八分音符节拍，但重音打乱了节奏。毫无疑问，尼金斯基试图强化故事的原始感，强调这种节奏重音音乐的原始本质，将第一群男人的手臂动作与音乐的重音对应起来：手臂仅在重音处抬起、落下。脚始终随着四个八分音符移动，好像重音就在小节的第一个拍子上。该编舞方式使形体动作与乐动相匹配，这与他为德彪西音乐编舞的方法完全相反。乐谱不同节奏层次与形体动作的匹配具有增强对重音的感受及视觉效果的作用，两者结合起来比各自单独出现的效果更为强烈。有趣的是，“斯特拉文斯基认为通常语言不仅具有表达功能，而且具有侵入性，并提出我们有权将包括音乐在内的所有媒介的功能翻译为其各自的语言逻辑”（Dayan，2011：125）。斯特拉文斯基谈及音乐与舞蹈的关系：令人惊讶的是，对他而言，节奏上的对应很重要，因为他指出，这种对应是被“评估到音乐单位的”（Dayan，2011：17）。当我们研究尼金斯基编舞中使用的节奏结构时，这种侵入的程度似乎会对合作关系产 170
生影响。

这两个例子都说明了 20 世纪叙事芭蕾舞剧及音乐创作中一些早期的开创性变化，因为旧的传统观念在形式、韵律及和声方面都受到了挑战。感官翻译将这些挑战带入了各自学科，同时还将其施加给了观众。这些例子也说明了一个编舞新人是如何回应和翻译这些作曲家在织体[1]、音色、节奏和主题发展方面的革命性方法。

5. 作为类比的语言翻译

通过音乐视觉化的例子，语言翻译得到了生动的阐释，其中编舞者以类比语言的方法理解音乐与舞蹈的基本特征及句法。音乐的基本特征，如节奏和音高，被视为等同于舞蹈的节拍和高度（音高的隐喻等价）。将一种艺术形式的内容以相似的方式翻译为另一种艺术形式的做法引起了人们对“米老鼠化”（mickey-mousing）[2] 的关注，即不同领域旨在相互模仿的一种状态。音乐视觉化需要“类比思维”，而每个领域的要素之间都具有直接关联性（Zbikowski，2018：60）。正如保罗·霍金斯（Paul Hodgins）在创立“舞蹈音乐”（choreomusical）

[1] 织体（texture）是指音乐作品中声部的组合方式，分为单声部织体和多声部织体。前者指以单一声部的旋律作为陈述方式，如齐奏（唱）；后者指以多个声部的相互结合作为陈述方式，又分为复调和主调两种类型。

[2] 米老鼠化是斯科特·布拉德利（Scott Bradley，1891—1977）创造的一种卡通作曲模式，意为为每一个细微的动作作曲。

一词时所指出的那样，“舞蹈中音乐的视觉化程度在很大程度上取决于编舞者自身的偏好，以及所涉及的音乐拓扑结构的运动姿势的可译性”（1992：13）。这个过程始于确定这些基本特征的相似性，但随着我们对这些域的映射形成大于各部分总和意义的结构相关性时，这个过程就变得复杂起来了。

卡罗尔（Carroll）和穆尔（Moore）认为“舞蹈运动的作用是从一种媒介到另一种媒介的翻译——从乐动冲击到有血有肉的运动”（2008：16）。他们称，最有趣的音乐舞蹈关系是那些“体现了乐动冲击的具体翻译”（Carroll & Moore，2008：17）。早期支持音乐视觉化，即音乐是舞蹈的催化剂的是多丽丝·韩芙莉（Doris Humphrey）[1]。她的舞蹈《G弦上的咏叹调》（*Air for a G String*，1934）表明，日常生活的动作（步行、踏步、摇摆）可以随着与音乐相同的节奏运动。下半身与音乐的低音线相关，而手和上半身与旋律相关（Humphrey，1934：00：00 – 00：26）。韩芙莉十分了解观众的视听处理过程及翻译视听体验的作用。她提醒道：“不仅眼睛捕捉得更快，而且在与耳朵的较量中，眼睛总是优先的。”（Jordan，2012：225）她的观点在许多电影理论中也适用，并得出结论：在视听成分映射中，并非总是对等的。我们处理这些视听艺术的速度不同；我们用以消化它们的感官亦不同，且我们“观看”作品的体验支配
171 着我们的眼睛。有趣的是，许多编舞者试图通过视觉化音乐来处理该概念。那么，当我们观看她们的舞蹈时，是否能更好地聆听音乐？

对韩芙莉来说，音乐如何影响舞蹈十分重要，其考虑翻译的方法不仅探讨了影响的存在，还探讨了在创作过程中影响是如何产生的。

[1] 多丽丝·韩芙莉（1895—1958），美国现代舞的先驱，在舞蹈动作技术、编舞和理论方面的革新者。

在该背景下，音乐对舞蹈的影响很大，甚至改变了人们观看和理解音乐的方式。现在，观众不再受制于单个艺术体验，而是应邀去“感受一个整体，音乐与舞蹈的完美结合”（Jordan，2012：226）。

正如20世纪后期的评论，著名的编舞家乔治·巴兰钦（George Balanchine）[1]指出“音乐必须被看到”（Zbikowski，2012a：219）。但是怎么看呢？究竟看到了什么？它是如何进行类比的？艺术之间的基本特征通常被认为是等价的，就像标记它们的名词一样。但从根本上讲，其重要性首先在于作为时间艺术和韵律艺术的并存，能够随着时间的流逝塑造、分割并构造时间。韩芙莉在回应巴赫（Bach）的《G弦上的咏叹调》时，她通过其描绘的动作线条图解巴赫的乐句，并确保韵律结构的可见。

最终，过程的转换，舞蹈中的音乐可视化本身并不是目的，而是一种使新作栩栩如生的方式，但它需要一个挑战——翻译的不稳定性为这种创造性局面提供了有利条件。编舞者必须添加一些东西，同时必须保留两种艺术的特质。其自主性及相互关系十分重要，因此必须提出相互依存的概念，即二者的组合必须大于各个部分的总和，但也必须尊重各领域的特点。映射类比的过程并不会去除每个域的重要主体性。

音乐视觉化最新、最著名的例子来自马克·莫里斯（Mark Morris）的编舞。他经常使用预先创作的音乐，并根据乐谱创作作品。他运用

---

[1] 乔治·巴兰钦（1904—1983），美国舞蹈家、编导。一生编排了包括《堂·吉诃德》（1965）等芭蕾舞全剧在内的200多部芭蕾舞，执导多部歌剧、音乐剧、电影的芭蕾布景。在为音乐剧《保持警惕》（*On Your Toes*，1936）创作的《十号大街上的杀戮》中，舞蹈首次成为音乐剧叙事的一部分。

珀塞尔（Purcell）[1]的《狄多和埃涅阿斯》（*Dido and Aeneas*）创作了一部新作品，在舞台上融入了现场女高音，确保了此时音乐人和舞者之间可能的姿态交流。他的《迪多的哀歌》（*Dido' s Lament*，1995）阐释了编舞者是如何利用音乐视觉化，运用运动术语将声音的音乐元素翻译到结构（帕萨卡里亚[2]）和歌词（形体与声音姿态隐喻性地传达了歌词含义）中的。同时也指出了导致音乐与舞蹈间姿态内容差异的重要性，因为视觉化不仅是简单的模仿。

莫里斯对音乐的理解在当代编舞家中尤为突出，他在指导其作品方面也极为杰出。值得注意的是，“莫里斯在访谈中总会从翻译的视角提到他的音乐方法”（Jordan，2015：77）。该方法看来是独特的，它突出了其创造性过程；给了译者发声的机会（而非使译者隐形）。莫里斯在创作舞蹈、后续将其内容翻译至身体、表演中，以及在同时担任编舞、舞者和导演多重身份时充分考虑艺术间的相互关系方面，扮演着特殊的角色。此外，他的许多舞蹈都是亲自完成的，自己编排
172 动作，而后表演，这其中就包括《迪多的哀歌》的首演。之后，在他解释音乐结构、视觉实现和具体体验时，运用了各种翻译过程。莫里斯的方法得到了具体的表现，但当他将从音乐中汲取灵感作为出发点时，我们必须质疑是否他的“舞蹈为我们提供了对音乐的新见解？”

[1] 亨利·珀塞尔（Henry Purcell，1659—1695），英国作曲家。珀塞尔共写了49部戏剧音乐作品，综合了英国戏剧、诗歌、假面剧、民间歌曲和舞蹈、器乐曲等多种形式。

[2] 帕萨卡里亚（Passacaglia）是巴洛克时期起源于西班牙的一种高贵庄严的舞曲音乐。一般为三拍子，小调式。17世纪后期由巴赫等音乐家发展至高峰，以其独立的结构性、高度的横向延展性、材料的集中统一性、织体的坚实性、音乐发展的连续性，以及特有的风格韵致而得到欧洲音乐大家的青睐。

（Jordan，2018：88）。当然，基础低音（重复低音乐句）和卡农[1]（模仿的旋律结构）以该方式视觉化，使听众意识到音乐的重复，否则这些重复将成为更大音乐织体的一部分。开场的基础低音（Morris n.d.，02：17起）将低音节奏通过芭蕾群舞演员的脚步表现出来。随着低音线的下降，舞者向舞台的后方移动。正如其他人所指出的（Jordan，2015），莫里斯在嵌入手语时使用了可与语言直接类比的姿态，特别是在"记忆"（04：06）和"情感"（03：33）方面。这些象征性的姿态也指出并清楚地证明了他质疑时间艺术类比的方法。

音乐与舞蹈的结合不是"婚姻"的结合，就像丹肖尔特（Damsholt，2002：238）指出的，我们通过二元性对音乐与舞蹈进行隐喻性理解。借用乔丹的说法，在这个特殊的编舞过程中"音乐感染了舞蹈"（2012：226），因此这不太具有一致性。寻求类比和视觉化音乐的过程重视声音元素，音乐可以"施加……其自身特征给其他"艺术媒介（Cook，1998：103）。这些编舞家做出了慎重的选择。音乐作为源文本并不意味着舞蹈（目标文本）只代表音乐。这些时间艺术映射的类比体验具有相互性，这就意味着其双方都改变了观众对另一种媒介的看法。这就说明任何翻译都是对源文本的改写，而目标文本虽然包含源文本的内容，但绝不会与其完全相同，这也不是创作的目的。音乐舞蹈作品的相互依存就是从这种必要的互换中延伸出来的（即使这种交换是从语言类比中得出的）。

像圣·丹尼斯（St Denis）在音乐视觉化讨论中所说的那样，如果

[1] 卡农（Cannon）是一种音乐谱曲技法，复调音乐。一个声部的曲调自始至终追逐着另一声部，直到最后的一个小节，最后的一个和弦，融合在一起，给人以一个神圣的意境。卡农的所有声部虽然都模仿一个声部，但不同高度的声部依一定间隔进入，造成一种此起彼伏、连绵不断的效果，轮唱也是一种卡农。

一个人想要“将音乐科学地翻译为身体动作”，那么重点必须放在那些可以找到对等的元素上，包括“节奏、旋律及和声结构”(Damsholt，2018：22)。这种从音乐姿态(musical gesture)到舞蹈姿态(dance gesture)的形式绘制并不是严格的翻译，它仅针对有限数量的元素（尤其是节奏）。这提醒我们，编舞者在这些情况下要做出很多选择。此过程由编舞者选择把一种媒介的某些内容转换为另一种媒介。因此，作品的意义与风格发生了变化，而其准确性并没有得以传承。

6. 作为评论的文化间翻译

文化翻译存在于众多领域，尤其是音乐领域，其风格与体裁在全球范围内迁移，并根据文化地域及时代进行调整。音乐植根于各种族多元
173 文化之中。因此，阐释文化翻译是有选择性的，但该选择仍与之前列举的20世纪的芭蕾舞实例相一致。“文化过滤我们对世界的体验”(Sturge，2011：67)，因此考虑音乐舞蹈作品的文化语境至关重要。

最近，埃里克·萨蒂的《游行》重新上演该剧最初由莱奥尼德·马辛(Leonide Massine)编舞，吉恩·谷克多(Jean Cocteau)编剧，巴勃罗·毕加索(Pablo Picasso)设计，并由谢尔盖·佳吉列夫的芭蕾舞团于1917年上演(Satie，2007)。重新上演的《游行》由威尔士国家舞蹈团出品(Satie，2017)，以庆祝俄国革命一百周年。但是，一个音乐舞蹈作品如何体现文化翻译？为了新版《游行》的上演，相关人员做了什么工作？新作名为P.A.R.A.D.E（精心地以大写字母重新拼写，并在每个字母间加上了句点），对这一源于法国的作品在文化和时间上进行了明显的移植，如今在威尔士上演，以纪念俄国革命。这样，作品（配乐和叙事方面）被重新定位到一个新的位置

（不同文化、时代、经过修改的叙事），具有新的浮现意义。新版本具有新的编舞及修改过的剧本，在其首演的一个世纪之后对音乐重新翻译。英国广播公司（BBC）将该作品描述为萨蒂乐谱的一个“大胆的新版本”（P.A.R.A.D.E，00：10–00.30）。导演马克·里斯（Marc Rees）利用了20世纪席卷全球的政治和技术变革中存在的冲突。值得注意的是，萨蒂的《游行》被设定在谷克多的剧本中，即通过马戏团经理的视角，以及一种销售下一场演出门票的营销策略，颠覆了经济业务。原版是对全球化和技术进步的赤裸裸的讽刺性评论，其服装和布景是由立体派艺术家毕加索设计的，包括根据摩天大楼和牛角构思的经理服装，以及一位八字脚的美国女孩和一位中国魔术师。作品所代表的文化是通过刻板印象与视觉文化符号表现的，但乐谱也不能避免这种颠覆。警笛、彩票转盘、打字机等声音被嵌入城市声音中。因此，这种乐谱和叙事孕育了新作。新的布景同样涉及政治、经济和技术层面。翻译可能会将作品转移到一个新的叙事及新的语境中，但某些语境仍保留并映射到新语境中。

马戏团以工厂形式重新出现。摩天大楼的技术进步被移植到类人机器人上。经理在外售卖马戏团门票的位置现在变成一场沉浸式活动的场所，观众成为反对政治演说家的抗议者。作为一名观众，我被鼓舞着手握写有大写字母P的红色旗帜，高喊着反对政治演说家和机器人的口号，从外面一路行进至工厂（卡迪夫的千禧音乐厅）以体验表演，就像工人们已经准备好了要向资深政治人物示威。“外部”和“内部”、“我们”和“他们”的概念在1917年和2017年的版本中都是一个稳定存在的特征。

萨蒂乐谱中的技术思想，不仅通过打字机等体现，还通过在乐章中运用重复的固定音型、贯穿始终的机械而有节奏的乐句，以及生硬

174 的重音旋律线来关联重复而生硬的动作。然而，在舞蹈中，机械化是通过一面用纸板箱做的墙被慢慢拆除而表现出来的（幕布升起以显示该墙，09:56）。此前提到的难以逾越的翻译之墙在此处生动地表现出来，并被瓦解、被摧毁。

第一个出现的舞者折叠在一个箱子里，而后扭曲的身体慢慢从箱子中出来，脚被控制着、束缚着。合作团队庞大，包括由导演马克·里斯带领的威尔士国家舞蹈团、英国国家广播公司威尔士国家管弦乐队（BBC National Orchestra of Wales），卢比肯舞蹈工作室（Rubicon Dance），以及Dawns i Bawb舞蹈团体。编舞家马科斯·莫劳（Marcos Morau）与涂鸦艺术家普雷·伊沃（Pure Evil）、建筑设计师珍妮·霍尔（Jenny Hall），以及高空杂技演员凯特·劳伦斯（Kate Lawrence）共同加入了这一开场的沉浸式活动。音乐通过卡迪夫湾的扬声器播放，使用的是萨蒂《游行》的序曲片段，夹杂着静电声和抗议声（04:35-04:45）。随着观众参与其中，表演的界限消失了。尽管如前所述，在一种媒介将其特征强加于另一媒介时，翻译的作用可能是侵入性的。而此处，这种强加是施与观众和当地社区的，被骚乱包围的高层公寓的住户们从阳台上聆听、观看该活动。

该芭蕾舞作品是颠覆性的——机器人被颠覆，以反抗政治领袖，与工人一起工作，为工人服务——就像谷克多的原始剧本融合了差异性及多样性。像首演的超现实本质一样，编舞者把日常工作环境中的物品运用到舞者身上——胶带不仅用于密封箱子，而且用于束缚舞者，因为他们将胶带缠绕在自己、他人身上，以及地板上。舞蹈动作中可见音乐的固定音型及有节奏的重复，以示叛乱正在发生，尽管舞蹈与音乐刻意不同步（关注作品的文化含义，避免音乐视觉化）。最后，机器人出现在了工人身边，但值得注意的是，工人之前被脱了衣服，只剩下白色内衣，而现在他们穿着演出中在舞台上用纸板箱和胶带现场制作的服装：他们自己也变得机械化了。

要问舞蹈和音乐在何处相遇，还需要问它们是如何结合在一起的，以及它们结合在一起做什么。换句话说，即它们的联合协作活动产出了什么？如何产出？班纳曼指出“从结构角度看，舞蹈与语言有共通之处，且像语言一样，舞蹈也需根据文化编码进行交流”（Bannerman，2014：66）。此处，这些文化编码是通过技术、经济和政治变革的元主题共享的。不仅将时间从 1917 带到了 2017，以肯定俄国革命，而且评论、政治演讲和观众参与进一步成为对英国政治的评论，还直接引用了 2017 年保守党会议（咳嗽声打断政治演讲）。此时此刻是一系列时代、事件、地点、文化和政治回应的升华。其映射虽复杂，但却是基于共同的文化经验。这种共同的经验促进了合作创作者及观众对作品的翻译。

7. 结语 175

本章旨在探讨音乐与舞蹈是如何协同工作的，以翻译为切入点，介绍翻译是如何与这些多模态艺术的创作及接受维度产生联系的。在探究感知如何在音乐与舞蹈艺术之间转换的问题上，三个个案研究揭示了这些时间艺术通过感官、语言、文化三种潜在翻译类别相互作用而产生浮现意义（Cook，2001）。三个案例统一选自 20 世纪以来的叙事芭蕾舞作品。音乐舞蹈作品中的三个翻译主题，即语言翻译、感官翻译和文化翻译，表明翻译使学者及创意艺术家们审视其做了什么，以及如何做，但首先需承认翻译过程是所有创造性协同工作中的一项基本过程。

当谈到叙事电影音乐时，高伯曼（Gorbman）称“重点是在观看体验中，图像、声音效果、对白和音乐曲目是绝不可分割的，它们构成了一种表达组合”（1980：190）。翻译是一种融合，而非分割。这三个个案研究表明，相互依存的概念对于理解这些叙事芭蕾作品至关重要，对于理解其艺术姿态也至关重要。相互依存是由于这些艺术与艺术家之间的对话产生的，而对话又离不开对某些形式的翻译。

合作与创造性工作依赖于翻译概念的不精确这一事实。“艺术作品的翻译绝不能保证精确”（Dayan，2011：133）。因此，在确立新的文化定位（文化翻译）时，抑或是在映射音乐与舞蹈中，其不同元素对同一刺激做出不同回应（感官翻译）时，抑或是在映射音乐的舞蹈视觉化（语言翻译）时，音乐与舞蹈的变化是共同创造的，且在表演中通过翻译这一概念进一步探究，而翻译概念不仅寻求信息的准确性，还着眼于过程与信息的传递。

注释

1.“翻译音乐”（线上）是由艺术与人文研究委员会资助的项目，由我与露西尔·德斯布拉什（Lucile Desblache）共同主持。该项目概述了三种翻译类别（感官、语言、文化翻译）与歌剧、音乐可及性及教育的关系（Desblache & Minors，2019）。

绘画式写作：以图文多模态翻译为例

塔马林 · 诺伍德

绘画式写作：
以图文多模态翻译为例

塔马林·诺伍德

引言

本章介绍了一种独特的“半盲”绘画方法（第1部分），从中得出一种新颖的写作方式（第2部分）。该推导过程可理解为一种多模态翻译的形式，其中绘画方法（被翻译的原始“文本”）从其原始的图画模态中被提取出来，在文字模态中重构，进而产生一种“绘画式”写作方法。

以此方法产出的写作，至少对学术写作来说，在形式和结构上都不同寻常。在此写作过程中，正文中偏离主题的地方会出现一个垂直标记（｜），而这些离题的可能性随着文本的展开被进一步挖掘，从而产生贯穿页面的文本片段连接线。这些线密切探测写作对象，逐步呈现其轮廓，很大程度上就像绘画中笔尖探测画纸、眼睛探测物体一样。正如吉恩－吕克·南希（Jean-Luc Nancy）所指出的，绘画对象是通过其在画纸上逐渐形成的图像被寻找并逐步发现的（Nancy，2013：10）。他认为通过该过程，我们会对某物体产生某种想法，而这种想法是在绘画开始之前没有形成，也不可能形成的（10）。这种探索与邂逅在画纸表面呈现出来，每一次探索的“形成性力量”

都在画纸上留下了可见的记录：绘画形成过程的物质凝结（Nancy，2013：12）。我认为由绘画式生成的写作可被解读为探索过程所留下的物质痕迹。在书写过程中，这个痕迹是偶然产生的，但却被保留了下来，就像特里姆下士挥舞其手杖后，在《项狄传》的书页上保留下
180 来的手势线条一样（Sterne，1978［1762］：743）。[1] 在这里，写作与绘画一样，其过程比作品更重要。

笔者所采用的多模态翻译的具体过程也能如此吗？翻译过程是否比产出的译本更重要？反思劳伦斯·韦努蒂翻译德里达《什么是"相关的"翻译？》（*What is a "Relevant" Translation？*）一书的方法，他选择"尽可能地贴近德里达的法语，试图通过创造等价的语篇效果来重现其句法、词汇和版式——即使这样会危及英语，使之扭曲成奇怪的新形式"，但在保留这种陌生感的同时，还需要为英语读者保持"一定的可理解性和可读性"（Venuti，2001：173）。绘画式写作过程要求我们在对文字的可理解性和对绘画实践的坚持之间也取得这种类似的平衡——但将语言扭曲成奇怪的新形式更像是一种机遇，而非威胁。德里达将画笔笔尖以近视性的（myopic）、密切探测的方式与盲人的移动联系在一起，我在绘画与写作之间进行翻译的方法与德里达的类比有一定的共通之处。盲人为了移动"必须前进，全力前进，……在空间中穿梭就像是冒险一样"（Derrida，1993：5）。一旦我确定了半盲绘画法的特点，并建立其所暗含的写作方法参数，剩下的就是前进——像冒险一样去完成翻译任务——进而回到南希的观点，就会得出一些在绘画（或翻译）开始之前不可能形成的东西。这样，第 2 部分的文本不仅是近视性写作过程的产物，也是近视性翻译过程的产物，即一种"绘画式"的翻译过程。

在此过程中，写作的形式要尽可能紧密地依附于它在绘画中的起

源，这确实会使其扭曲成奇怪的新形式。我希望能够通过读者的阅读体验反映出作者的写作体验，即一种专注的努力，就像我的画笔在每一个指间节点、掌指关节或前臂细节不断干扰的过程中，对人体模特轮廓全面细致的追求（后面我便会讲述与此相关的一个轶事）。这些必要干扰的每一个细节均需循着一定的时间，直至它们被下一个、再下一个细枝末节（即离题）所取代。只有这样，绘画中我所画的对象，就像写作一样，才能逐渐在纸上成形。

如果本章中多模态翻译的例子是一个“绘画式”翻译过程，那么我们是否可以从绘画实践中寻求分析翻译过程的新方法呢？因为本章第 2 部分的写作是近视性地在纸张表面摸索出来的，所以多模态翻译的问题并没有出现，也从未明确地提出过。但对翻译感兴趣的读者无疑会遇到连接我的文章的文本，这些连接处会吸引读者的注意力，使其注意到其自身的离题，遵循这种“自发地在头脑中浮现”的联想方式，他们可能会得出紧随南希观点的结论，即翻译在开始阅读之前还尚未形成。[2]

举个例子，我们可以将人体模特的身体想象成一个原始“文本”，用铅笔素描翻译成图画。沿着这种关联的思路，人们可能会考虑，通过 181
展示其身体的多种姿势，模特是否提供了对其身体的多种解读；对其身体的每种观点是对同一文本的新解读还是一个全新的文本。我们可以沿着这个思路进一步追问，艺术家的眼睛在模特身体上移动，是否和译者的眼睛在文本主体部分移动一样；再进一步问，艺术家和译者是否都同样渴望眼、手的完美配合，从而使其的介入完全不被察觉，他们的翻译或绘画，完全等同于原作。鉴于完全对等的译作如同完美刻画的画作一样难以企及，我们可以进一步探索，在翻译实例中寻求约翰·伯杰（John Berger）在画作接近完成时，以及他“开始根据对作品的要求、需求来作画”时经常遇到的危机点（Berger，2005：8）。如果此时，这画作“在某种程度上是真实的”，他继续道，“那么这些要求就可能符合人们通过实际探索发现的事物。如果这画作基本上是假的，这样做就会放大其错误”（8）。翻译也如此吗？[3] 我们可以在绘画与翻译的类比中沿着这个思路，抑或是其他蜿蜒的路径继续摸索下去。[4]

最后，从写作过程中涌现出来的是对一个连接点的描写，将这一连接点描绘为一个由绘画者想要通过铅笔线条勾勒、耗尽或完美描绘作画对象的愿望所激起的近视的、前行的、开创性的行为。这是一种缓慢、敏感、顺从，甚至几近爱抚的行为，但它又以狡诈的方式接近描绘对象，看似用亲密的触摸来爱抚它，却仅是为了捕捉它，将其捕捉并钉在画纸上，抹去它身上所有独特的、难以捉摸的特质。[5]

如果绘画的确是一种爱抚和捕捉其对象的内在冲动，此过程中还冒着抹杀其对象独特性的风险，那么翻译也是如此吗？或至少本章所举例的翻译实例也是如此吗？在将其翻译为一种写作方法时，我处理源文本的方式——绘画的方法——是否带有一种温柔顺从的爱抚，这种爱抚隐藏着抹杀特性的风险，若如此，那源文本还剩下什么？对于这些问题，我的回答是回到德里达的观点，他戏剧性地描述了关于绘画的个人看法：“就好像，当我正要画的时候，我再也看不到那个物体了。因为它立刻逃走了，消失在视线之外，几乎什么也没留下……它遮住了我的双眼，却让我看到了那可怜的景象”（Derrida，1993：37）。在绘画，也可能是翻译的这种可怜景象中，物体在被捕捉的瞬间逃走，而这恰恰保证了原作的生命力，即使是在其轮廓被（尽管是爱抚地，也总是不完美地）捕捉到纸上之后。在绘画结束时，未完成的是“不可避免的存在——物体的物性（thingness）”（Schwenger，2001：102），这些仍是不可译的，但可通过留在纸张上的探索来描绘，而这探索又是通过笔尖、眼尖和译者任务之尖近视而执着地前进留下的。

第 1 部分 182

我的办公桌上卷着几张磨损的劣质画纸，上面是四年前秋天的那几个月中我所作的画和笔记。当时我参加了一个晚间的人体素描班，从那以后，我好像就再没画过画，也没怎么看这些画了，但这门课我还记得清清楚楚。

每节课都以几个非常快速的姿势开始，然后进行五到十分钟专注光线、色调或线条的练习，而后便开始最后半小时的对某一姿势的人体素描。在开始绘制这最终的画作之前，老师会提醒我们如何在画纸上标记，以免在测量或构图时出现错误，而这些错误一旦出现便来不及更正。我们应该水平或垂直地举起铅笔，参照模特的视图，然后用铅笔这一临时的尺子，配合我们的拇指，测量出模特身体主要部位之间的相对高度和距离，如肩到膝盖、肩到脚趾、头到肚脐再到手。我们的任务是在纸上画出这些主要部位点形成的网络，并将它们精心绘制成一幅构图合理、比例匀称的画作，使之最终与我们每个人在其各自位置所看到的模型相似。

我用这种方法画出来的画似乎总缺点儿什么，我思考良久才明白缺少的究竟是什么。当然，当时的我已然荒疏了，而且看看这些画，它们可以被画得更好些。但这不是视觉上的问题，而是触觉上的问题。我意识到这些画缺乏的恰恰是我来上课所为了享受的东西，如柔软的皮毛、铅芯与纸张之间的摩擦、在画纸上花费的时间、对外形的不断拉扯、调整和磨合，这些在画中都没有。相反，在开始作画之前，我已经构建了一个无形的视线装置，它能清晰地表达出模特与我眼睛之间的误差，以及我的眼睛与手与纸张之间的误差。这个视线装置使模特主要部位点形成的网络，以及其间的特征更加固化，从而能够穿过空气将其提取、转换，再将其传送到画纸之上。这装置似乎挡住了我的视线，又或是使空气变得浓重，使之成为障碍，结果是模特的身体和我的画被原本要连接它们的视线分开了。铅笔像手术刀或鸟喙一样在空中四处疾飞，在纸上啄来啄去，而不是打洞。如果没有了那些敏感、自发的挖掘，用铅笔绘画似乎就没那么令人着迷了。

当那之后的一周再去上课时，我用了一种不同的方式作画。我只看模特，直到画完，我一次也没看过那页纸。在余下的绘画课上，我一直用这种我认为是半盲的方式作画。这样画画十分有趣。这似乎封存了绘画对象、纸张和眼睛之间的差距，把所有想象的装置都压缩成一个接触点，在单个探测行为中观察、测量和标记。最重要的是，在笔头工作中我最感兴趣的始终只是挖掘这项活动。

我的方法是把视线安放在模特皮肤的某个点上，同时把笔尖放在纸张的某个点上，该点便指向模特皮肤上的相应点。现将两者的表面
183 进行配对，当铅笔开始在纸上扎根时，眼睛也开始在皮肤上扎根。笔尖变成眼尖，不断摸索的尖喙在柔软的物体上摸索着，只见其表面的一个小点在铅的末端被描绘出来。我所能做的就是随着眼睛的移动，移动铅笔。这样，眼睛就通过铅笔的盲点来确定纸张的位置，我不需要看画纸，也不需要与画纸表面失去接触就可以继续作画。

有几周，我试图让画作与模特更相像。为了做到这一点，我必须采取更多的策略。一旦画纸与模特的皮肤配对，铅笔和眼睛就必须精准地同时移动，因为如果任何一个短时间的放慢或加速，都会导致比例的不一致。如果它们都移动得太快，就可能会遗漏一些细节，而这

些细节以后将无法重新获取并得到修正，因为我无法再次找到那个位置。因此，每一个细节都需要在第一次遇到的地方和时间细心留意。笔尖在画纸表面挖掘，只有通过与纸面的接触才能与模特的身体保持接触，所以如果铅笔脱离了纸面，身体和画就会从视线中消失，无法再次索回。

有时我可以调整笔尖附近刚画好的部分。事实证明，只要我的手部肌肉能够记住手指的最后几次弯曲或手腕的最后一次调整，并能够反向重复这一系列动作，就有可能将刚才走过的路线折回。手的记忆提供了几英寸之内的修正，即一秒钟左右，这种矫正可以有策略地运用。例如，可能我会发现模特的指关节和手指之间的连接由五条足够短的通路构成，这使得每一根手指都可以被描绘在纸上，每一次回到指关节的动作都足够短、足够快，我用于作画的手部肌肉的记忆可以做好这一切。但在模特身体更复杂或拥有多个连接处的位置，情况就不同了。当前臂与锁骨相交，逐渐升高至手部，随后便需要再回到锁骨处与其进一步相交，这样，手臂的位置和角度，以及剩余的锁骨长度看起来并未被我手部来回的突然动作打断，这种情况下又会是怎样呢？我作画的手部肌肉记不住这么复杂的步骤，接连的错误便会出现。最终这种形式会在纸面上被擦去，各元素以每个关节点为中心交互旋转。我想尝试另一种策略：让铅笔在一系列分支进退中缓慢行进，或者选择可能被肌肉记忆挽救的线路，并将其一起处理。然后不可避免地接受这样一个事实，即细节稀疏的区域会误导笔、眼配对，创造出不规则或不清楚的区域和轮廓；而我选择的任何路径都可能会让整个岛屿完全无法到达，并在页面上留下相应的间隙。

我开始带着线和胶带去上课，后来还带了蓝丁胶（blu-tac）和图钉。有了这些东西，我可以建构线、区域和点来引导我的手部在纸上

184 盲动。这意味着在模特准备好后，我将先花几分钟时间准备纸张，估计中间点并用图钉标记，或在画板上用胶带把纸横、竖二等分，形成四个象限，以便拆分构图。有时，我会像第一堂课那样，用拇指抵着铅笔测量模特，然后在我开始绘画之前，用蓝丁胶在画纸上设置一些地标，这样我在后面的作画中就可以通过触摸来描绘参照点。装置越精密，我画出的画就能越精确。经过练习，我已经能够画出十分逼真的画了。我的眼尖和笔尖仍像之前一样配对，它们仍会随着时间在各自的表面移动，但现在我的手还必须遵循指引，必须习惯于通过加快或减慢其运动速度来巧妙地拉伸时间或空间。手和眼已经失去了原先的紧密性。成为一组复杂的对应关系，包括模特的皮肤及其与纸张平面的关系，有关如何划分纸张的记忆及其与我眼中模特的关系，以及所有这些如何关联我对线或其他装置的感觉，这些感觉会时不时不经意地，或以其他方式浮现出来。到此阶段，我发现我已经对装配这些越来越复杂的引导装置失去了兴趣。我忽然觉得，倒还不如看着这画纸作画。

★

我认为在整个绘画生涯中，我都全神贯注于绘画的体验与感受。但与此同时，我也深深地被绘画过程中的细节所吸引。在我看来，这一过程中每个细小的方面都是一项全新的创造，而且似乎每一处转折都充斥着鲜为人知的意义，仿佛每个方面都象征着某种未知的事物，只是在我所处的位置是看不见的。或许如果我站在别的地方，就能看见了，这便是我为什么急于把这一过程的每个特点都储存在记忆里的原因。策略、束缚与规则、铅笔与眼睛、纸张与皮肤之间匹配的精确度，以及触觉与视觉的范围——什么是缺失的，什么是多余的。我或许是想将它们记存起来，这样就可以在另一个时间，从另一个有利位置再次置身其中。无论出于什么原因，在我努力记住它们之前，这些想法都一直困扰着我，担心自己会忘记的这种焦虑开始让我从绘画中分心。

这种情况在半个小时的绘画过程中可能会出现两三次，那时我就会停下手头的工作，在纸的右边缘草草做个记录，然后继续画。有一条笔记叫“更勇敢的诗行”：穿越太空，｜勇往直前，｜在黑暗中｜也不迷茫｜。时隔几年，如今我见到这些笔记已很难回想起当时的意思。其中一些因字迹潦草而含混不清，更加难以辨认是“勇往直前”（launching forth）还是“发射形式”（launching form）？是“不迷茫”（not blind）还是“不是孤岛”（not island）？不管怎样，我记得这些潦草的字迹是怎样写在纸上的。当我需要记点东西的时候，我会敏锐地盯着模特的皮肤，而不移动铅笔在纸上的位置，然后用左手摸索着直至笔尖。此前，我的左手一般都是放在画板的顶端用来保持其稳 185
定的。左手的拇指指甲会按在笔尖的位置，指向笔将要移动的方向，然后眼睛仍固定在原地，将铅笔从左手拇指指甲标记处抬起，离开纸面。这样，我便可以很容易地用右手感知页面的右边缘，潦草地写下几个字，然后再次找到左手拇指指甲的标记，按照它所指的方向继续画下去。在整个操作中，我费了很大力气才使我的眼睛完全保持不动，但也许在我不注意的时候眼睛确实稍稍游离了一点。自然不必说我在做这些笔记时，线条会出现一些间隙或中断，但如果我能摆脱想要把一切都记在心里的执念，这些都只是小小的代价而已。

但这些执念会再次累积，我不止一次搁下画笔，提前离开画室，以便彻底摆脱这种境遇。回家的路上，画卷夹在腋下，我试着回想发生过的每件事。回到家，我便将画摊在桌上，用我认为合适的速度回想每件事：缓慢地、不受干扰地，从而越回想越多。

★

当然，不管怎样，更多的回想还是来了，即便当下并未作画。在我看来，所有这些工作都产生了两种形式：一种是铅笔在纸上留下的可见形式，另一种是绘制这些铅笔标记过程的不可见形式。这两种形式都会逐渐萌芽生长，并随着时间流逝而变得越来越多。我可以看着画纸上的标记辨认出我所画的身体部位，即使有些地方描绘的很模糊或很粗略。但如果我更仔细地研究这一小块一小块的铅笔笔迹，或眯着眼睛猛然观看整个构图，我竟也能看到我从未有意识画过的物体间的相似之处，就像在云里或墨迹中看到特定的画面，但不知怎的却更协调一致。举个例子，如果我长时间地看画，指关节处潦草画出的连接部分一会儿看起来像一片树林，一会儿像一个根系或道路的交会处，一会儿又像一双眼睛或一个嘴巴，抑或是耳朵的一部分，一会儿却又回到了树叶。一个画面变换成另一个，时而迅速，时而缓慢而局部，因此不同的画面可能会共存或暂用彼此的一部分。但对于其他种类的形式也是如此——如果“形式”一词描述恰当的话——在绘画过程中积累的不可见的印象和想法。虽然我看不见它们的形态，但在我的想象中，它们却触手可及，也可以与我共度时光。当我眯起眼睛细看它们时，发现它们和纸上留下的铅笔轮廓一模一样。移动的笔尖变成白手杖[1]的视觉阀门，就像打开漏水的管道或溢水的水库那样，抑或是眼睛冒着损伤眼膜的风险擦过地面，又变成有刮痕的铅笔尖，诸如此类的感觉。这些看不见的形式及其类似物在我的脑海中穿梭，彼

[1] 白手杖（White Cane）是目前视障人士最普遍使用的导盲工具，以之去触碰地面或是物体以确认前方是否可以行走以及障碍物的位置，而手杖不可及的地方则一概无从得知。

此共存，相互交融，在我观察的过程中彼此增强、变化、调和。随着 186
它们继续扩散，其间的联系也愈发多样、紧密、延伸，从边缘和内部都相互附着。一个想法分裂成更多的想法，每个都在其各自的岔路分流，有的近，有的远，有的消失了又重现，陌生却又熟悉。

在我的描述中，我觉得这些相似之处都被认真地考虑在内了。如果我能追随它们的扩散，我也许会希望能够接近其内核，无论这内核是什么。它们的增长过程没有指引，但其成长方式却有一种似曾相识的感觉，这使我产生了隐约的印象—— 一种沉重的暗示——即它们都描绘了笔尖的性质及其在纸面移动的这种特殊接触。就是这个小东西，一个点。我很惊讶它居然有这么大的力量把我吸引过来。

第 2 部分

一个神学家失明了|。他学着用自己的方式|去上班|。通过声音、气味、空气从他皮肤上的流动|，以及手杖敲击路面，他学会了较为精准地追踪自己在地面上的位置。与此同时，他的思想悬于空中，可以说他把自己想象成在一张记忆中的|地图上移动的一个点。只要他能将自己在路面上和地图上的移动保持同步，他就知道自己在哪里。当这两种拓扑空间突然不对应时，那就变得困难了。人行道上的障碍物会使他完全偏离路线。有了白手杖，他便可以在小的障碍物周围移动而不迷失方向，但对于更大或更复杂的障碍，就是另一回事了。一辆车停在人行道上，或者更糟，一辆车接一辆车以意想不到的角度停着。这种情况下，他会尝试沿着这些车的周长再回到他所走的路线上，这就可能使其路线发生一连串的错误。转过所有的角度之后，他可能仍然或多或少地知道自己在记忆地图上的位置，但却并不知道自

己面对的方向」（Hull，1990：90–91）。

失明了。他的故事读起来像一则寓言，虽然其中的寓意并不明确。

他学着用自己的方式。我想他所付出的努力比我这个能看见的人多得多。

上班。他绘图的目的。他的行走产生的不是其移动的线条，而是他到达了工作地点。

我想知道他的叙述听起来是否真的是对话式的、捉摸不定的、自然流露的——因为这是在说话的瞬间形成的。

不过，也许我之所以在他的叙述中感受到这些特质，只是 因为我知道他是对着录音机说的。

我想知道他在录音时是对着一个假想中的听众说话，还是只是对着录音带说话。

187 **记忆中的。**我曾经看过一部电影，讲述了一个孩子眼睛重获光明的故事。在他双目失明时，总是在房子里跑来跑去，每一个定位标记——门把手、灯台、窗台上的花盆——他的指尖都能如愿触碰到。这些都是他的支点，他会从这些支点上反弹回来，然后非常精准地在家中穿行。电影中，他跑下楼梯，跑出房门，兴奋地赶到医院接受手术。

从医院回到家后，他的视力恢复了，但他对周围环境的了解却仿佛消失了。他跌了一跤又一跤，因为他错误估算了转弯角度，他的脚尖和指尖都无法落到他所预期的位置。他不得不重新学习这一切。

失明、束缚

许多年前，我从收音机里听到一个女人讲起，她祖母小时候，在田野里跳着阿拉贝斯克，她非常高兴，因为值得骄傲的日子到来了，她的脚就要被绑起来了。这个讽刺是如此简洁，我现在甚至开始怀疑自己是不是记错了，毕竟这只是个故事。

这是艾米丽·普拉格（Emily Prager）的短篇小说《缠足者的来访》（A Visit from the Footbinder, Prager，1999）吗？小说中描述的事情与此大致相同，只是故事发生在1260年的中国，一个小女孩在宫殿里蹦蹦跳跳，而不是在乡下。而比她年长的女性亲戚们则拄着拐杖蹒跚而行。她的小说被评论为延续了“西方观察者和东方‘客体’之间的对立，强化了一种以读者为主导的政治”（Newman，2007：6）。

异域、色情，“视觉色情使视觉对象保持神秘”（Marks，2000：184）。

“对爱抚的追求构成了它的本质，因为爱抚行为本身也不知道自己在追求什么。这种‘不知道’，这种根本障碍，就是实质。就像一场逝去了什么的游戏，一场完全没有计划的游戏，没有我们或我们的东西，而是别人的，总是别人的，总是无法接近的，却总是要到来的。”（Levinas，1989［1947］：51）

自己面对的方向。有一个孩子们玩的游戏。一人戴上蒙眼布，被其他孩子一圈一圈地转，开始时速度很慢，然后加快，直到她辨不清自己面对的方向为止。当她开始晕晕乎乎、跌跌撞撞时，其他孩子四散逃开，她便去追｜，伸出双手，跟随他们发出的声音寻找，直到抓住每一个人，抑或是放弃，她就可以解开蒙眼布，恢复视力。她知道蒙眼布打得这个结伸手就能够到，她也可以随时解开它｜，但她也知道，如果这样做，游戏也就结束了。

188 **其他孩子四散逃开，她便去追。**想象一下，所有孩子都在地上留下了他们的活动轨迹，抑或是在他们头顶上安装一台摄像机，并把他们活动过程的鸟瞰图如实地记录在纸上。把动作翻译成符号的任务不仅需要复制每个孩子的路线，还需要绘制出他们的速度、脚放置的精确位置，以及手和眼的动作。在这样的图解中很容易辨认出哪个孩子戴着蒙眼布，哪些是活动自由的。

她也可以随时解开它。她的眼睛自然能看见。但被蒙住了……并非自然地看不见，而是通过其他人，抑或是自己的手。他们遵守了一条非自然或非物理的规则，因为脑袋后面的结是可以轻易被蒙眼者用手解开的……，似乎他是冒着跌倒（fall）｜的

风险选择了遵守。（Derrida，1993：13，对原文做了强调）

跌倒。我想知道，他所说的“跌倒”是否也有圣经中“堕落”的意思，这使事情的真相开始迷失在文字里。

我的一幅半盲画让我感到很苦恼。实际上，让我生气的不是那条腿看起来像是被打伤了，或是关节脱臼了（毕竟，下巴看起来也像是骨折了，而且被从头骨上拉开了，但我并不介意），而是那条腿怎么看都不对劲。身体的其余部分被敏锐地观察过，刻画得引人注目且精确。由于我在画纸上的盲目而产生的许多异象，诱使身体自身的高度敏感性。她似乎陷入了沉思。然后一只像灌了铅一样重的脚栽入地面，这是她与地面唯一的接触点，铅笔现在也已经磨损，几乎钝了。是间距错了，并且由于角度仍然正确，使得间距看起来错得更加离谱。我知道腿是我最后画的。也许那时我已经失去了兴趣。也许我通过触觉或声音已经知道笔尖太粗了，画不好身体的线条，但我想让这身体完整，所以就漫不经心地画完了剩下的部分。

不过，也许问题不在于这幅画本身，而在于我正在看着它。也许问题恰恰在于我看着它，并且希望它看起来很好。

笔尖就像一只眼睛沿着纸面移动｜。在焦距为零的情况下，它盯着铅芯那黑色的沉淀从笔尖拖出｜，附着在纸上。因为两者距离太近了，甚至没有光能射进来，所以看起来更黑了。总是只有这种｜黑色。无论它画什么｜在纸上，无论线条的速度和方向如何改变，在铅笔眼睛的仔细观察下，这个小点变化很小。当眼睛擦过｜画纸时，眼睛表面会聚集划痕｜和标记，其中一些肯定会损伤它的视力｜——视力钝得几乎接触上了｜，都还感觉不到它前后的地面｜。为了看清前方是什么，它必须投身黑暗之中，像冒险一样在空间中奔跑｜。

189 **一只眼睛沿着纸面移动。**德里达想象着笔尖可能会看见什么，如此紧密地贴在纸上，他发觉笔尖是重度近视的。从“图形行为视角”来看，笔是盲目的，它既看不见其前面的形式（它要画的事物），也看不见其后面的形式（要出现在画纸上的图像），结果是只能看到眼前的“原始的、开创性的时刻”（Derrida，1993：45）。

铅芯那黑色的沉淀从笔尖拖出。“这里｜，追踪就是寻找，为了找寻一个将要出现的形式（或让它寻找并找到自己）——一个应该或可能通过绘画来实现的形式”（Nancy，2013：10）。

这里。这里，也在这一页纸上。

这种。这种，也是这种墨水的黑色。

不论它画什么。或写什么。想象一下，当你创作的时候，总是只有这样的黑色：近视的笔尖，或近视的I形光标，闪烁着（I... I.... I...）。

当眼睛擦过。“想想那些你从它们身旁经过仍在吃草的牛吧；它们不知道昨天和今天是什么，它们蹦来蹦去，吃草、休息、消化，再蹦来蹦去，如此从早到晚，日复一日，被束缚在此时此刻的快乐或不快乐之中，因此既不忧郁也不厌烦。这是人很难看到的景象；因为他认为自己是人类，比动物要好，但他又禁不住羡慕动物们的幸福——它们所拥有的那既不无聊也不痛苦的生活，正是他想要的，但他得不到，因为他不愿像动物一样”（Nietzsche，1997［1876］：60）。

眼睛表面会聚集划痕。我不知道它疼不疼。

如果它在擦过纸面时划伤了画纸。

其中一些肯定会损伤它的视力。

Mit allen Augen sieht die Kreatur
das Offene. Nur unsre Augen sind
wie umgekehrt und ganz um siegestellt
als Fallen，rings um ihren freien Ausgang.
Was draußen ist，wir wissens aus des Tiers
Antlitz allein; denn schon das frühe Kind
wenden wir um und zwingens，daß es rückwärts
Gestaltung sehe，nicht das Offne，das
im Tiergesicht so tief ist.

（*With wholly open eyes a creature sees / the Open.*［造物的目光专注于敞开者。］*Our eyes alone are as if turned about and wholly ranged about / as traps that shut its clear way out off.*［唯有我们的目光似乎已颠倒，像设置的陷阱包围着它们，紧紧包围着它们自由的起点。］*// We sense what lies outside from animal/countenance alone;*［那外间实在的，我们有所获悉，单凭动物的面目；］*newborns even /we turn about and force them on their backs /see artifice and not the Open, set / deep within the animal.*［因为我们早已让幼童转身，迫使他向后观看形象，而非敞开者，它深深印在动物的脸上。］）Rilke，1997［1923］，translation by Anto Viesel（安东·维塞尔译）

190 **视力钝得几乎接触上了。**当德里达在绘画和失明之间建立类比时，他更加关注的是触觉的存在而非视觉的缺失。画笔是盲人用来感知方向的手杖，提供了一个视觉的触觉代替物，指尖摸索着纸张，“仿佛指尖上张开了一只没有眼睑的眼睛，又仿佛在指甲旁多长了一只眼睛，只有一只眼，独眼巨人或独眼人的眼睛”；这只没有眼睑的眼睛是“矿灯”，它的光使铭文碑刻成为可能。在他对失明的描述中，运动、触觉和视觉的融合从来都不是不可企及的（Derrida，1993：3）。

都还感觉不到它前后的地面。“在我们前进的道路上，随着新景打开、旧物隔绝，事物不断进入或淡出我们的视线……因此，我们对周围环境的认识，其实是在我们随其不断前进的过程中形成的”（Ingold，2007：87–88）。

像冒险一样在空间中奔跑。德里达描述了安托万·夸佩尔（Antoine Coypel）画中的盲人。“就像所有盲人一样，他们必须前进，前进或投身其中。也就是说，暴露自己，像冒险一样在空间中奔跑。他们对空间感到忧虑，只能用摸索、彷徨的手来理解它；他们描绘这个空间的方式既谨慎又大胆；他们依靠无形的东西计算。似乎大多数盲人并没有在绝对的游荡中迷失自己”（Derrida，1993：5）。

在《盲人回忆录》（*Memoirs of the Blind*）中有许多盲人寓言画｜，有些人独自前行，没有手杖，双臂张开，手指摸索着前进｜。他们被深深地封闭在黑暗里，沉浸在此时此地的触感中：一幅极致亲密｜、过度感知的画｜。这一定是一种游荡，被描绘成一无是处｜。在这些画中盲人脑海里的不是一张周围环境的地图，而是一种恢复视力的希望。这就是为什么这些人被画的原因：展现视觉的奇迹，步入光明、启蒙的救赎｜。

盲人的寓言画。在《盲人回忆录》中有很多这样的画（Derrida，1993：5）。

手指摸索着前进。向前。“预见（anticipate）就是采取主动，走在前面，提前（ante）采取（capere）行动。与猛冲（precipitate）不同，它暴露头部｜（prae-caput）[1]，头先于其他部位，而预见则与手有关。盲人画的主题首先是手，而非其他部位。因为手勇敢向前、猛冲、向前冲。当然，这次是手替代了头，仿佛手要走在前面，准备着、保护着头……预见防止了猛冲”（Derrida，1993：4）。

暴露头部。有时，在寒冷的日子里戴着围巾，这位失明的神学家会突然想到，他其实可以把整个脑袋都蒙上，而不仅仅是脸的下半部分（Hull，1990：53）。

“于是，我的前额成千上万次地撞在墙上，日日夜夜，当我把自己撞出血时，我很高兴，因为这证明墙开始变硬了”（Kafka，2007［1931］：165）。 191

[1]ante，前缀，意为提前（before，in front of）；capere，拉丁语词根，意为拿、取（take）；prae–caput，前缀 prae-，意为在前，caput 意为头部。

眩晕的跟斗，危险的自由落体，撞到你头破血流，
擦伤你的眼睛。

一幅极致亲密。譬如，卢浮宫中安托万·夸佩尔的《盲人的研究》（*Study of the Blind*）。他的眼睛睁得多大，它的表面就有多大。

过度感知的画。“不过，我怀疑他不大善于思考。思考就是忘记差异，就是概括，就是抽象化。在这充满乐趣（Funes）的世界里，只有细节，几乎是一个接一个的细节”（Borges，1985：104）。

被描绘成一无是处。瞎子领瞎子到坑里：地狱。路加福音 6：39。

启蒙的救赎。劳拉·U. 马克斯（Laura U. Marks）研究了触觉与视力障碍，她指出，没有视力（sight）并不意味着没有洞察力（insight）。她认为视觉和认知之间的类比依赖于一种视觉概念，这种概念遭到女权主义者与现象学思想的全面质疑，却反而支撑了她的观点（Marks，2000：133）。她写到，因为视觉可以感知很远的距离，所以它被认为是最独立于身体、最理性、最适合进行客观观察的感知，与自然的、前话语的或天生的非视觉感知形成对比（132）。从那里，无形的、全视的视觉之眼与提倡主、客体分离的审视性凝视（objectifying gaze）[1] 联系在一起（162）。马克斯写到，如

[1] 审视性凝视，通过外表以物件化的方式来审视一个人。

果我们能够对视力障碍所带来的洞察力加以运用，那么就还有处理这种分离的其他方法（191–93）。

苔藓生长时并不扎根｜，所以人们可以用手或泥铲在土壤表面聚拢一块块。有时可以一把把地将其拔起，就像拔头发一样。不过这是一种精细的操作，必须慢慢地进行，这样才能监测到它在土壤中筑起的根状茎的抵抗性，并随之改变移动的方向，这样就能尽量少地损伤它们。当你用力的时候，你可以听到泥土中低沉的纤维断裂的声音。一旦收集到，就可将这碎片置于掌中｜，然后带到花园｜，安置在事先准备好的地面上｜。一旦落定，表面必须浇足水分，并且用脚踩实，如果有必要，还应该用垂直的金属针将其固定｜。

苔藓生长时并不扎根。苔藓是根茎植物，“不像树或树根，根茎连接一个点到另一个点……它既没有起点，也没有终点，始终在一个中间（环境）生长着、发展着。其线条或韧带，不 192
应与木本植物类群相混淆，后者仅仅是点与位置之间的定位连接”（Deleuze & Guattari，2004：21）。

就可将这碎片置于掌中。手里拿着一簇顶生蒴苔藓，就像一只小啮齿动物｜，可以从鼻子一直抚摸到尾巴。

就像一只小啮齿动物。“一个碎片，就像一小件艺术品，必须与周围的世界完全隔离开来，像刺猬一样完全独立”（Schlegel，2002［1798–1800］：碎片 206）。

菲利普·拉古 - 拉巴尔特（Philippe Lacoue-Labarthe）[1] 和吉恩 — 吕克·南希评价了耶拿浪漫主义 [2] 者使用碎片的方式，并在“刺猬的逻辑应该叫什么”（what should be called the logic of the hedgehog）中展开论述（1988：44）。在碎片 206 中，他们写道，把残缺的作品比作一“小件艺术品”，有着自己的个体性和完整性，但它“既不是直接的作品，也不是绝对的作品”（43）。因为它是一个多元化的流派——也就是说，“写片段就是写片段”—— 一个单独的碎片本身是完整的，并且表明它是完整整体的一部分（43—44）。

然后带到花园。你可以把苔藓留在你发现它所在的那片森林的地面上，然后在那里继续培养。不过我在想，那块地方是否仍是森林的地面，还是否是花园呢。

事先准备好的地面上。要从头开始培育一个苔藓花园，首先必须清除该区域的所有植被和植物残骸，平整土地以促进其分枝和根茎的附着，必要时还要对地面轮廓进行处理，以排除任何可能积水的小洼地。在放置苔藓之前，表层土壤必须用耙

[1] 菲利普·拉古－拉巴特（1940—2007），法国当代哲学家、文学批评家、翻译家和作家，曾长期任教于斯特拉斯堡大学，以其在德国浪漫主义、解构主义、政治与哲学之关系等领域的研究著称。他曾将海德格尔、尼采、荷尔德林、本雅明、策兰等人的作品翻译为法语。

[2] 耶拿浪漫主义，18 世纪末，德国浪漫主义文学最早的一个流派。这个流派的作家最早提出了浪漫主义的概念，较为详尽地阐述了浪漫主义的文学主张。他们反对古典主义，要求创作的绝对自由，放纵主观幻想，追求神秘和奇异。理论奠基人是施莱格尔兄弟（奥古斯特·威廉·封·施莱格尔和弗里德里希·封·施莱格尔），代表成员还有诺瓦利斯、路德维希·蒂克等。因为耶拿派创办《雅典娜神殿》杂志而得名。

子稍微疏松，以帮助它与地面接触。

这片区域被清理、平整，还有轻微的倾斜度，这使我想起了埃德蒙·胡塞尔（Edmund Husserl）在开始从事现象学研究时所描述的无预设起点（presuppositionless starting point）（1970：263）。想象轻轻拨动某些现象的表面，轻轻拨动可能与之擦身而过的思想的表面。

想象一下这些表面温暖地竖立起来，就像猫一样，当你抚摸它的时候，猫用它的背拱压住你的手，让你加倍爱抚。

用垂直的金属针将其固定。于尔基·休科宁（Jyrki Siukonen）认为，“合乎逻辑的、有组织的花园”是一个封闭的场所，熟悉、人工培养——但只存在于秋天来临之前——它与混乱的、危险的，甚至是充满未知的、令人惊叹的森林形成对比（1996：2）。他说，“试图用园艺的逻辑来理解森林，注定失败。园艺，尤其是居家园艺，是可以从书本上学到的。而 193
在森林里，你所需要的知识只有生活在森林里才能学到”（2）。在森林中“存在着诗性知识的根源”，它与直觉知识一样，拒绝被逻辑思维清楚地理解（2）。他将这种努力描述为试图“清除所有的晦涩模糊，创建一个有组织的、可靠的知识体系……通过剪掉所有‘漫生的’枝干，将知识之树修剪成精确的数学形状，就像在布置井然的花园中看到的那样”（3）。

肖娜·贝哈里（Shauna Beharry）拍摄的电影《眼见为实》（*Seeing is Believing*）中，展示了一张照片，是非常近距离拍摄｜的织物（Beharry，1991）。距离太近往往意味着镜头失焦，当镜头与照片接触时，图像会非常之暗。当图像很暗时，就会变成颗粒状，更难看清。｜看录像时，最重要的是你意识到了表面：镜头的表面、照片的表面、织物的表面、播放视频的屏幕的表面，甚至是你眼睛的表面。｜谈到观看这部电影，劳拉·U. 马克斯写道："我意识到，这盘录像带一直在利用我的视觉，就好像它是一种触觉一样；我一直在用我眼睛的表皮轻擦织物（的图像），而不是看着它"（2000：127）。每一个表面都与下一个挨得很近，以至于没有足够的距离看清任何物体的全貌，理解其地理位置及穿越其中的路线。离得太近，以至于你看不见它，也没有任何东西可以触摸。｜

拍摄。语言也具有杀伤力（Schwenger，2001）。

颗粒状，更难看清。贝哈里"用录像来显示视野的局限"（Marks，2000：112）。

"眼睛在皮肤上的爱抚是那么彻底，那么温柔，那种感觉非常奇怪，有点像公鸡可怕的啼叫（Bataille，2001［1963］：66）。

也没有任何东西可以触摸。马克斯在流亡电影、视频语境中探讨了触感视觉（haptic visuality），在这里触觉回应了一种渴望，即回到你已经离开的环境中居住的感官体验。她认为，当你再触摸不到爱人的肌肤时，你可以借助镜头触摸到她的肌肤，同时也能感受到那种触摸的缺失性和不可言喻性。镜头与织物接触是造成织物无法被看到的原因：它“如此专注于当下，以至于无法退回到认知中去”（Marks，2000：191）。与此同时，尽管触觉图像“可能试图触摸物体的皮肤，但它们所能做的就是自己变得像皮肤一样”（Marks，2000：192）。通过这种方式，触感视觉提供了一种认识方式，这种方式“暗示着对缺失的物或人的一种根本性哀悼，而光像视觉（optical visuality）试图使其复苏并完整”（Marks，2000：191）。

她所描述的电影和视频为触感视觉创造了条件，以激发“一种敏锐的意识，即所见之物逃脱了视觉”。承认其不可知性，并通过建立一种非掌控性，而是具有相互性的关系来维持其不可知性（Marks，2000：191）。在“观影者与影像之间的这种身体关系中”“与其说是触感视觉的对象，不如说是观影者与影像之间的动态主体性”（Marks，2000：164）。 194

我的邻居一直是盲人。他对我们周围的路非常熟悉。我相信他脑子里的地图并不是来自天上，而是来自地上的积累：随着他一个接一个地遇到各种路况，一系列的记忆线索就能告诉他这条路的情况。在回家的路上，他会走到他家门口，再走六步到隔壁我家的门前，用手杖轻敲，然后转身回到自己家门口，把门推开。这是一种习惯性的动作，就像钥匙在锁孔里拧动那样熟练和程式化，但不论他的动作多么敏捷，他永远也不会省略这一步。我家的门一定是他最后的定位线索。

在《项狄传》中，一位虚构的｜下士，自由而自发地挥舞着他的手杖（Sterne，1978［1762］：743）。这个动作本身既不是完全自由的，也不是完全自发的；这只是这些特性的一种表达方式，用施加在空气中的动作来完成一个口头表达，即一个男人在婚姻的约束之外可以多么自由地生活。

虚构的。英戈尔德（Ingold）对这个线条的描述放任了小说的虚构性，想象特里姆下士的手势真的在作者之前，而作者只是简单地复制了它："和其他任何手势一样，下士挥舞的动作也有一定的持续时间。因此，他产生的线条在本质上是动态的、短暂的。当斯特恩手里拿着笔，在纸上重现这一挥舞动作时，其手势便留下了我们至今仍能读到的痕迹"（Ingold，2007：72）。

但特里姆的挥舞与其他手势不同。它是想象出来的，在其被想象的过程的某一刻，它以与想象它的人几乎相同的手势被描绘出来。我想知道哪条线更真实，是想象的挥舞路径，还是纸上可见的那条线？我不知道哪个在先：首先，斯特恩的脑海中是否真的有一个下士手势的图像，然后忠实地把它记录在纸上；如果是这样的话，那么这是他要画的那条线的图像，还是他要做的那个动作的图像。当他看到纸上的线条时，是否会感到新奇？如果不是，也许作者短暂地溜出了小说表面，比方说，他与特里姆下士这一小说人物合为一体，这支笔就是他的手杖。他很可能将其手稿立在画架上，调整一下握笔姿势，准备好，然后开始一场表演。

不管是哪种情况，只要这线条画在了纸上，那么以 195
后，下士就是这样挥舞他的手杖的。

但我们该怎么想象呢？是该想象特里姆站在和我们一样面对纸的方向，背对着我们；或是面对我们，这样，他就在书页后面或里面，也因此书页包含他？

那么，在安伯托·艾柯假想的地图中以一比一的比例描绘的帝国居民又如何呢（Eco，1995）？如果这样的地图展开覆盖它所描绘的整个地形，那么我们是想象着那个地区的居民在地图下行走，抬头查阅地图，还是在地图上行走，低头查看地图？在后一种情况下，正如艾柯指出的，他们将“真实地居住在地图上”，而根本不在地形上（98）。

想象一下，在一比一的比例下，翻译是不可能进行的。译文的表面与原文的地形如此相似，又如此紧密地重叠在一起，两者根本无法区分。一个如此完美的翻译，几乎不需要存在。

那么，原文还剩下什么？如此接近的翻译会使它退化，或至少使它改变，就像地形表面被地图严密覆盖，会因为缺少阳光和降水而逐渐恶化一样（Eco，1995：98）？如果是这样，就像因其生态适应了新的条件，以致地图将无法忠实地描绘地形，那么翻译也会开始不忠于原文吗？

我想象着轻敲（tap）一扇门，就像在一棵树上切口（tap）一样：在表面钻一个洞，直到树液开始成珠滴落，然后插入一根插管引导液体沿管道流下。抑或是用颅骨穿刺（tap）缓解颅压，或窃听（tap）一条通信线路[1]。他轻敲大门，从中提取回家的路线，然后带着它回家。

---

[1] Tap一词多义，有轻敲、在树上切口、穿刺、窃听等意思。此处的英文原文正是利用了tap一词的多义性阐述盲人如何通过循规蹈矩的动作提取记忆。

注释

1. 的确，所有的文字都可以这样读，只是程度不同而已。

2. 彼得·施文格尔（Peter Schwenger）探讨了“关注那些我们几乎意识不到的，在阅读边缘短暂闪烁的图像”的生成潜力。他提醒我们，“联想是不请自来地在头脑中出现的，因此几乎不可能只从外延层次去阅读”（2012，25：30）。通过爵士乐的即兴演奏，甚至是文学理论和认知科学的启发，他认为阅读与高度近视，以及绘画式写作（和阅读？）的离题拓展性有很多共同之处。

3. 的确，对于绘画和翻译之间的类比，是否也是如此？即某些联想途径可能“在某种程度上是正确的”，而另一些则是“基本错误的”？

4. 施文格尔提出了一种可能性，即某些线索可能比其他线索更“正确”或更“错误”，并对读者在阅读任何文本时产生的“多余联想”的“实用性”和“乐趣”进行了深入讨论（2012：27）。

5. 这种对图画的描述与《圣经》中关于语言起源的故事有相似之处，在这个故事中，亚当命名的第一步就是把该物体变成说话主体的对象。将伊甸园的动物命名就等于“否定了它们自身的存在”（Hegel，1979：221），并用人类对那种存在的概念同化其存在。施文格尔概述了文学作品中捕捉的欲望与捕捉过程可能“杀死”目标的风险之间的紧张关系（2001）；马克斯（Marks，2000）考虑了另一种策略，通过电影和视频中“触感视觉”的爱抚式观看来建立一种关系，这不是驾驭或掌控，而是一种相互的关系，从而保持对象的不可知性。

结束语

语言之外

安赫莱斯·卡雷拉斯和玛丽亚·诺列加－桑切斯

结束语

语言之外

安赫莱斯·卡雷拉斯和玛丽亚·诺列加－桑切斯

本书各章节从不同观点和学科理论范式探讨了翻译与多模态之间的相互作用。本书所提问题的范围与性质，以及这些问题在多模态与翻译研究中的中心地位，恰恰证明了进一步开展跨学科对话的必要性。在着手描述多模态与翻译之间复杂联系的过程中有一点并不奇怪，那就是本书在回答众多问题的同时也提出了众多问题。这样一来，本书帮助我们建立了一套可以作为未来研究基础框架的坐标。 198

经过仔细研究，一些传统上帮助我们将翻译概念化的关键性隐喻，一旦从多模态视角考虑，就似乎变得靠不住了，尤其是内置于“翻译”一词词源中的被认为是西方翻译理论基础的“意义转换”（meaning transfer）概念，它在社会符号学框架内被认为是远远不够的，正如克雷斯在其章节中所强调的那样。雷诺兹在其文学研究中也得出了类似结论：意义转换的概念使得语言的假象得以长存，即语言是完全严谨的实体，可以完全等效地彼此映射。意义复位、转置、重构或重建的隐喻被认为能够更准确地捕获在多模态交际及翻译中发挥作用的过程。与此相关，问题就在于在不将术语过度延伸以致失去意义的情况下，何种意义重构 / 转置可以被合理地称为翻译。为此，本书的几个撰稿人均将焦点置于这一重要问题也就毫不意外了（如克雷斯、凯因德尔、托马林、麦那兹）。

鉴于翻译和多模态领域的研究尚处于起步阶段，可以预见的是，许多章节都围绕术语展开了讨论（如凯因德尔、克雷斯、托马林撰写
199 的章节）。尽管翻译研究需要融入多模态交际的观点已经贯穿本书，但对于用来命名各种意义重构的术语还尚未达成共识。对于这个问题，我们发现存在两种截然不同的看法：一种看法是为了与发生在单一语言模态内的实例区分开来，我们需要用特定术语来表示跨模态意义重构的实例，如转导、转置（如克雷斯）；另一种看法是选择在所有意义重构的情况下保留“翻译”这一术语，并区分模态内翻译和模态间翻译（如凯因德尔）。尽管使用特定术语的好处是可以将注意力集中在多模态元素上，但它也有可能巩固一种过时的、以语言为中心的翻译观念，正如本书中的几个章节所指出的，我们是时候要往前走一步了。一个更为相关的翻译概念将其理解为一种文化调节的实践，文本根据一系列变量（特别是凯因德尔定义的模态、媒介和语类）被转置。除了我们选择使用的术语外，打开翻译和语言领域，以了解其多模态维度的必要性是本书的关键原则之一，这将为该领域的未来研究提供参考。

事实上，语言在人类交流乃至翻译中的中心地位是该论文集撰稿人试图颠覆的长期以来存在的假设之一。正如本书各章节所充分说明的那样，在当今这个高度互联的世界里，我们发现自己前所未有地沉浸在多模态意义建构过程中。然而，这不该掩盖这样一个事实，即语言本身是而且一直是多模态本质的（雷诺兹），因此，即使是“以语言为中心”的翻译实践也需要参与并解释多模态维度。与此相关，记住这一点很重要，即模态的概念有充分的理由仍然是一种功能性的相对概念。某一社团视为的独特模态可能被纳入另一不同社团的不同模

态之中。当语境和 / 或交际目的发生变化时，在某种特定交流中起作用的模态可能就不起作用了（克雷斯、雷诺兹、托马林）。

将模态作为一种功能实体的理解已经很好地服务于社会符号学。然而，用克雷斯的话来说，翻译使问题变得复杂化：

> 社会符号学理论假设源社会的模态同源性与目标社会的模态同源性这两种不同的模态同源性是相匹配的。其困难在于目标社会中可能缺乏这种通过模态进行的恰当的转置资源。
>
> （本书第 48 页）

阿达米和拉莫斯·平托也在其章节中强调了将某一文化的模态映射至另一种文化模态的难度。在概述翻译和多模态研究的联合研究议程时，他们指出有必要研究特定模态与意义建构实践，以了解其编纂程度，以及如何表明它们是否与语言和国家边界相一致。然而，即便他们主张这一议程，也同时预警了过度编纂的危险。将符号能力映射到 200
社会群组不仅是一项极其复杂的工作，还存在带来不良政治后果的风险（如它可能加剧某些社会和文化阶层，或导致特定社会环境中的意义建构活动受到限制）。

为了应对需要多模态分析框架这一日益增长的认识，近年来开发了新的研究方法以进行多模态输出分析，如多模态转录和数字多模态语料库（Pérez-González，2014b：127）。尽管这项初步工作已经颇有成效，但仍需方法论方面的进一步提升。如阿达米和拉莫斯·平托在其章节中所论述的，大部分研究方法（如数据收集方法）和学术传播手段仍十分严重地以语言为中心。学术研究需要开创新的方法来获取数据、传播发现，以超越语言输出与语言范式。从该意义上讲，本书诺伍德的章节在多模态翻译方法论上提供了大胆的实验。将绘画领域的方法移植到写作领域，诺伍德的作品使用语言鼓励我们超越单纯的语言，从而精准地实现了阿达米和拉莫斯·平托倡导的程序创新。在为翻译和多模态研究制定总体研究议程的同时，阿达米和拉莫斯·平托还强调在大规模定量研究和深度定性研究之间取得平衡的必要性。他们建议寻求与民族志方法的整合，这已经在社会符号学多模态分析中得到了运用，无疑可为翻译研究带来富有成果的方法论创新。从更广泛的意义上讲，该研究将被视为一项包括“公民社会符号学家”和“公民翻译学者”的参与性事业（阿达米与拉莫斯·平托撰写的章节）。

从本书几个章节的讨论中可以明显看出，协作对于多模态创新和多模态翻译至关重要。麦那兹在她对音乐和舞蹈作品的分析中特别强调了这一点。正如佩雷斯·冈萨雷斯在其章节中所讨论的那样，协作在产业和业余字幕实践的融合中表现出来，也构成了公民身份体现的基石。在由粉丝字幕和其他参与性媒体形式（如中国的弹幕）催生的产品中，译者—评论者绝不是隐形的；相反，他们渴望自己的美学、伦理或政治行为可见化，从而对抗现有的叙事和话语，这显然推动了其干预性（冈萨雷斯）。这些形式的多模态实验在美学和政治方面开辟了新的空间，各种意义建构实践汇聚在一起，以复杂的方式相互作用。诸如此类的多模态整体的翻译需要对既定的翻译实践和方法进行修订。对这一现象的深入理解将对译者培训领域产生深远的影响。翻译教学法仍主要关注语言转换能力（Kaindl，2013：266），但这种模
201 式已远远不够。虽然我们不能指望专业翻译人员兼任平面设计师、视觉艺术家、舞蹈演员、软件开发人员等角色，但我们应该培养一种更全面的，包括多模态意识在内的协作翻译能力。

正如前文所总结的那样，翻译研究正在逐渐摒弃单一模态的视角，这就需要更多真正的跨学科互动。本书分析了多模态翻译的一系列具体实例，从而提供了有用的见解，以应用于更广泛的多模态输出。这里仅简单列举几例，如儿童读物、漫画、戏剧、歌剧、电子游戏、广告、动画诗歌、口语表演、超文本小说，对话口译等。[1]值得注意的是，视听翻译，尤其是电影字幕，已经从多模态理论的应用中获益良多（Taylor，2004，2013，2016；Gambier，2006；Pérez-González，2014a），像为视障人士提供的音频解说和为听障人士提供的字幕等这类辅助调节形式也成为热门的研究领域（Snyder，2005；Díaz Cintas et al., 2010；Fryer，2016；Remael & Reviers，2018）。强调多模态社会符号学方面的最新思考，对于关注那些能够在这种交际交流中决定使用和结合哪些符号的个人或群体是大有裨益的，尤其是对将整体转换为整体的情况。正如克雷斯所说："作为社会行为者的符号建构者及其能动性是前景化的，与其一起的还有建构意义时的社会环境"（Kress，2010：34）。

然而，未来研究需要确定多模态社会符号学理论（基于人类社会互动的概念）如何应对日益增长的非社会（即非人为产生的）翻译现象。机器翻译系统（如谷歌翻译）能将源文本自动转换为目标文本，因此毫无疑问会出现多种形式的翻译。然而，翻译并不是人类社会符际活动的直接产物（尽管技术人员参与了底层软件的编写）。当机器翻译系统与图像生成系统相结合时，由此产生的"系统的系统"就会创建多模态整体（即书面文本和视觉图像的组合）。再次重申，尽管这些技术是由人类设计的，他们作为社会行为者当然具有能动性，但这些系统却没有同样意义上的能动性。它们做出的决策具有社会影响（如输出传达意义的单词和图像序列），但这些是由诸如递归神经网络的数学模型决定的，它会产生输出。无论是通过视觉设计或语言结构来表达，这类系统显然都对其产生的意义缺乏意识和理解。尽管如此，由于它们确实能够创建有意义的多模态整体，也可以并且确实作为社会行为者（在某种程度上）发挥作用，因此能对其所处的社会符
202 际环境产生重大影响。随着诸如苹果智能语音助手（Siri）、微软小娜（Cortana）和亚马逊智能音箱（Alexa）之类的虚拟私人助理的兴起，这样的情景在当代社会变得越来越普遍。因此，在翻译作为主要分析焦点的多模态交际交流的讨论中，它们值得被给予更多的关注。[2]

佩雷斯—冈萨雷斯在2014年就预测多模态“在未来几年里，必然会成为翻译研究的中心”（Pérez-González，2014b：127），同时也呼应了铁木志科（Tymoczko）的主张，即作为此过程的一部分，翻译研究领域需要对其某些原则进行再理论化（Tymoczko，2005：1090）。这项工作的关键是将翻译重新概念化，这一过程不仅（甚至通常不主要）涉及语言，而且涉及广泛的模态和符号资源。尽管近年来翻译研究已经开始涉足多模态研究领域，并取得显著成果，但这一兴趣并未得到广泛的互惠。将翻译重新定位为一种与多模态相结合的文化调节过程，不是一种奇特的附加过程，而是作为其正常运作的一部分，这将有助于使翻译和翻译研究更贴近多模态。通过汇集这两个领域的专业知识，本书试图鼓励翻译研究沿着多模态路线重新理论化，同时也提醒多模态的支持者注意翻译理论与实践所提供的跨学科对话潜力。

注释

1. 由卡塔利娜·希门尼斯·乌尔塔多、蒂纳·图奥米宁和安妮·凯托拉主编,《语言学新系列：翻译研究主题》（*Linguistica Antverpiensia*）

近期出版了题为“翻译中的多模态研究方法”的特刊（2018年第17卷），以从政治讽刺网络漫画和动图到艺术博物馆的音频描述，以及多模态患者信息指南等一系列论文来说明这一广阔的范围（Jiménez Hurtado et al.，2018）。

2. 多模态机器翻译是一个新兴且有前景的领域，正如近期众多出版物和会议所表明的（Shah et al.，2016；Specia et al.，2016；Elliottand Kádár，2017；Qian et al.，2017）。第三届机器翻译大会是2018自然语言处理实证研究方法会议的一部分，会议提供了一个关于多模态（即图像+文本）翻译的共享任务：http: //statmt.org/ wmt18/ multimodal-task.html。有关此任务的讨论，请参见https: //aclweb.org/ anthology/ W18-6402（最后访问时间为2019年4月4日）。

参考文献

绪论

Abend-David, Dror, ed. 2014. *Media and Translation: An Interdisciplinary Approach*. New York and London: Bloomsbury.

Adami, Elisabetta. 2016. "Multimodality." In *The Oxford Handbook of Language and Society*, edited by Ofelia García, Nelson Flores and Massimiliano Spotti, 451–72. Oxford: Oxford University Press.

Anderson, Porter. 2019. "Nielson Reports Translated Literature in the UK Grew 5.5 Percent in 2018." *Publishing Perspectives*, March 6. Accessed April 20, 2019. https://publishingperspectives.com/2019/03/nielsen-reports-translated-literature-in-ukgrows-5-percent-in-2018-booker/.

Arduini, Stefano, and Siri Nergaard. 2011. "Translation: A New Paradigm." *Translation: ATransdisciplinary Journal*, Inaugural Issue: 8–16.

Armitstead, Claire. 2019. "Mirror Writing: Authors and Their Translators." *The Guardian Review* 6: 7–11.

Arnaldi, Marta. 2016. "Moving Wor(l)ds: Translation as Transformation in Poetry and Dance." *Logios Journal* 1: 35–46.

Baker, Mona. 2001. "Translation Studies." In *Routledge Encyclopedia of Translation Studies*, 2nd ed., edited by Mona Baker and Kirsten Malmkjær, 277–80. London and New York: Routledge.

Baldry, Anthony, and Paul J. Thibault. 2006. *Multimodal Transcription and Text Analysis: A Multimedia Toolkit and Coursebook*. London: Equinox.

Bassnett, Susan. 2002. *Translation Studies*, 3rd ed. London and New York: Routledge.

———. 2014. *Translation*. London and New York: Routledge.

Bassnett, Susan, and André Lefevere. 1990. "Introduction: Proust's Grandmother and the Thousand and One Nights: The'Cultural Turn'in Translation Studies." In *Translation, History and Culture*, edited by Susan Bassnett and André Lefevere, 1–13. London and New York: Cassell.

———. 1998. *Constructing Cultures: Essays on Literary Translation*. Clevedon: Multilingual Matters.

Bermann, Sandra, and Catherine Porter. 2014. "Introduction." In *A Companion to Translation Studies*, edited by Sandra Bermann and Catherine Porter, 1–27. Chichester: Wiley-Blackwell.

Bezemer, Jeff, and Gunther Kress. 2015. *Multimodality, Learning, and Communication: A Social Semiotic Frame*. London and New York: Routledge.

Boethius. 2001 [524]. *Consolation of Philosophy*. Translated by Joel C. Relihan. Indianapolis and Cambridge: Hackett Publishing.

Bohn, Willard. 2001. *Modern Visual Poetry*. Newark: University of Delaware Press.

Borodo, Michał. 2015. "Multimodality, Translation, and Comics." *Perspectives: Studies in*

Translation Theory and Practice 23 (1): 22–41.
Bunt, Harry, Robbert-Jan Beun, and Tijn Borghuis, eds. 1998. *Multimodal Human-Computer Communication: Systems, Techniques, Experiments*. Berlin and Heidelberg: Springer-Verlag.
Chesterman, Andrew. 1997. *Memes of Translation: The Spread of Ideas in Translation Theory*. Amsterdam and Philadelphia: John Benjamins.
Davies, Eirlys E. 2012. "Translation and Intercultural Communication: Bridges and Barriers." In *The Handbook of Intercultural Discourse and Communication*, edited by Christina Bratt Paulson, Scott F. Kiesling and Elizabeth S. Rangel, 367–88. Oxford: Wiley-Blackwell.
Díaz Cintas, Jorge. 2009. *New Trends in Audiovisual Translation*. Bristol: Multilingual Matters.
Dicerto, Sara. 2018. *Multimodal Pragmatics and Translation: A New Model for Source Text Analysis*. London: Palgrave Macmillan.
Halliday, Michael. 1978. *Language as Social Semiotic: Social Interpretation of Language and Meaning*. Baltimore: University Park Press.
———. 1985. *An Introduction to Functional Grammar*. London: Edward Arnold.
Hermans, Theo. 1985. "Translation Studies and a New Paradigm." In *The Manipulation of Literature: Studies in Literary Translation*, edited by Theo Hemans, 7–15. London and Sidney: Croom Helm.
Heusser, Martin et al., eds. 2005. *On Verbal/Visual Representation*. Amsterdam and New York: Rodopi.
Hodge, Robert, and Gunther Kress. 1988. *Social Semiotics*. Ithaca, NY: Cornell University Press.
Holmes, James. 1988 [1972]. "The Name and Nature of Translation Studies." *Translated! Papers on Literary Translation and Translation Studies*, 67–80. Amsterdam: Rodopi.
ISTAT. 2018. *Produzione e lettura di libri in Italia*. Report, December. Accessed April 19, 2019. www.istat.it/it/files//2018/12/Report-Editoria-Lettura.pdf.
Jakobson, Roman. 1971 [1959]. "On Linguistic Aspects of Translation." In *Selected Writings II: Word and Language*, 260–66. The Hague and Paris: Mouton.
Jewitt, Carey, ed. 2014. *The Routledge Handbook of Multimodal Analysis*, 2nd ed. London and New York: Routledge.
Jewitt, Carey, Jeff Bezemer, and Kay O'Halloran. 2016. *Introducing Multimodality*. London and New York: Routledge.
Jiménez Hurtado, Catalina, Tiina Tuominen, and Anne Ketola, eds. 2018. "Methods for the Study of Multimodality in Translation." *Linguistica Antverpiensia* 17.
Kaindl, Klaus. 2004. "Multimodality in the Translation of Humour in Comics." In *Perspectives on Multimodality*, edited by Eija Ventola, Cassily Charles and Martin Kaltenbacher, 173–92. Amsterdam and Philadelphia: John Benjamins.
———. 2013. "Multimodality and Translation." In *The Routledge Handbook of Translation Studies*, edited by Carmen Millán and Francesca Bartrina, 257–70. London and New York: Routledge.
Ketola, Anne. 2016. "Towards a Multimodally-oriented Theory of Translation: A Cognitive Framework for the Translation of Illustrated Technical Texts." *Translation Studies* 9 (1): 67–81.
Kress, Gunther. 2010. *Multimodality: A Social Semiotic Approach to Contemporary*

Communication. London and New York: Routledge.
Kress, Gunther, and Theo van Leeuwen. 1996. *Reading Images: The Grammar of Visual Design*. London and New York: Routledge.
———. 2001. *Multimodal Discourse: The Modes and Media of Contemporary Communication*. London: Hodder Education.
Lambert, José. 2013. "The Institutionalization of the Discipline." In *The Routledge Handbook of Translation Studies*, edited by Carmen Millán and Francesca Bartrina, 7–27. London and New York: Routledge.
Lefevere, André. 1978. "Translation Studies. The Goal of the Discipline." In *Literature and Translation: New Perspectives in Literary Studies with a Basic Bibliography of Books on Translation Studies*, edited by James Holmes, José Lambert and Raymond van den Broeck, 234–35. Louvain: Acco.
Li, Long, Xi Li, and Jun Miao. 2018. "ATranslated Volume and its Many Covers – A Multimodal Analysis of the Influence of Ideology." *Social Semiotics* 29 (2): 261–78.
Malmkjær, Kirsten. 2013. "Where Are We? (From Holmes's Map until Now)." In *The Routledge Handbook of Translation Studies*, edited by Carmen Millán and Francesca Bartrina, 31–44. London and New York: Routledge.
Minors, Helen Julia, ed. 2013. *Music, Text, Translation*. London, Delhi, New York and Sydney: Bloomsbury.
Munday, Jeremy. 2010. "Translation Studies." In *Handbook of Translation Studies*, edited by Yves Gambier and Luc van Doorslaer, 419–28. Amsterdam: John Benjamins.
Nida, Eugene. 1964. *Toward a Science of Translating: With Special Reference to Principles and Procedures Involved in Bible Translating*. Leiden: E. J. Brill.
Niranjana, Tejaswini. 1992. *Siting Translation: History, Post-structuralism, and the Colonial Context*. Berkeley: University of California Press. O'Sullivan, Carol, and Jean-François Cornu, eds. 2019. *The Translation of Films, 1900–1950. Proceedings of the British Academy*. Oxford: Oxford University Press.
O'Sullivan, Carol, and Caterina Jeffcote, eds. 2013. "Special Issue on Translating Multimodalities." *Journal of Specialized Translation* 20.
Pan, Li. 2015. "Multimodality and Contextualisation in Advertisement Translation: A CaseStudy of Billboards in Hong Kong." *Journal of Specialized Translation* 23: 205–22.
Pérez-González, Luis.2014a. *Audiovisual Translation: Theories, Methods, and Issues*. London and New York: Routledge.
———. 2014b. "Multimodality in Translation and Interpreting Studies." In *A Companion to Translation Studies*, edited by Sandra Bermann and Catherine Porter, 119–31. Chichester: Wiley–Blackwell.
Robinson, Peter. 2010. *Poetry and Translation: The Art of the Impossible*. Liverpool: Liverpool University Press.
Rossetti, Dante Gabriel. 1870. *Poems*. London: Ellis.
Schulte, Rainer, and John Biguenet, eds. 1992. *Theories of Translation: An Anthology of Essays from Dryden to Derrida*. Chicago: The University of Chicago Press.
Simon, Sherry. 1996. *Gender in Translation: Cultural Identity and the Politics of Transmission*. London and New York: Routledge.
Snell-Hornby, Mary. 1988. *Translation Studies: An Integrated Approach*. Amsterdam and Philadelphia: John Benjamins.

———. 2006. *The Turns of Translation Studies: New Paradigms or Shifting Viewpoints?* Amsterdam and Philadelphia: John Benjamins.
———. 2009. "What's in a Turn? Fits, Starts, and Writhings in Recent Translation Studies." *Translation Studies* 2 (1): 41–51.
Sterne, Laurence. 1767. *The Life and Opinions of Tristram Shandy, Gentleman*, Vol. 9. York and London: T. Becket and P. A. Dehondt.
Toury, Gideon. 1995. *Descriptive Translation Studies and Beyond*. Amsterdam and Philadelphia: John Benjamins.
Trivedi, Harish, and Susan Bassnett, eds. 1999. *Post-colonial Translation: Theory and Practice*. London and New York: Routledge.
van Leeuwen, Theo. 2005. *Introducing Social Semiotics*. London and New York: Routledge.
Venuti, Lawrence. 1995. *The Translator's Invisibility: A History of Translation*. London and New York: Routledge.
———, ed. 2012. *The Translation Studies Reader*, 3rd ed. London and New York: Routledge.
Villon, François. 1994 [1461]. *François Villon, Complete Poems*, edited by Barbara N. SargentBaur. Toronto: University of Toronto Press.
von Flotow, Luise. 1991. "Feminist Translation: Contexts, Practices and Theories." *TTR: Traduction, Terminologie, Rédaction* 4 (2): 69–84.
———. 1997. *Translation and Gender: Translating in the'Era of Feminism'*. Ottawa: University of Ottawa Press.
Weinberger, Eliot, and Octavio Paz. 2016 [1987]. *Nineteen Ways of Looking at Wang Wei (with More Ways)*. New York: New Directions.
Weissbort, Daniel, and Ástráður Eysteinsson, eds. 2006. *Translation: Theory and Practice: A Historical Reader*. Oxford: Oxford University Press.
Zanettin, Federico, ed. 2008. *Comics in Translation*. Manchester: St Jerome.

1 意义转置：多模态符号景观下的翻译

Bernstein, Basil. 1996. *Pedagogy, Symbolic Control and Identity: Theory, Research, Critique*. London: Taylor & Francis.
Bezemer, Jeff, and Gunther R. Kress. 2014. "Touch: A Resource for Making Meaning." *Australian Journal of Language and Literacy* 37 (2): 77–85.
———. 2016. *Multimodality, Learning and Communication: A Social Semiotic Frame*. London and New York: Routledge.
Bezemer, Jeff, and Diane Mavers. 2011. "Multimodal Transcription as Academic Practice: A Social Semiotic Perspective." *International Journal of Social Research Methodology* 14 (3): 191–207.
Burn, Andrew. 2014. "The Kineikonic Mode: Towards a Multimodal Approach to ImageMedia." In *The Routledge Handbook of Multimodal Analysis*, edited by Carey Jewitt, 375–85. London and New York: Routledge.
Cowan, Katharine, and Gunther R. Kress. 2017. "Documenting and Transferring Meaning in the Multimodal World: Reconsidering'Transcription'." In *Remixing Multiliteracies: Theory and Practice from New London to New Times*, edited by Frank Serafini and Elisabeth Gee, 50–61. New York and London: Teachers College Press.
Gibson, James J. 2014. *The Ecological Approach to Visual Perception*. London and New York: Routledge.

Halliday, M. A. K. 1978. *Language as a Social Semiotic*. London: Edward Arnold.
Hodge, Robert, and Gunther R. Kress.1988. *Social Semiotics*. Ithaka: Cornell University Press.
Jakobson, Roman. 1971[1959]. "On Linguistic Aspects of Translation." In *On Translation*, edited by Reuben A. Brower, 232–39. Cambridge, MA: Harvard University Press.
Kress, Gunther R. 1997. *Before Writing: Rethinking the Paths to Literacy*. London and New York: Routledge.
———. 2000. "Text as the Punctuation of Semiosis: Pulling at Some of the Threads." In *Intertextuality and the Media: From Genre to Everyday Life*, edited by Ulrike H. Meinhof and Jonathan Smith, 132–53. Manchester: Manchester University Press.
———. 2001. "You've just got to learn how to see: Curriculum subjects, young people, and schooled engagement with the world." *Linguistics and Education* 11 (4): 401–15.
———. 2010. *Multimodality: A Social Semiotic Approach to Contemporary Communication*. London and New York: Routledge.
Kress, Gunther R., Carey Jewitt, Jon Ogborn, and Charalampos Tsatsarelis. 2001. *Multimodal Teaching and Learning: The Rhetorics of the Science Classroom*. London: Bloomsbury.
Torop, Peeter. 2003. "Intersemiosis and Intersemiotic Translation." In *Translation Translation*, edited by Susan Petrilli, 271–82. Amsterdam and New York: Rodopi.
van Leeuwen, Theo. 2005. *Introducing Social Semiotics: An Introductory Text*. London and New York: Routledge.

2 多模态翻译观的理论框架

一次文献

Presley, Elvis. 2002/2003. *Elvis Forever*. RCA/BMG.
Presley, Elvis. n.d. *Elvis singt deutsch Folge 3*. Bear Records.

二次文献

Baldry, Anthony, and Christopher Taylor. 2002. "Multimodal Corpus Authoring System: Multimodal Corpora, Subtitling and Phasal Analysis." In *Multimodal Resources and Multimodal Systems Evaluation*, edited by Mark Maybury and Jean-Claude Martin, 45–51. Las Palmas: LREC.
Bar-Hillel, Yehoshua. 1960. "The Present Status of Automatic Translation of Languages." *Advances in Computers* 1: 91–163.
Bassnett, Susan, and André Lefevere. 1990. "Introduction: Proust's Grandmother and the Thousand and One Nights. A'Cultural Turn'in Translation Studies." In *Translation, History and Culture*, edited by Susan Bassnett and André Lefevere, i–xiii. London and New York: Pinter.
Bateman, John. 2008. *Multimodality and Genre: A Foundation for the Systematic Analysis of Multimodal Documents*. New York: Palgrave MacMillan.
Berressem, Hanjo. 2004. "Poststruktularismus." In *Grundbegriffe der Literaturtheorie*, edited by Ansgar Nünning, 218–21. Stuttgart: Metzler.
Bird, Alexander. 2007. "What Is Scientific Progress?" *Nous* 41 (1): 64–89.
Borodo, Michal. 2015. "Multimodality, Translation and Comics." *Perspectives* 21 (1): 22–41.
Brown, Charles T. 1987. *The Art of Rock and Roll*, 2nd ed. Englewood Cliffs, NJ: Prentice Hall.

Catford, John C. 1965. *A Linguistic Theory of Translation*. London: Oxford University Press.
Cross, Judith Leah. 2016. "Enigma: Aspects of Multimodal Inter-Semiotic Translation." *Hermes* 55: 91–103.
Delabastita, Dirk. 1989. "Translation and Mass Communication: Film and TV Translation as Evidence of Cultural Dynamics." *Babel* 35 (4): 193–218.
De Pedro Ricoy, Raquel. 2012. "Multimodality in Translation: Steps Towards Socially Useful Research." *Multimodal Communication* 1 (2): 181–203.
Derrida, Jacques.1980. "La loi du genre." *Glyph* 7: 176–201.
Dorkin, Katharina. 2009. *Die Übersetzung der musikalischen Dimension in der Popularmusik am Beispiel der Lieder von Elvis Presley*. Wien: Unpubl. MA-thesis.
Eco, Umberto. 1972. *Einführung in die Semiotik*. München: Fink.
Elleström, Lars. 2010a. "Introduction." In *Media Borders, Multimodality and Intermediality*, edited by Lars Elleström, 1–8. New York: Palgrave MacMillan.
———. 2010b. "The Modalities of Media: A Model for Understanding Intermedial Relations." In *Media Borders, Multimodality and Intermediality*, edited by Lars Elleström, 11–48. New York: Palgrave MacMillan.
———. 2017. "Transfer of Media Characteristics Among Dissimilar Media." *Palabra Clave* 20 (3): 663–85.
Gambier, Yves. 2006. "Multimodality and Audiovisual Translation." In *Audiovisual Translation Scenarios: Proceedings of the Second MuTraConference in Copenhagen 1–5 May*, edited by Mary Carroll, Heidrun Gerzymisch-Arbogast and Sandra Nauert. Accessed May 05, 2018. www.euroconferences.info/proceedings/2006 Proceedings/2006_Gambier_Yves.pdf.
Gentzler, Edwin. 2017. *Translation and Rewriting in the Age of Post-Translation*. London and New York: Routledge.
Gorlée, Dinda. 1994. *Semiotics and the Problem of Translation: With Special Reference to the Semiotics of Charles S. Peirce*. Amsterdam and Atlanta: Rodopi.
Gottlieb, Henrik. 1994. "Diagonal Translation." *Perspectives* 2 (1): 101–21.
Hess-Lüttich, Ernest W. B. 1978. "Semiotik der multimedialen Kommunikation. Eine Problemskizze." In *Angewandte Semiotik*, edited by Tasso Borbé and Martin Krampe, 21–48. Wien: H. Egermann.
———. 1981. *Grundlagen der Dialoglinguistik*. Berlin: Erich Schmidt.
Holz-Mänttäri,Justa. 1984. *Translatorisches Handeln: Theorie und Methode*. Helsinki: Suomalainen Tiedeakatemia.
———. 1993. "Textdesign – verantwortlich und gehirngerecht." In *Traducere Navem: Festschrift für Katharina Reiß zum 70. Geburtstag*, edited by Justa Holz-Mänttäri and Christiane Nord, 301–20. Tampere: Tampereen Yliopisto.
Hutcheon, Linda. 2006. *A Theory of Adaptation*. London and New York: Routledge.
Hutcheon, Linda, and Siobhan O'Flynn. 2013. *A Theory of Adaptation*, 2nd ed. London and New York: Routledge.
Iedema, Rick. 2003. "Multimodality, Resemiotization: Extending the Analysis of Discourse as Multi-Semiotic Practice." *Visual Communication* 2 (1): 29–57.
Jäger, Ludwig. 2002. "Transkriptivität: Zur medialen Logik der kulturellen Semantik." In *Transkribieren: Medien/Lektüre*, edited by Ludwig Jäger and Georg Stanitzek, 19–41. München: Fink.

Jakobson, Roman. 1959. "On Linguistic Aspects of Translation." In *On Translation*, edited by Reuben A. Brower, 232–39. Cambridge, MA: Harvard University Press.

Jewitt, Carey. 2014a. "An Introduction to Multimodality." In *The Routledge Handbook of Multimodal Analysis*, 2nd ed., edited by Carey Jewitt, 15–30. London and New York: Routledge.

———. 2014b. "Different Approaches to Multimodality." In *The Routledge Handbook of Multimodal Analysis*, 2nd ed., edited by Carey Jewitt, 31–43. London and New York: Routledge.

Jiménez Hurtado, Catalina, and Silvia Soler Gallego. 2013. "Multimodality, Translation, Accessibility: A Corpus-Based Study of Audio Description." *Perspectives* 21 (4): 577–94.

Kade, Otto. 1968. *Zufall und Gesetzmäßigkeit in der Übersetzung: Beiheft zur Zeitschrift Fremdsprachen I*. Leipzig: VEB Enzyklopädie.

Kaindl, Klaus. 1995. *Die Oper als Textgestalt: Perspektiven einer interdisziplinären Übersetzungswissenschaft*. Tübingen: Stauffenburg.

———. 2004. *Übersetzungswissenschaft im interdisziplinären Dialog: Am Beispiel der Comicübersetzung*. Tübingen: Stauffenburg.

———. 2012. "'Little Linda hör zu': Rock'n'Roll Gender und Übersetzung." In *Translations wissenschaftliches Kolloquium II: Beiträge zur Übersetzungs-und Dolmetschwissenschaft (Köln/ Germersheim)*, edited by Barbara Ahrens, Silvia Hansen-Schirra,Monika Krein-Kühle and Michael Schreiber, 307–25. Frankfurt am Main: Peter Lang.

———. 2013. "Multimodality and Translation." In *Routledge Handbook of Translation Studies*, edited by Carmen Millán and Francesca Bartrina, 257–70. London and New York: Routledge.

Ketola, Anne. 2016. "Towards a Multimodally Oriented Theory of Translation: A Cognitive Framework for the Translation of Illustrated Technical Texts." *Translation Studies* 9 (1): 67–81.

Kloepfer, Rolf. 1976. "Komplementarität von Sprache und Bild." *Sprache im technischen Zeitalter* 57: 42–56.

Kress, Gunther. 2000. "Design and Transformation. New Theories of Meaning." In *Multiliteracies: Literacy Learning and the Design of Social Futures*, edited by Bill Cope and Mary Kalantzis, 153–61. Melbourne: Palgrave MacMillan.

———. 2010. *Multimodality: A Social Semiotic Approach to Contemporary Communication*. London and New York: Routledge.

Kress, Gunther, and Carey Jewitt. 2003. "Introduction." In *Multimodal Literacy*, edited by Gunther Kress and Carey Jewitt, 1–18. New York: Peter Lang.

Kress, Gunther, and Theo van Leeuwen. 2001. *Multimodal Discourse: The Modes and Media of Contemporary Communication*. London: Hodder Arnold.

———. 2002. "Colour as a Semiotic Mode – Notes for a Grammar of Colour." *Visual Com Munication*

Kristeva, Julia. 1968/1977. "Semiologie – kritische Wissenschaft und/oder Wissenschaftskritik." In *Textsemiotik als Ideologiekritik*, edited by Peter V. Zima, 35–51. Frankfurt am Main: Suhrkamp.

Krystallidou, Demi. 2016. "Investigating the Interpreter's Role(s): The A.R.T. Framework." *Interpreting* 18 (2): 172–97.

Kuhn, Thomas S. 1970. *The Structure of Scientific Revolutions*. Chicago: Chicago University

Press.
Lee, Tong-King. 2012."Performing Multimodality: Literary Translation, Intersemioticity and Technology." *Perspectives* 21 (2): 241–56.
Lefevere, André. 1992. *Translation, Rewriting and the Manipulation of Literary Fame*. London and New York: Routledge.
Mavers, Diane. 2011. *Children's Drawing and Writing: The Remarkable and the Unremarkable*. London and New York: Routledge.
McLuhan, Marshall. 1950. "Foreword." In *Empire and Communications*, edited by Harold A. Innis, v–xii. Toronto: University of Toronto Press.
———. 1964. *Understanding Media: The Extensions of Man*. New York: McGraw-Hill.
Middleton, Richard. 1977/1992. "All Shook Up? Innovation and Continuity in Elvis Presley's Vocal Style." In *The Elvis Reader: Texts and Sources of the King of Rock'n'Roll*, edited by Kevin Quain, 3–12. New York: St. Martin's Press.
Munday, Jeremy. 2014. "Advertising: Some Challenges to Translation Theory." *The Translator* 10 (2): 199–219.
Newfield, Denise R. 2014. "Transformation, Transduction and the Transmodal Moment." In *The Routledge Handbook of Multimodal Analysis*, 2nd ed., edited by Carey Jewitt, 100–13. London and New York: Routledge.
Nida, Eugene A., and Charles R. Taber. 1969. *The Theory and Practice of Translation*. Leiden: E. J. Brill.
Oittinen, Riitta, Anne Ketola, and Melissa Garavini. 2017. *Translating Picturebooks: Revoicing the Verbal, the Visual and the Aural for a Child Audience*. London and New York: Routledge.
Pérez-González, Luis.2014. "Multimodality in Translation and Interpreting Studies: Theoretical and Methodological Perspectives." In *A Companion to Translation Studies*, edited by Sandra Bermann and Catherine Porter, 119–31. Chichester: Wiley-Blackwell.
Popper, Karl R. 1998. *Objektive Erkenntnis: Ein evolutionärer Entwurf*, 4. Verbesserte und ergänzte Auflage. Hamburg: Hoffmann und Campe.
Port le roi, André. 1998. *Schlager lügen nicht: deutscher Schlager und Politik in ihrer Zeit*. Essen: Klartext.
Posner, Roland. 1976a. "Semiotische Paradoxien in der Sprachverwendung – Am Beispiel von Sternes'Tristam Shandy'." *Sprache im technischen Zeitalter* 57: 25–41.
———. 1976b. "Zum Thema." *Sprache im technischen Zeitalter* 57: 2–4.
Poulsen, Søren Vigild. 2017. "The'Same'Meaning Across Modes? Some Reflections on Transduction as Translation." In *New Studies in Multimodality. Conceptual and Methodological Elaborations*, edited by Ognyan Seizov and Janina Wildfeuer, 37–64. London: Bloomsbury.
Prunc, Erich. 2004. "Zum Objektbereich der Translationswissenschaft." In *Und sie bewegt sich doch...: Translationswissenschaft in Ost und West. Festschrift für Heidemarie Salevsky zum 60. Geburtstag*, edited by Ina Müller, 263–85. Frankfurt am Main: Lang.
Rajewski, Irina O. 2002. *Intermedialität*. Tübingen: A. Francke.
Reiss, Katharina. 1971. *Möglichkeiten und grenzen der übersetzungskritik: Kategorien und kriterien für eine sachgerechte beurteilung von übersetzungen*. München: Hueber.
Richter, Helmut. 1978. "Zum kommunikationssoziologischen Inhalt des Medienbegriffs." In *Stilforschung und Rhetorik, Patholinguistik und Sprecherziehung*, edited by Ernest W. B.

Hess-Lüttich, Günter Peuser, and Helmut Geißner, 37–43. Stuttgart: Hochschulverlag.
Ryan, Marie-Laure, and Jean Noël Thon. 2014. "Storyworlds Across Media: Introduction." In *Storyworlds Across Media: Toward a Media-Conscious Narratology*, edited by Marie-Laure Ryan and Jean Noël Thon, 1–21. Lincoln and London: University of Nebraska Press.
Stecconi, Ubaldo. 2004. "Interpretive Semiotics and Translation Theory: The Semiotic Conditions to Translation." *Semiotica* 150 (1–4): 471–89.
Stöckl, Hartmut. 2004. "In Between Modes: Language and Image in Printed Media." In *Perspectives on Multimodality*, edited by Eija Ventola, Cassily Charles and Martin Kaltenbacher, 9–30. Amsterdam: Benjamins.
Szatmary, David P.1996. *A Time to Rock: A Social History of Rock and Roll*. New York: Schirmer Books.
Toury, Gideon. 1994. "A Cultural-Semiotic Perspective." In *Encyclopaedic Dictionary of Semiotics*, Vol. 2 N-Z, edited by Thomas A. Sebeok, 1111–24. Berlin and New York: Mouton de Gruyter.
———. 1995. *Descriptive Translation Studies – and Beyond*. Amsterdam and Philadelphia: Benjamins.
van Doorslaer, Luc, and Laurence Raw. 2016. "Adaptation Studies and Translation Studies: Very Interactive Yet Distinct." In *Border Crossings: Translation Studies and Other Disciplines*, edited by Yves Gambier and Luc van Doorslaer, 189–204. Amsterdam and Philadelphia: John Benjamins.
van Leeuwen, Theo. 2005. *Introducing Social Semiotics*. London and New York: Routledge.
———. 2016. "A Social Semiotic Theory of Synesthesia? A Discussion Paper." *Hermes* 55: 105–19.
Vermeer, Hans J. 1986. "Übersetzen als Kultureller Transfer." In *Übersetzungswissenschafteine Neuorientierung: Zur Integrierung von Theorie und Praxis*, edited by Mary Snell-Hornby, 30–53. Tübingen: Francke.
Walther, Elisabeth. 1997. "The Sign as Medium, the Medium Relation as the Foundation of the Sign." In *Semiotics of the Media: State of the Art, Projects and Perspectives*, edited by Winfried Nöth, 79–86. Berlin and New York: Mouton de Gruyter.
Wyatt-Smith, Claire, and Kay Kimber. 2009. "Working Multimodally: Challenges for Assessment." *English Teaching Practice and Critique* 8 (3): 70–90.
Yuste Frías, José. 2012. "Fun for All: Videojuegos y paratraducción. Video Game's Translation and Paratranslation." In *Blog de Yuste: On y sème à tout vent*. Vigo: Blog de Investigación T&P, 23/03/2012. Accessed May 5, 2018. www.joseyustefrias.com/index.php/blog/ item/fun-for-all-1.html.

3 未译符号世界的意义（再）建构：迈向多模态、文化与翻译的研究议程

Adami, Elisabetta. 2017. "Multimodality and Superdiversity: Evidence for a Research Agenda." *Tilburg Papers in Culture Studies* 177: 1–28.
———. 2018. "Shaping Public Spaces from Below: The Vernacular Semiotics of Leeds Kirkgate Market." *Social Semiotics* 11 (October): 1–25. doi:10.1080/10350330.2018.1531515.
Bakhtin, Mikhail. 1981. *The Dialogic Imagination: Four Essays*. Austin: University of Texas Press. doi:10.2307/2068977.
Bezemer, Jeff, and Gunther Kress. 2008. "Writing in Multimodal Texts: A Social Semiotic

Account of Designs for Learning." *Written Communication* 25: 166–95.
Bordwell, David, and Kristin Thompson. 1979. *Film Art: An Introduction*. New York: McGraw-Hill.
Bortolussi, Marisa, and Peter Dixon. 2003. *Psychonarratology: Foundations for the Empirical Study of Literary Response*. Cambridge: Cambridge University Press.
Bourdieu, Pierre. 1986. *Distinction: A Social Critique of the Judgement of Taste*. London and New York: Routledge.
Cameron, Lynne, and Diane Larsen-Freeman.2007. *Complex Systems and Applied Linguistics*. Oxford: Oxford University Press.
Canagarajah, Suresh. 2017. *The Routledge Handbook of Migration and Language*. London and New York: Routledge.
Cattrysse, Patrick. 1992. "Film (Adaptation) as Translation: Some Methodological Proposals." *Target* 4 (1): 53–70.
Chaume, Frederic. 2016. "Audiovisual Translation Trends: Growing Diversity, Choice, and Enhanced Localization." In *Media Across Borders: Localizing TV, Film and Video Games*, edited by Andrea Esser, Miguel Angel Bernal-Merino, and Ian Robert Smith, 68–84. London and New York: Routledge.
Chesterman, Andrew. 2005. "Consilience in Translation Studies." *Revista Canaria de Estudios Ingleses* 51 (Novembre): 19–32.
———. 2007. "Bridge Concepts in Translation Sociology." In *Constructing a Sociology of Translation*, edited by Michaela Wolf and Alexandra Fukari, 171–83. Amsterdam and Philadelphia: John Benjamins.
Chiaro, Delia. 2014. "The Eyes and Ears of the Beholder? Translation, Humour, and Perception." In *Media and Translation: An Interdisciplinary Approach*, edited by Dror Abend-David, 197–220. London and New York: Bloomsbury.
Dicerto, Sara. 2018. *Multimodal Pragmatics and Translation: A New Model for Source Text Analysis*. London: Palgrave Macmillan.
Dicks, Bella, Rosie Flewitt, Lesley Lancaster, and Kate Pahl. 2011. "Multimodality and Ethnography: Working at the Intersection." *Qualitative Research* 11 (3): 227–37.
Esslink, Bert. 2000. *A Practical Guide to Localisation*. Amsterdam and New York: John Benjamins.
Forceville, Charles, and Eduardo Urios-Aparisi.2009. *Multimodal Metaphor: Journal of Pragmatics*, Vol. 42. Berlin: Mouton De Gruyter.
Gambier, Yves. 2003. "Screen Transadaptation: Assessment and Reception." *The Translator* 9 (2): 171–89.
———. 2013. "Moves Towards Multimodality and Language Representation in Movies." In *Reading and Intersemiosis in Multimedia: Proceedings of the 3rd ICOM Pavia, May 2006*, edited by Elena Montagna, 1–10. Pavia: Como.
Gambier, Yves, and Sara Ramos Pinto. 2016. "Special Issue on Audiovisual Translation: Theoretical and Methodological Challenges." *Target* 28 (2).
García, Ofelia. 2009. "Education, Multilingualism and Translanguaging in the 21st Century." In *Multilingual Education for Social Justice: Globalising the Local*, edited by Ajit Mohanty,Minati Panda, Robert Phillipson, and Tove Skutnabb-Kangas, 140–58.New Dehli: Orient Blackswan.
García, Ofelia, and Li Wei. 2014. *Translanguaging: Language, Bilingualism and Education*.

New York: Palgrave Macmillan.
Gee, James Paul. 2005. "Semiotic Social Spaces and Affinity Spaces: From The Age of Mythology to Today's Schools." In *Beyond Communities of Practice: Language, Power and Social Context*, edited by David Barton and Karin Tusting, 214–32. Cambridge: Cambridge University Press.
Gibson, James. 1979. *The Ecological Approach to Visual Perception*. Boston: Houghton Mifflin.
Goodchild, Samantha, and Miriam Weidl. 2018. "Translanguaging Practices in the Casamance, Senegal: Similar but Different: Two Case Studies." In *Making Signs, Translanguaging Ethnographies: Exploring Urban, Rural, and Educational Spaces*, edited by Ari Sherris and Elisabetta Adami, 133–51. Clevedon: Multilingual Matters.
Halliday, Michael. 1978. *Language as Social Semiotic: The Social Interpretation of Language and Meaning*. London: Arnold.
Hawkins, Margaret R. 2018. "Transmodalities and Transnational Encounters: Fostering Critical Cosmopolitan Relations." *Applied Linguistics* 39 (1): 55–77.
Hodge, Robert, and Gunther Kress. 1988. *Social Semiotics*. Cambridge: Polity.
Holliday, Adrian. 1999. "Small Cultures." *Applied Linguistics* 20 (2): 237–64.
Jaworski, Adam, and Crispin Thurlow. 2010. "Introducing Semiotic Landscape." In *Semiotic Landscapes: Language, Image, Space*, edited by Adam Jaworski and Crispin Thurlow, 1–41. London: Continuum.
Jiménez-Crespo, Miguel. 2013. *Translation and Web Localisation*. London and New York: Routledge.
Kalyuga, Slava. 2012. "Instructional Benefits of Spoken Words: A Review of Cognitive Load Factors." *Educational Research Review* 7 (2): 145–59.
Kovačič, Irena. 1995. "Reception of Subtitles: The Non-Existent Ideal Viewer." *Translatio (FIT Newsletter)* 14 (3–4): 376–83.
Kress, Gunther. 1993. "Against Arbitrariness: The Social Production of the Sign as a Foundational Issue in Critical Discourse Analysis." *Discourse and Society* 4 (2): 169–91.
———. 2010. *Multimodality: A Social Semiotic Approach to Contemporary Communication*. London and New York: Routledge.
Kress, Gunther, and Theo van Leeuwen. 1996. *Reading Images: The Grammar of Visual Design*. London and New York: Routledge.
Lakoff, George, and Mark Johnson. 1980. *Metaphors We Live By*. Chicago: University of Chicago Press.
Larsen-Freeman, Diane. 2015. "Complexity Theory." In *Theories of Second Language Acquisition*, edited by Bill Van Patten and Jessica Williams, 2nd ed., 227–44. London and New York: Routledge.
Lefebvre, Henri. 1984. *The Production of Space*. Oxford: Blackwell.
Lemke, Jay. 2000. "Across the Scales of Time: Artifaces, Activities, and Meanings in Ecosocial Systems." *Mind, Culture and Activity* 7 (4): 273–90.
———. 2009. "Multimodality, Identity, and Time." In *The Routledge Handbook of Multimodal Analysis*, edited by Carey Jewitt, 140–50. London and New York: Routledge.
Leppihalme, Ritva. 1997. *Culture Bumps: An Empirical Approach to the Translation of Allusions*.
Clevedon: Multilingual Matters.

New London Group. 1996. "A Pedagogy of Multiliteracies: Designing Social Futures." *Harvard Educational Review* 66: 60–92.

O'Hagan, Minako, and Carmen Mangiron. 2013. *Game Localization: Translating for the Global Digital Entertainment Industry*. Amsterdam and New York: John Benjamins.

O'Sullivan, Carol, and Caterina Jeffcote. 2013. "Special Issue on Translating Multimodalities." *Journal of Specialized Translation* 20.

Pérez-González, Luis. 2014. "Multimodality in Translation and Interpreting Studies." In *A Companion to Translation Studies*, edited by Sandra Bermann and Catherine Porter, 119–31. Chichester: Wiley-Blackwell.

Ramos Pinto, Sara. 2018. "Film, Dialects and Subtitles: An Analytical Framework for the Study of Non-Standard Varieties in Subtitling." *The Translator* 24 (1): 17–34.

Remael, Aline. 2001. "Some Thoughts on the Study of Multimodal and Multimedia Translation." In *(Multi)Media Translation: Concepts, Practices and Research*, edited by Yves Gambier and Henrik Gottlieb, 13–22. Amsterdam and New York: John Benjamins.

Rymes, Betsy. 2014. *Communicating Beyond Language: Everyday Encounters with Diversity*. London and New York: Routledge.

Sperber, Dan, and Deirdre Wilson. 1986. *Relevance: Communication and Cognition*. Oxford: Blackwell.

Stöckl, Hartmut. 2004. "In Between Modes: Language and Image in Printed Media." In *Perspectives on Multimodality*, edited by Eija Ventola, Cassily Charles, and Martin Kaltenbacher, 9–30. Amsterdam and New York: John Benjamins.

van Leeuwen, Theo. 2005. *Introducing Social Semiotics*. London and New York: Routledge.

Zanettin, Federico. 2014. "Comics in Translation: An Overview." In *Comics in Translation*, edited by Federico Zanettin, 1–32. London and New York: Routledge.

Zitawi, Jehan Ibrahim. 2014. "Disney Comics in the Arab Culture(s). A Pragmatic Perspective." In *Comics in Translation*, edited by Federico Zanettin, 270–306. London and New York: Routledge.

4 从"吸引力电影"到"弹幕"：跨媒体文化下变化字幕美学的多模态理论分析

Amara. n.d. *Amara Subtitling Software*. https://amara.org/en/.

Androutsopoulos, Jannis. 2013. "Participatory Culture and Metalinguistic Discourse: Performing and Negotiating German Dialects on Youtube." In *DISCOURSE 2.0 Language and New Media*, edited by Deborah Tannen and Anna Marie Trester, 47–73. Washington, DC: Georgetown University Press.

Baker, Mona. 2006. *Translation and Conflict: A Narrative Account*. London and New York: Routledge.

———. 2018. "Audiovisual Translation and Activism." In *The Routledge Handbook of Audiovisual Translation*, edited by Luis Pérez-González, 453–67.London and New York: Routledge.

Baker, Mona, and Bolette Blaagaard. 2016. "Reconceptualizing Citizen Media: A Preliminary Charting of a Complex Domain." In *Citizen Media and Public Spaces: Diverse Expressions of Citizenship and Dissent*, edited by Mona Baker and Bolette Blaagaard, 1–22. London and New York: Routledge.

Banks, John, and Mark Deuze. 2009. "Co-creative Labour." *International Journal of Cultural Studies* 12 (5): 419–31.

Barra, Luca. 2009. "The Mediation Is the Message: Italian Regionalization of US TV Series as Cocreational Work." *International Journal of Cultural Studies* 12 (5): 509–25.
Chouliaraki, Lilie. 2010. "Self-mediation: New Media and Citizenship." *Critical Discourse Studies* 7 (4): 227–32.
Chung, Sung-ill. 2007. "Four Variations on Korean Genre Film: Tears, Screams, Violence and Laughter." In *Korean Cinema from Origins to Renaissance*, edited by Mee-hyun Kim, 1–14. Seoul: Communication Books.
Clarke, Donald. 2009. "Il Divo," *Irish Times*, March 20. www.irishtimes.com/culture/ il-divo-1.726848.
Crawley, Peter. 2017. "The State Review: What Has Driven 1,000 UK People to Fight with Isis?" *The Irish Times*, August 24. www.irishtimes.com/culture/tv-radio-web/ the-state-review-what-has-driven-1-000-uk-people-to-fight-with-isis-1.3196993.
Cronin, Michael. 2003. *Translation and Globalization*. London: Routledge.
Desilla, Louisa. 2012. "Implicatures in Film: Construal and Functions in *Bridget Jones* Romantic Comedies." *Journal of Pragmatics* 44: 30–53.
Deuze, Mark. 2006. "Participation, Remediation, Bricolage: Considering Principal Components of a Digital Culture." *The Information Society* 22: 63–75.
Djonov, Emilia, and Theo van Leeuwen. 2017. "The Power of Semiotic Software: A Critical Multimodal Perspective." In *The Routledge Handbook of Critical Discourse Analysis*, edited by John Flowerdew and John E. Richardson, 566–81. London and New York: Routledge.
Dwyer, Tessa. 2005. "Universally Speaking: Lost in Translation and Polyglot Cinema." *Linguistica Antverpiensia* 4: 295–310.
———. 2012. "Fansub Dreaming on Viki:'Don't Just Watch but Help When You Are Free'." In "Non-professional Translation," special issue edited by Şebnem Susam-Saraeva and Luis Pérez-González. *The Translator* 18 (2): 217–43.
———. 2015. "From Subtitles to SMS: Eye Tracking, Texting and Sherlock." *Refractory: A Journal of Entertainment Media* 25. Accessed June 20, 2018. http://refractory.unimelb. edu.au/2015/02/07/dwyer/.
———. 2017a. *Speaking in Subtitles: Revaluing Screen Translation*. Edinburgh: Edinburgh University Press.
———. 2017b. "Hecklevision, Barrage Cinema and Bullet Screens: An Intercultural Analysis." *Participations: Journal of Audience and Reception Studies* 14 (2): 571–89. www.participations. org/Volume%2014/Issue%202/29.pdf.
———. 2018. "Audiovisual Translation and Fandom." In *The Routledge Handbook of Audiovisual Translation*, edited by Luis Pérez-González, 436–52.London and New York: Routledge.
d'Ydewalle, Géry and Wim De Bruycker. 2007. "Eye Movements of Children and Adults While Reading Television Subtitles." *European Psychologist* 12: 196–205.
Fox, Wendy. 2016. "Integrated Titles – An Improved Viewing Experience? A Contrastive Eye Tracking Study on Traditional Subtitles and Integrated Titles for Pablo Romero-Fresco's *Joining the Dots*." In *Eyetracking and Applied Linguistics, Open Access Book Series Translation and Natural Language Processing*, edited by Silvia Hansen-Schirra and Sambor Grucza, 5–30. Berlin: Language Science Press.
Gambier, Yves. 2006. "Multimodality and Subtitling." In *Proceedings of the Marie Curie*

Euroconferences MuTra: Audiovisual Translation Scenarios, edited by Mary Carroll, Heidrun Gerzymisch Arbogast and Sandra Nauert. Copenhagen May 1–5. Accessed September 15, 2013. www. euroconferences.info/proceedings/2006_Proceedings/2006_proceedings.htm.

Gambier, Yves, and Sara Ramos Pinto. 2016. "Introduction." *Target: International Journal in Translation Studies* 28 (2): 185–91.

Genette, Gérard E. 1983 [1980]. *Narrative Discourse: An Essay in Method*. Translated by Jane E. Lewin. Ithaca, NY: Cornell University Press.

Grillo, Virgil, and Bruce Kawin. 1981. "Reading at the Movies: Subtitles, Silence and the Structure of the Brain." *Post Script: Essays in Film and the Humanities* 1 (1): 25–32.

Grochowski, Thomas. 2007. "Horse Feathers, Monkey Business and Lion Taming: The Marxes in Transition." In *A Century of the Marx Brothers*, edited by Joseph Mills, 53–71. Newcastle upon Tyne: Cambridge Scholars Publishing.

Gumbrecht, Hans Ulrich. 2004. *Production of Presence: What Meaning Cannot Convey*. Stanford: Stanford University Press.

Gunning, Tom. 1986. "The Cinema of Attraction: Early Film, its Spectator and the AvantGarde." *Wide Angle* 8 (3): 58–70.

———. 1993. "'Now You See It, Now You Don't': The Temporality of the Cinema of Attractions." *The Velvet Light Trap* 32: 4–12.

Heath, Stephen. 1981. *Questions of Cinema*. Bloomington: Indiana University Press.

Hogan, Ambrose. 2009. "Il Divo." *Thinking Faith*, April 1. www.thinkingfaith.org/articles/film_20090401_1.htm.

Howard, Craig D. 2012. "Higher Order Thinking in Collaborative Video Annotations: Investigating Discourse Modeling and the Staggering of Participation." Unpublished PhD
Thesis, Indiana University Bloomington. https://eric.ed.gov/?id=ED552082.

Iedema, Rick. 2003. "Multimodality, Resemiotization: Extending the Analysis of Discourse as Multi-semiotic Practice." *Visual Communication* 2 (1): 29–57.

Iwabuchi, Koichi. 2002. *Recentering Globalization: Popular Culture and Japanese Transnationalism*.
Durham, NC: Duke University Press.

James, Meg. 2001. "Language Barrier Slows Movie Releases." *Los Angeles Times*, August 25.
Accessed June 20, 2018. http://articles.latimes.com/2001/aug/25/business/fi-38050Y.

Jenkins, Henry. 2006. *Fans, Bloggers, and Gamers: Exploring Participatory Culture*. New York: NYU Press.

Jenkins, Mark. 2009. "Powerful Mystery Man of Italian Politics." April 24. www. npr.org/templates/story/story.php?storyId=103290407&t=1554237051742&t=1554763303526

Jensema, Carl, Sameh E. Sharkawy, Ramalinga Sarma Danturthi, Robert Burch, and David Hsu. 2000. "Eye Movement Patterns of Captioned Television Viewers." *American Annals of the Deaf* 145 (3): 275–85.

Kofoed, D. T. 2011. "Decotitles, the Animated Discourse of Fox's Recent Anglophonic Internationalism." *Reconstruction* 11 (1): n.p.

Kress, Gunther, and Jon Ogborn. 1998. "Modes of Representation and Local Epistemologies:
The Presentation of Science in Education." In *Subjectivity in the School Curriculum*, Working Paper 2, Institute of Education. London: University of London.

Kress, Gunther, and Theo van Leeuwen. 2001. *Multimodal Discourse: The Modes and Media of Contemporary Communication*. London: Arnold.
———. 2006. *Reading Images: The Grammar of Visual Design*, 2nd ed. London and New York: Routledge.
Kruger, Jan-Louis. 2018. "Eye Tracking in Audiovisual Translation Research." In *The Routledge Handbook of Audiovisual Translation*, edited by Luis Pérez-González, 350–66. London and New York: Routledge.
Li, Jinying. 2017. "The Interface Affect of a Contact Zone: Danmaku on Video-Streaming Platforms." *Asiascape: Digital Asia* 4: 233–56.
Littau, Karin. 2016a. "Translation and the Materialities of Communication." *Translation Studies* 9 (1): 82–96.
———. 2016b. "Translation's Histories and Digital Futures." *International Journal of Communication* 10: 907–28.
Ma, Xiaojuan, and Nan Cao. 2017. "Video-based Evanescent, Anonymous, Asynchronous Social Interaction: Motivation and Adaption to Medium." In *Proceedings of the 2017 ACM Conference on Computer Supported Cooperative Work and Social Computing*, 770–82. https:// dl.acm.org/citation.cfm?id=2998256.
MacDougall, David. 1998. "Subtitling Ethnographic Films." In *Transcultural Cinema, Princeton*, edited by David MacDougall, 165–78. Princeton, NJ: Princeton University Press.
Marcus, Millicent. 2010. "The Ironist and the Auteur: Post-Realism in Paolo Sorrentino's *Il Divo*." *The Italianist* 30 (2): 245–57.
Mason, Ian. 2001. "Coherence in Subtitling: The Negotiation of Face." In *La traducción en losmedios audiovisuales*, edited by Frederic Chaume and Rosa Agost, 19–32. Castelló de la Plana: Servei de Publicacions de la Universitat Jaume I.
McDonald, Keiko. 2006. *Reading a Japanese Film: Cinema in Context*. Honolulu: University of Hawai'i Press.
Minh-ha, Trinh T. 1992. *Framer Framed*. London and New York: Routledge.
———. 2005. *The Digital Film Event*. London and New York: Routledge.
Mubenga, Kajingulu Somwe. 2009. "Towards a Multimodal Pragmatic Analysis of Film Discourse in Audiovisual Translation." *Meta* 54 (3): 466–84.
Musser, Charles. 2006. "Rethinking Early Cinema: Cinema of Attractions and Narrativity." In *The Cinema of Attractions: Reloaded*, edited by Wanda Strauven, 389–416. Amsterdam: Amsterdam University Press.
Naficy, Hamid. 2001. *An Accented Cinema: Exilic and Diasporic Filmmaking*. Princeton, NJ: Princeton University Press.
———. 2003. "Theorizing'Third World'Film Spectatorship: The Case of Iran and Iranian Cinema." In *Rethinking Third Cinema*, edited by Anthony R. Guneratne and Wimal Dissanayake, 183–201. London: Routledge.
———. 2004. "Epistolarity and Textuality in Accented Films." In *Subtitles: On the Foreignness of Film*, edited by Atom Egoyan and Ian Balfour, 131–51. Cambridge, MA and London: The MIT Press.
Nornes, Abé Mark. 1999. "For an Abusive Subtitling." *Film Quarterly* 52 (3): 17–34.
O'Hagan, Minako, and Ryoko Sasamoto. 2016. "Crazy Japanese Subtitles? Shedding Light on the Impact of Impact Captions with a Focus on Research Methodology." In *Eyetracking*

and Applied Linguistics, Open Access Book Series Translation and Natural Language Processing, edited by Silvia Hansen-Schirra and Sambor Grucza, 31–58. Berlin: Language Science Press.

O'Sullivan, Carol. 2011. *Translating Popular Film*. London: Palgrave Macmillan.

O'Sullivan, Carol, and Jean-François Cornu. 2018. "History of Audiovisual Translation." In *The Routledge Handbook of Audiovisual Translation*, edited by Luis Pérez-González, 15–30. London and New York: Routledge.

Perego, Elisa, Fabio del Missier, Marco Porta, and Mauro Mosconi. 2010. "The Cognitive Effectiveness of Subtitle Processing." *Media Psychology* 13: 243–72.

Pérez-González, Luis.2007. "Intervention in New Amateur Subtitling Cultures: A Multimodal Account." *Linguistica Antverpiensia* 6: 67–80.

———. 2010. "Ad-hocracies of Translation Activism in the Blogosphere: A Geneological Case Study." In *Text and Context: Essays on Translation and Interpreting in Honour of Ian Mason*, edited by Mona Baker, Maeve Olohan and María Calzada Pérez, 259–87. Manchester: St. Jerome.

———. 2012. "Co-Creational Subtitling in the Digital Media: Transformative and Authorial Practices." *International Journal of Cultural Studies* 16 (1): 3–21.

———. 2013. "Amateur Subtitling as Immaterial Labour in Digital Media Culture: An Emerging Paradigm of Civic Engagement." *Convergence: The International Journal of Research into New Media Technologies* 19 (2): 157–75.

———. 2014a. *Audiovisual Translation: Theories, Methods, Issues*. London and New York: Routledge.

———. 2014b. "Multimodality in Translation and Interpreting Studies: Theoretical and Methodological Perspectives." In *A Companion to Translation Studies*, edited by Sandra Bermann and Catherine Porter, 119–31. Chichester: Wiley-Blackwell.

———. 2016. "The Politics of Affect in Activist Amateur Subtitling: A Biopolitical Perspective." In *Citizen Media and Public Spaces: Diverse Expressions of Citizenship and Dissent*, edited by Mona Baker and Bolette Blaagaard, 118–35. London and New York: Routledge.

———. 2017. "Investigating Digitally Born Subtitling Agencies in the Context of Popular Culture." In *Advances in Amateur Subtitling*, edited by David Orrego Carmona and Yvonne Lee, 15–36. Newcastle: Cambridge Scholars.

———. 2020. "Multimodality." In *The Routledge Encyclopedia of Translation Studies*, 3rd ed., edited by Mona Baker and Gabriela Saldanha, n.p. London and New York: Routledge.

Poulsen, Søren Vigild, Gunhild Kvåle, and Theo van Leeuwen. 2018. "Introduction." In "Social Media as Semiotic Technology," special issue edited by Søren Vigild Poulsen, Gunhild Kvåle and Theo van Leeuwen. *Social Semiotics* 28 (5): 593–600.

Remael, Aline. 2001. "Some Thoughts on the Study of Multimodal and Multimedia Translation." In *(Multi) Media Translation: Concepts, Practices and Research*, edited by Yves Gambier and Henrik Gottlieb, 13–22. Amsterdam: John Benjamins.

———. 2003. "Mainstream Narrative Film Dialogue and Subtitling." *The Translator* 9 (2): 225–47.

Romero-Fresco, Pablo. 2018. "Accessible Filmmaking: Translation and Accessibility from Production." In *The Routledge Handbook of Audiovisual Translation*, edited by Luis PérezGonzález, 96–113. London and New York: Routledge.

Sasamoto, Ryoko. 2014. "Impact Caption as a Highlighting Device: Attempts at Viewer Manipulation on TV." *Discourse, Context and Media* 6: 1–10.

Silverman, Kaja. 1988. *The Acoustic Mirror: The Female Voice in Psychoanalysis and Cinema*. Bloomington: Indiana University Press.

Stöckl, Hartmut. 2004. "In Between Modes: Language and Image in Printed Media." In *Perspectives on Multimodality*, edited by Eija Ventola, Cassily Charles and Martin Kaltenbacher, 9–30. Amsterdam and Philadelphia: John Benjamins.

Taylor, Christopher. 2003. "Multimodal Transcription in the Analysis: Translation and Subtitling of Italian Films." *The Translator* 9 (2): 191–205.

———. 2014. "Multimodality and Audiovisual Translation." In *Handbook of Translation Studies*, Vol. 4, edited by Yves Gambier and Luc van Doorslaer, 98–104. Amsterdam: John Benjamins.

———. 2016. "The Multimodal Approach in Audiovisual Translation." *Target* 28 (2): 222–36.

Thrift, Nigel. 2009. "Non-representational Theory." In *The Dictionary of Human Geography*, 5th ed., edited by Derek Gregory, Ron Johnston, Geraldine Pratt, Michael Watts and Sarah Whatmore, 503–5. London: Wiley-Blackwell.

van Leeuwen, Theo, Emilia Djonov, and Kay L. O'Halloran. 2013. "'David Byrne Really Does Love PowerPoint': Art as Research on Semiotics and Semiotic Technology." *Social Semiotics* 23 (3): 409–23.

Vanoye, Francis. 1985. "Conversations publiques." *Iris* 3 (1): 99–188.

Vietnamese Cinema Blog. 2015. "Happy Mother's Day from *Surname Viêt Given Name Nam* by Surname Nam Given Name Nam." Accessed June 20, 2018. www.vietnamesecinemablog.com/2015/05/10/happy-mothers-day-from-surname-viet-given-name-nam-by surname-nam-given-name-nam/.

Wu, Qunfang, Yisi Sang, Shan Zhang, and Yun Huang. 2018. "*Danmaku* vs. Forum Comments: Understanding User Participation and Knowledge Sharing in Online Videos." *Proceedings of the 2018 ACM Conference on Supporting Groupwork*, 209–18. Accessed April 20, 2019. https://dl.acm.org/citation.cfm?id=3148344.

Xu, Yizhou. 2016. "The Postmodern Aesthetic of Chinese Online Comment Cultures." *Communication and the Public* 1 (4): 436–51.

5 翻译"I"：但丁、文学性及语言的内在多模态性

Aeschylus. 1864. *Aeschylus, Translated into English Prose*. Translated by F. A. Paley. Cambridge: Deighton, Bell, and Co.

Alighieri, Dante. n.d. www.danteonline.it/italiano/codici_indice.htm.

———. 1427. *Comedia Dantis Allegerii florentini in qua tracta de penis et punicionibus viciorum et de meritus et premiis virtutum*. Biblioteca Digital Hispánica, MSS/10186.

———. 1597. *La comédie de Dante*. Translated by M. B. Grangier. Vol. 3. Paris: Vve Drobet. Gallica: ark:/12148/bpt6k8701064j.

———. 1727. *La divina commedia già ridotta a miglior lezione dagli accademici della Crusca*. Padua: Giuseppe Comino.

———. 1769. *Von dem Paradiese*. Translated by L. Bachenschwanz. Leipzig: Privately Printed.

———. 1796. *La divina commedia*. Edited by G. J. Dionisi. Vol. 3: *Paradiso*. Parma: Nel

Regal Palazzo.
———. 1802. *The Divina Commedia of Dante Alighieri*. Translated by Henry Boyd. 3 Vols. London: T. Cadell Jun and W. Davies.
———. 1819. *The Vision; or Hell, Purgatory and Paradise*, 2nd ed. Translated by Henry Francis Cary. 3 Vols. London: Taylor and Hessey
———. 1825. *Die göttliche Komödie des Dante*. Edited by Karl Ludwig Kannegiesser. 5 Vols in 2. Vienna: Fr Schade.
———. 1830. *La divina commedia*. With a Commentary by P. Baldassare Lombardi. Vol. 3. Florence: Leonardo Ciardetti.
———. 1842. *La divine comédie: enfer, purgatoire, paradis*. Edited by Eugène Aroux. Vol. 2. Paris: Blanc-Montanier.
———. 1854a. *Göttliche Komödie*. Translated by Karl Streckfuss (German, 1854). Dante Lab. dantelab.dartmouth.edu.
———. 1854b. *Divine Comedy*. Translated by C. B. Cayley. Vol. 3: *The Paradise*. London: Longman, Brown, Green, and Longmans.
———. 1865. *The Divine Comedy of Dante Alighieri*. Translated by John Dayman. London: Longmans, Green.
———. 1867.'Longfellow.'*Digital Dante*. https://digitaldante.columbia.edu.
———. 1868. *La divina comedia de Dante Alighieri: Traducida al castellano*. Translated by D. Juan de la Pezuela. Vol. 3. Barcelona: Viuda de Luis Tasso.
———. 1878. *La Comedia de Dant Allighier, Tralsada de rims vulgars toscans en rims vulgars cathlans*. Translated by Andreu Febrer. Barcelona: D. Álvaro Verdaguer.
———. 1899. *The Divina Commedia*. Translated by Frederick. K. H. Haselfoot, 2nd ed. London: Duckworth.
———. 1908. *The Vision of Dante Alighieri*. Translated by H. F. Cary. London: J. M. Dent.
———. 1915. *The Paradise of Dante Alighieri*. Translated by Charles Lancelot Shadwell. London: Palgrave Macmillan.
———. 1943. *Dante's Paradiso*. Translated by Laurence Binyon. London: Palgrave Macmillan.
———. 1962. *The Comedy of Dante Alighieri the Florentine. Cantica III: Paradise <Il Paradiso>*. Translated by Dorothy L. Sayers and Barbara Reynolds. Harmondsworth: Penguin.
———. 1966–7. *La commedia secondo l'antica vulgata*. Edited by Giorgio Petrocchi. 4 Vols. Verona: Mondadori.
———. 1975a. *La divina commedia*. Edited by Giorgio Petrocchi. Turin: Einaudi.
———. 1975b. *The Divine Comedy*. Translated by Charles Singleton. Vol. 3. London: Routledge & Kegan Paul.
———. 1984. *The Divine Comedy of Dante Alighieri: Paradiso*. Translated by Allen Mandelbaum. The World of Dante. www.worldofdante.org.
———. 1996. *De vulgari eloquentia*. Edited by Steven Botterill. Cambridge: Cambridge University Press. www.danteonline.it/.
———. 2012. *The Divine Comedy: Inferno, Purgatorio, Paradiso*. Translated by Robin Kirkpatrick. London: Penguin.
———. 2013. *The Divine Comedy*. Translated by Clive James. London: Picador.
———. 2015. *Commedia*. Con il commento di Anna Maria Chiavacci Leonardi. Vol. 3:

Paradiso. Milan: Mondadori.

Barański, Zygmunt G. 1986. "'Significar per Verba': Notes on Dante and Plurilingualism." *The Italianist*. 6 (1): 5–18. DOI: 10.1179/ita.1986.6.1.5.

Berman, Antoine. 1999. *La traduction et la lettre ou l'auberge du lointain*. Paris: Seuil.

Casagrande, Gino. 1976. "'I s'appellava in terra il sommo bene'(*Paradiso* XXVI, 134)." *Aevum* 50 (3): 249–73.

Catullus. 1969. *Catullus (Gai Valeri Catulli Veronensis Liber)*. Translated by Celia and Louis Zukofsky. London: Cape Goliar Press.

Contini, Gianfranco. 1970. *Varianti e altra linguistica*. Turin: Einaudi.

Dehaene, Stanislas. 2010. *Reading in the Brain: The New Science of How We Read*. London: Penguin.

Derrida, Jacques. 1982. *Margins of Philosophy*. Translated by Alan Bass. Brighton: Harvester.

———. 1985. "Des tours de Babel." In *Difference in Translation*, edited by Joseph F. Graham, 209–48. Ithaca, NY: Cornell University Press.

Dionisi, Giovanni Iacopo. 1794. *Dei blandimenti funebri o sia delle acclamazioni sepolcrali Cristiane*. Padova: Stamperia del Seminario.

Dryden, John. 1987. *The Works of John Dryden*. Edited by E. N. Hooker, H. T. Swedenberg, Jr. et al. 20 Vols: Vol. 5. Berkeley and London: University of California Press.

Goodman, Nelson. 1976. *Languages of Art*, 2nd ed. Indianapolis and Cambridge: Hackett.

Hollander, Robert. 2007. "Robert Hollander (English, 200–2007)." *Dartmouth Dante Project*. https://dante.dartmouth.edu.

Kress, Gunther. 2010. *Multimodality: A Social Semiotic Approach to Contemporary Communication*. London and New York: Routledge.

Mitchell, W. J. T. 1986. *Iconology: Image, Text, Ideology*. London and Chicago: University of Chicago Press.

Moore, Edward. 1889. *Contributions to the Textual Criticism of the Divina Commedia*. Cambridge: Cambridge University Press.

Petherbridge, Deanna. 2010. *The Primacy of Drawing: Histories and Theories of Practice*. New Haven and London: Yale University Press.

Reynolds, Matthew. 2011. *The Poetry of Translation: From Chaucer & Petrarch to Homer & Logue*. Oxford: Oxford University Press.

———. 2013. *Likenesses: Translation, Illustration, Interpretation*. Oxford: Legenda.

———. 2016. *Translation: A Very Short Introduction*. Oxford: Oxford University Press.

———, ed. 2019. *Prismatic Translation*. Oxford: Legenda.

Schimmel, Annemarie. 1977. *Mystical Dimensions of Islam*. Chapel Hill: University of North Carolina Press.

Serravalle, Johannis de. n. d. "Johannis de Serravalle (1416–17)." *Dartmouth Dante Project*. https://dante.dartmouth.edu.

Villena, Enrique de. 2000. *Obras Completas*. Edited by Pedro M. Cátedra. Vol. 3. Madrid: Turner.

6 文学翻译的多模态维度

Apollinaire, Guillaume. 1977. *Oeuvres en prose complètes*, Vol. 1. Edited by Michel Décaudin. Gallimard: Paris.

Apollinaire, Guillaume, and Raoul Dufy. 1911. *Le Bestiaire ou Cortège d'Orphée*. Paris:

Deplanche.
Bindman, David. 2009. *William Blake: The Complete Illuminated Books*. London: Thames and Hudson.
Bracquemond, Félix. 1897. *Étude sur la gravure sur bois et la lithographie*. Paris: Henri Beraldi.
Cahill, Michael, and Keren Rice. 2014. *Developing Orthographies for Unwritten Languages*. Dallas: SIL International.
Cohen, Jane R. 1980. *Charles Dickens and his Original Illustrators*. Ohio: Ohio State University Press.
Derrida, Jacques. 2002. "Faith and Knowledge: The Two Sources of'Religion'at the Limits of Reason Alone." In *Acts of Religion*, edited by Gil Anidjar, 40–101. London and New York: Routledge.
Erdman, David V., ed. 1974. *The Illuminated Blake: All of William Blake's Illuminated Works with a Plate-by-Plate Commentary*. Garden City, NY: Anchor Press/Doubleday.
Foucault, Michel. 1973. *Ceci n'est pas une pipe*. Montpellier: Fata Morgana.
———. 1983. *This Is Not A Pipe*. Translated by James Darkness. Berkeley: University of California Press.
Gibbons, Alison. 2012. "Multimodal Literature and Experimentation." In *Routledge Companion to Experimental Literature*, edited by Joe Bray, Alison Gibbons, and Brian McHale, 420–34. London and New York: Routledge.
Grayling, A. C. 2000. *The Quarrel of the Age: The Life and Times of William Hazlitt*. London: Weidenfeld and Nicholson.
Hazlitt, William. (1821) 1930. "On the Pleasure of Painting." In *The Complete Works of William Hazlitt, Table-talk*, Vol. 8, edited by Percival Presland Howe, 1–18. London and Toronto: J. M. Dent and Sons.
———. (1828) 1933. "On the Causes of Popular Opinion." In *The Complete Works of William Hazlitt, Uncollected Essays*, Vol. 17, edited by Percival Presland Howe, 308–13. London and Toronto: J. M. Dent and Sons.
Heffernan, James W. 2004. *Museum of Words: The Poetics of Ekphrasis from Homer to Ashbery*. Chicago and London: The University of Chicago Press.
Hildebrandt, Bill. 1995. *Calligraphic Flourishing: A new Approach to an Ancient Art*. Boston: David R. Godine.
Joyce, James. 1939. *Finnegans Wake*. London: Faber and Faber.
Kennedy, X. J., ed. and trans. 2011. *Guillaume Apollinaire, The Bestiary, or Procession of Orpheus*. Baltimore: The Johns Hopkins University Press.
Kress, Gunther. 2010. *Multimodality: A Social Semiotic Approach to Contemporary Communication*. London and New York: Routledge.
Kress, Gunther, Carey Jewitt, Jon Ogborn, and Charalampos Tsatsarelis. 2001. *Multimodal Teaching and Learning: The Rhetorics of the Science Classroom*. London: Bloomsbury.
Lee, Tong-King. 2012."Performing Multimodality: Literary Translation, Intersemioticity and Technology." *Perspectives: Studies in Translatology* 21 (2): 241–56.
Lupfer, Earl A. 2003. *Ornate Pictorial Calligraphy: Instructions and Over 150 Examples*. London: Dover.
May, Will, ed. 2015. *The Collected Poems and Drawings of Stevie Smith*. London: Faber and Faber.

McKerrell, Simon, and Lyndon C. S. Way. 2017. "Understanding Music as Multimodal Discourse." In *Music as Multimodal Discourse: Semiotics, Power, and Protest*, edited by Lyndon C. S. Way and Simon McKerrell, 1–20. New York and London: Bloomsbury.

Mencía, María. 2017. "El Winnipeg: El barco de la esperanza." http://winnipeg.mariamencia.com/?lang=es.

Nørgaard, Nina. 2009. "The Semiotics of Typography in Literary Texts: A Multimodal Approach." *Orbis Litterarum* 64 (2): 141–60.

O'Neil, Patrick. 2013. *Impossible Joyce: Finnegans Wakes*. Toronto, Buffalo and London: University of Toronto Press.

Poulenc, Francis. 1920. *Le Bestiaire ou cortège d'Orphée, poëmes de Guillaume Apollinaire*. Paris: Max Eschig.

Read, Peter. 2013. "Dufy Draws Apollinaire: Illustration and Commemoration in the *livre d'artiste*." In *The Art Book Tradition in Twentieth-Century Europe*, edited by Kathryn Brown, 17–30. London and New York: Routledge.

Scott, Clive. 2015. *Translating Apollinaire*. Exeter: University of Exeter Press.

Serafini, Frank, and Jennifer Culson. 2012. "Typography as a Semiotic Resource." *Journal of Visual Literacy* 31 (2): 1–16.

Shattuck, Roger, ed. and trans. 1971. *Selected Writings of Guillaume Apollinaire*. New York: New Directions Books.

Sterne, Laurence. 1767. *The Life and Opinions of Tristram Shandy, Gentleman*, Vol. 9. York and London: T. Becket and P. A. Dehondt.

Stöckl, Hartmut. 2004. "In Between Modes: Language and Image in Printed Media." In *Perspectives on Multimodality*, edited by Eija Ventola, Cassily Charles, and Martin Kaltenbacher, 9–30. Amsterdam: John Benjamins.

van Leuwen, Theo. 2006. "Towards a Semiotics of Typography." *Information Design Journal* 14 (2): 139–55.

Venuti, Lawrence, ed. 2000. *The Translation Studies Reader*, 3rd ed. London and New York: Routledge.

Wu, Duncan. 2008. *William Hazlitt: The First Modern Man*. Oxford: Oxford University Press.

7 音乐与舞蹈间的翻译：20 与 21 世纪舞蹈作品中舞蹈音乐姿态互动分析

Albright, Daniel. 2000. *Untwisting the Serpent: Modernism in Music, Literature, and Other Arts*. Chicago: University of Chicago Press.

———, ed. 2004. *Modernism and Music: An Anthology of Sources*. Chicago: University of Chicago Press.

———. 2009. *Music Speaks: On the Language of Opera, Dance, and Song*. Rochester: University of Rochester.

———. 2014. *Panaesthetics: On the Unity and Diversity of the Arts*. New Haven: Yale University Press.

Apter, Ronnie, and Mark Herman. 2016. *Translation for Singing*. London: Bloomsbury.

Austin, William W., ed. 1970. *Debussy, Prelude to "The Afternoon of a Faun": An Authoritative Score*. London: W. W. Norton and Company.

Bannerman, Henrietta. 2014. "Is Dance a Language? Movement, Meaning and Communication." *Dance Research* 32 (1): 65–80.

Bassnett, Susan. 2014. *Translation Studies*, 4th ed. London and New York: Routledge.

Buckland, Teresa. 2007. "In Search of Structural *Geist*: Dance as Regional and National Identity." In *Dance Structures: Perspectives on the Analysis of Human Movement*, edited by Adrienne L. Kaeppler and Elsie I. Dunn, 187–234. Budapest: Akadémiai Kiadó.

Burnard, Pamela, Valerie Ross, Laira Hassler, and Lis Murphy. 2018. "Translating Intercultural Creativities in Community Music." In *The Oxford Handbook of Community Music*, edited by Brydie-Leigh Bartleet and Lee Higgins, 229–42. Oxford: Oxford University Press.

Carroll, Noel, and Margaret Moore. 2008. "Feeling Movement: Music and Dance." *Review Internationale de Philosophie* 4 (246): 413–35.

Chion, Michel. 1990. *Audio-Vision: Sound on Screen*. Translated by Claudia Gorbman. New York: Columbia University Press.

Cook, Nicholas. 1998. *Analysing Musical Multimedia*. Oxford: Oxford University Press.

———. 2001. "Theorizing Musical Meaning." *Music Theory Spectrum* 23 (2): 170–95.

———. 2013. "Foreword." In *The Psychology of Music in Multimedia*, edited by Siu-Lan Tan, Annabel J. Cohen, Scott D. Lipscombe, and Roger A. Kendall. Oxford: Oxford University Press.

Copeland, Roger, and Cohen Marshall. 1983. *What Is Dance?* Oxford and New York: Oxford University Press.

Damsholt, Inger. 2002. "The Marriage of Music and Dance." In *Of Another World: Dancing Between Dream and Reality*, edited by Monna Dithmer, 237–49. Copenhagen: Museum Tusculanum Press.

———. 2018. "Identifying Choreomusical Research." In *Music-Dance: Sound and Motion in Contemporary Discourse*, edited by Patrizia Veroli and Gianfranco Vinay, 19–34. London and New York: Routledge.

Dayan, Peter. 2011. *Art as Music, Music as Poetry, Poetry as Art, From Whistler to Stravinsky and Beyond*. Farnham am Main: Ashgate.

Desblache, Lucile, and Helen Julia Minors. 2019. "Translating Music." In *Translating Cultures Encyclopedia*. London: Arts and Humanities Research Council.

Duerden, Rachel. 2007. "Dancing in the Imagined Space of Music." *Dance Research: The Journal of the Society for Dance Research* 25 (1): 73–83.

Gorbman, Claudia. 1980. "Narrative Film Music." *Yale French Studies* 60: 183–203.

Herzog, Patricia. 1996. "The Condition to Which All Art Aspires: Reflections on Pater on Music." *The British Journal of Aesthetics* 36 (2): 122–34.

Hodgins, Paul. 1992. *Relationships Between Score and Choreography in Twentieth-Century Dance: Music, Movement and Metaphor*. Lewiston: Edwin Mellen Press.

Humphrey, Doris. 1934. *Air for a G String*. Accessed December 10, 2018. www.youtube.com/watch?v=NjwJyaSIRqY.

Jordan, Stephanie. 2000. *Moving Music: Dialogues with Music in Twentieth-Century Ballet*. London: Dance Books.

———. 2012. "Mark Morris Marks Music, or: What Did He Make of Bach's Italian Concerto?" In *Bewegungen zwischen Hören und Sehen: Denkbewegungen über Bewegungskünste*, edited by Stephanie Schroedter, 219–36. Würzburg: Königshausen & Neumann.

———. 2015. *Mark Morris: Musician-Choreographer*. London: Dance Books.

———. 2018. "Acts of Transformation: Strategies for Choreographic Intervention in Mark Morris's Settings of Existing Music." In *Music-Dance: Sound and Motion in Contemporary Discourse*, edited by Patrizia Veroli and Gianfranco Vinay, 76–90. London and New York: Routledge.

———. Forthcoming. "Choreomusicology and Dance Studies: From Beginning to End." Under Peer Review.

Kress, Gunther. 2010. *Multimodality: A Social Semiotic Approach to Contemporary Communication*. London and New York: Routledge.

Kress, Gunther, and Theo van Leeuwen. 2001. *Multimodal Discourse: The Modes and Media of Contemporary Communication*. Oxford: Oxford University Press.

Locanto, Massimilian. 2018. "Choreomusicology Beyond'Formalism': A Gestural Analysis of *Variations for Orchestra* (Stravinsky-Balanchine 1982)." In *Music-Dance: Sound and Motion in Contemporary Discourse*, edited by Patrizia Veroli and Gianfranco Vinay, 35–56. London and New York: Routledge.

Minors, Helen Julia. 2006. "Paul Dukas'*La Péri* as Interpreted by Two Balletic Collaborators." *The Opera Quarterly* 22 (1): 117–35.

———. 2009. "La Péri, Poème Dansé (1911–12): A Problematic Creative – Collaborative Journey." *Dance Research: Ballets Russes Special Volume Part 2* 27 (2): 227–52.

———. 2012a. "Music and Movement in Dialogue: Exploring Gesture in Soundpainting." *Les Cahiers de la Societe quebecoise de recherche en musique* 13 (1–2): 87–96.

———. 2012b. "In Collaboration: Toward a Gestural Analysis of Music and Dance." In *Bewegungen zwischen Hören und Sehen: Denkbewegungen über Bewegungskünste*, edited by Stephanie Schroedter, 163–80. Würzburg: Königshausen & Neumann.

———, ed. 2013a. *Music, Text and Translation*. London: Bloomsbury.

———. 2013b. "Soundpainting: The Use of Space in Creating Dance-Music Pieces." In *Sound, Music and the Moving-Thinking Body*, edited by Marilyn Wyres and Lorenzo Glieca, 27–34. London: Cambridge Scholars Press.

———. 2016. "Mediating Cultures and Musics: An Intercultural Production of *a Midsummer Night's Dream*." In *Routledge Handbook of Intercultural Arts Theory, Research and Practice*, edited by Pamela Burnard, Elizabeth McKinley, and Kimberley Powell, 417–30. London and New York: Routledge.

———. 2019 (in press). "Opera and Intercultural Musicology as a Mode of Translation." In *Opera and Translation: Eastern and Western Perspectives*, edited by Adriana Şerban and Kelly Chan. Amsterdam: John Benjamins.

Morris, Mark. n.d. *Dido's Lament*. Accessed December 10, 2018. www.youtube.com/watch?v=ZrzC_KLI8KM.

———. 1995. *Falling Down Stairs – Sarabande*. Accessed December 10, 2018. www.youtube. com/watch?v=kAX7WF6iMcU.

National Dance Company Wales. 2017. *Programme'P.A.R.A.D.E.'*October 24–25. Wales Millenium Centre.

Nijinsky, Vaslav. 1987. *The Rite of Spring*, reconstruction Millicent Hodson, Joffrey Ballet. Accessed May 20, 2018. www.youtube.com/watch?v=jF1OQkHybEQ.

———. 2013. *Prelude à l'aprés-midi d'un faune – reconstruction*, Paris Opera Ballet. Accessed June 24, 2018. www.youtube.com/watch?v=4qjvGIMeIhU.

Satie, Erik. 2007. *Parade*, Picasso et la Danse, Festival Europa Danse. Accessed December

12, 2018. www.youtube.com/watch?v=YejpJ4kMH_0.
———. 2017. *P.A.R.A.D.E.*, Carolyn Finn (choreographer), BBC 4, aired December 2. Accessed December 12, 2017. www.bbc.co.uk/programmes/b09f469j.
Stravinsky, Igor. 1947. *Le sacre du printemps*. London: Boosey and Hawkes.
———. 2008. *Le sacre du printemps*, Vaslav Nijinsky (choreography), Millicent Hodson (reconstruction), Set/Costume (Nicholas Roerich), Marinsky Orchestra and Ballet, Valery Gergiev (cond.) [DVD] BelAir BAC241.
Sturge, Kate. 2011. "Cultural Translation." In *Routledge Encyclopedia of Translation Studies*, edited by Mona Baker and Gabriela Saldanha, 67–70. London and New York: Routledge.
Susam-Saraeva, Şebnem, ed. 2008. "Special Issue: Translation and Music." *The Translator* 14 (2).
Venuti, Lawrence. 1998. *The Scandals of Translation*. London and New York: Routledge.
Wenk, Arthur. 1976. *Claude Debussy and the Poets*. Berkeley: University of California Press.
———. 2012a. "Music and Movement: A View from Cognitive Musicology." In *Bewegungen zwischen Hören und Sehen: Denkbewegungen über Bewegungskünste*, edited by Stephanie Schroedter, 151–62. Würzburg: Königshausen & Neumann.
———. 2012b. "Music, Dance, and Meaning in the Early Nineteenth Century." *Journal of Musicological Research* 31 (2–3): 147–65.
———. 2018. "Ways of Knowing: Social Dance, Music, and Grounded Cognition." In *MusicDance: Sound and Motion in Contemporary Discourse*, edited by Patrizia Veroli and Gianfranco Vinay, 55–75. London and New York: Routledge.

8 绘画式写作：以图文多模态翻译为例

Bataille, Georges. 2001 [1963]. *Story of the Eye*. London: Penguin Classics.
Beharry, Shauna. 1991. *Seeing is Believing*. Video. Montréal, Québec: Groupe Intervention Vidéo.
Berger, John. 2005. *Berger on Drawing*. Cork: Occasional Press.
Borges, Jorge Luis. 1985. "Funes the Memorius." In *Fictions*. Translated by Anthony Kerrigan, 97–106. London: John Calder.
Deleuze, Gilles, and Guattari, Felix. 2004. *A Thousand Plateaus: Capitalism and Schizophrenia*. Translated by Brian Massumi. London: Continuum.
Derrida, Jacques. 1993. *Memoirs of the Blind*. Translated by Pascale-Anne Brault and Michael Nass. Chicago: University of Chicago Press.
Eco, Umberto. 1995. "On the Impossibility of Drawing a Map of the Empire on a Scale of 1 to 1." In *How to Travel with a Salmon and Other Essays*. Translated by William Weaver, 95–106. London: Harcourt.
Hegel, Georg Wilhelm Friedrich. 1979 [1802]. *System of Ethical Life and First Philosophy of Spirit*. Translated by H. S. Harris and Malcolm Knox. Albany, NY: State University of New York Press.
Hull, John M. 1990. *Touching the Rock: An Experience of Blindness*. London: SPCK.
Husserl, Edmund. 1970. *Logical Investigations*. Translated by J. N. Findlay. New York: Humanities Press.
Ingold, Tim. 2007. *Lines: A Brief History*. New York: Routledge.
Kafka, Franz. 2007 [1931] "The Burrow." In *Kafka's Selected Stories*, translated and edited by Stanley Corngold. New York: W. W. Norton and Company.

Lacoue-Labarthe, Philippe, and Jean-Luc Nancy. 1988. *The Literary Absolute*. Translated by Philip Barnard and Cheryl Lester. Albany, NY: State University of New York Press.
Levinas, Emmanuel. 1989 [1947]. "Time and the Other." Translated by Richard A. Cohen. In *The Levinas Reader*, edited by Séan Hand, 37–58. Oxford: Blackwell.
Marks, Laura U. 2000. *The Skin of the Film*. Durham, NC and London: Duke University Press.
Nancy, Jean-Luc.2013. *The Pleasure in Drawing*. Translated by Philip Armstrong. New York: Fordham University Press.
Newman, Judie. 2007. "The Readerly Politics of Western Domination: Emily Prager's'A Visit from the Footbinder'." *Journal of the Short Story in English* 48: 1–12.
Nietzsche, Friedrich. 1997 [1876]. *Untimely Meditations*, edited by D. Breazeale, translated by R. J. Hollingdale. Cambridge: Cambridge University Press.
Prager, Emily. 1999. "AVisit from the Footbinder." In *A Visit from the Footbinder and Other Stories*. London: Vintage.
Rilke, Rainer Maria. 1997 [1923]. *Duineser Elegien*. Munich: Deutscher Taschenbuch Verlag.
Schlegel, Friedrich. 2002 [1798–1800]. "*Athenaeum* Fragments." In *Classic and Romantic German Aesthetics*, edited by J. M. Bernstein, 246–60. Cambridge: Cambridge University Press.
Schwenger, Peter. 2001. "Words and the Murder of the Thing." *Critical Inquiry* 28 (1): 99–113.
———. 2012. *At the Borders of Sleep: On Liminal Literature*. Minneapolis, MN: University of Minnesota Press.
Siukonen, Jyrki. 1996. *On Artistic Knowledge: Notes for a Minor Platonic Exercise*. Leeds: The Centre for the Study of Sculpture.
Sterne, Lawrence. 1978 [1762]. *The Life and Opinions of Tristram Shandy, Gentleman*. Edited by Melvyn and J. New. Gainesville, FL: University Press of Florida.
Venuti, Lawrence. 2001. "'Introduction'to Jacques Derrida,'What Is a'Relevant'Translation?'" *Critical Inquiry* 27 (2): 169–73.

结束语：语言之外

Díaz Cintas, Jorge, Anna Matamala, and Josélia Neves. 2010. *New Insights into Audiovisual Translation and Media Accessibility*. Amsterdam and New York: Rodopi.
Elliott, Desmond, and Ákos Kádár. 2017. "Imagination Improves Multimodal Translation." In *Proceedings of the Eighth International Joint Conference on Natural Language Processing* (Volume 1: Long Papers), 130–41, Taipei, Taiwan.
Fryer, Louise. 2016. *An introduction to Audio Description: A Practical Guide*. London and New York: Routledge.
Gambier, Yves. 2006. "Multimodality and Audiovisual Translation." In *Audiovisual Translation Scenarios: Proceedings of the Marie Curie Euroconferences MuTra: Audiovisual Translation Scenarios*, Copenhagen 1–5 May, edited by Mary Carroll, Heidrun Gerzymisch-Arbogast, and Sandra Nauert, Denmark.
Jiménez Hurtado, Catalina, Tiina Tuominen, and Anne Ketola, eds. 2018. *Methods for the Study of Multimodality in Translation. Linguistica Antverpiensia* 17.
Kaindl, Klaus. 2013. "Multimodality and Translation." In *Routledge Handbook of Translation Studies*, edited by Carmen Millán and Francesca Bartrina, 257–69. London and New York:

Routledge.
Kress, Gunther. 2010. *Multimodality: A Social Semiotic Approach to Contemporary Communication*. London and New York: Routledge.
Pérez-González, Luis. 2014a. *Audiovisual Translation: Theories, Methods and Issues*. London and New York: Routledge.
———. 2014b. "Multimodality in Translation and Interpreting Studies. Theoretical and Methodological Perspectives." In *A Companion to Translation Studies*, edited by Sandra Bermann and Catherine Porter, 119–31. Chichester: Wiley-Blackwell.
Qian, Xin, Ziyi Zhong, and Jieli Zhou. 2017. "Multimodal Machine Translation with Reinforcement Learning." *The Computing Research Repository*, abs/1805.02356.
Remael, Aline, and Nina Reviers. 2018. "Multimodality and Audiovisual Translation: Cohesion in Accessible Films." In *The Routledge Handbook of Audiovisual Translation*, edited by Luis Pérez-González, Chapter 17. London and New York: Routledge.
Shah, Kashif, Josiah Wang, and Lucia Specia. 2016. "Shef-multimodal:Grounding Machine Translation on Images." *Proceedings of the First Conference on Machine Translation*, 660–65.
Snyder, Joel. 2005. "Audio Description: The Visual Made Verbal Across Arts Disciplines Across the Globe." *Translating Today* 4: 15–17.
Specia, Lucia, Stella Frank, Khalil Sima'an, and Desmond Elliott. 2016. "A Shared Task on Multimodal Machine Translation and Crosslingual Image Description." *Proceedings of the First Conference on Machine Translation*, 543–53.
Taylor, Christopher. 2004. "Multimodal Text Analysis and Subtitling." In *Perspectives on Multimodality*, edited by Eija Ventola, Cassily Charles, and Martin Kaltenbacher, 153–72. Amsterdam: John Benjamins.
———. 2013. "Multimodality and Audiovisual Translation." In *Handbook of Translation Studies*, edited by Yves Gambier and Luc van Doorslaer, Vol. 4, 98–104. Amsterdam: John Benjamins.
———. 2016. "The Multimodal Approach in Audiovisual Translation." In *Audiovisual Translation Theoretical and Methodological Challenges*, edited by Yves Gambier and Sara Ramos Pinto. Special issue of *Target* 28 (2): 222–36.
Tymoczko, Maria. 2005. "Trajectories of Research in Translation Studies." *Meta* 50 (4): 1082–97.

索 引

图书在版编目（CIP）数据

翻译与多模态 /（英）莫妮卡·博里亚（Monica Boria）等主编；王汐译．— 西安：陕西人民出版社，2022.8
ISBN 978-7-224-14534-2

Ⅰ．①翻… Ⅱ．①莫… ②王… Ⅲ．①翻译—研究
Ⅳ．① H059

中国版本图书馆 CIP 数据核字（2022）第 106815 号

著作权合同登记号　图字：25-2022-092

出 品 人： 赵小峰
总 策 划： 刘景巍
策划编辑： 李　妍
责任编辑： 李　妍　张阿敏
整体设计： 杨亚强

翻译与多模态

作　　者 ［英］莫妮卡·博里亚 等
译　　者 王　汐
出版发行 陕西新华出版传媒集团　陕西人民出版社
（西安市北大街 147 号　邮编：710003）
印　　刷 陕西龙山海天艺术印务有限公司
开　　本 787mm × 1090mm　32 开
印　　张 10.75
字　　数 242 千字
版　　次 2022 年 8 月第 1 版
印　　次 2022 年 8 月第 1 次印刷
书　　号 ISBN 978-7-224-14534-2
定　　价 69.00 元

如有印装质量问题，请与本社联系调换。电话：029-87205094